为戏 郑怀兴先生纪念文集

福建省艺术研究院 编

海峡出版发行集团
海峡文艺出版社

编委会

指导单位：中国戏曲学会
编辑单位：福建省艺术研究院
协助单位：仙游县莆仙戏鲤声艺术传承保护中心
特邀顾问：林燕英
顾　　问：王景贤　叶之桦　陈欣欣　林瑞武（以姓氏笔画为序）
策　　划：王　馗　白勇华
编　　委：张　帆　方　晓　赖玲珠　郑宜琳　蒋　芃　杨晓勤　何　慧
书籍设计：吴体锋

剧以写心

心以传神

清泪新亭

风操都下

笔力自梁伯龙孔东塘以后

传火借薪

五百年来无此手

人以见史

史以明理

惊涛尚湖

晓月关中

覃思在顾亭林章实斋之间

开新铸古

八尺氍毹独称尊

中国戏曲学会

中国艺术研究院戏曲研究所

郑怀兴

郑怀兴（1948—2023），福建仙游县人，一级编剧，曾任中国戏剧家协会理事、福建省文联副主席、武夷剧作社首倡发起者及首任社长、中国戏曲学院名誉教授、上海戏剧学院客座教授，首批享受国务院政府特殊津贴专家。

郑怀兴是中国当代杰出剧作家，他的创作始于1973年，终于2023年，共创作戏曲剧本54部，其中46部先后被29个演出团体搬演，所属戏曲剧种有莆仙戏、高甲戏、昆剧、京剧、晋剧等14个。出版《郑怀兴戏曲选》《郑怀兴剧作集》（上下册）、《郑怀兴戏剧全集》（四卷本）、《郑怀兴戏剧全集(续编)》、《戏曲编剧理论与实践》、《误入藕花深处：戏剧编剧教学书信选集》（合著）等；还创作电视连续剧4部、越剧电视连续剧1部及长篇历史小说《血祭河山》。

曾获全国优秀剧本奖、中国戏剧奖·曹禺剧本奖、文华剧作奖、中国戏剧节优秀编剧奖、田汉戏剧奖剧本一等奖、老舍文学奖优秀剧本奖等。演出郑怀兴作品的团体获奖百余项，有14位戏曲演员主演郑怀兴作品获梅花奖、白玉兰奖，其中2人"二度梅"。

主要代表作品有《新亭泪》《晋宫寒月》《鸭子丑小传》《青蛙记》《要离与庆忌》《柳如是》《乾佑山天书》《叶李娘》《寄印传奇》《上官婉儿》《傅山进京》《海瑞》《赵武灵王》《于成龙》《关中晓月》《嵇康托孤》等。

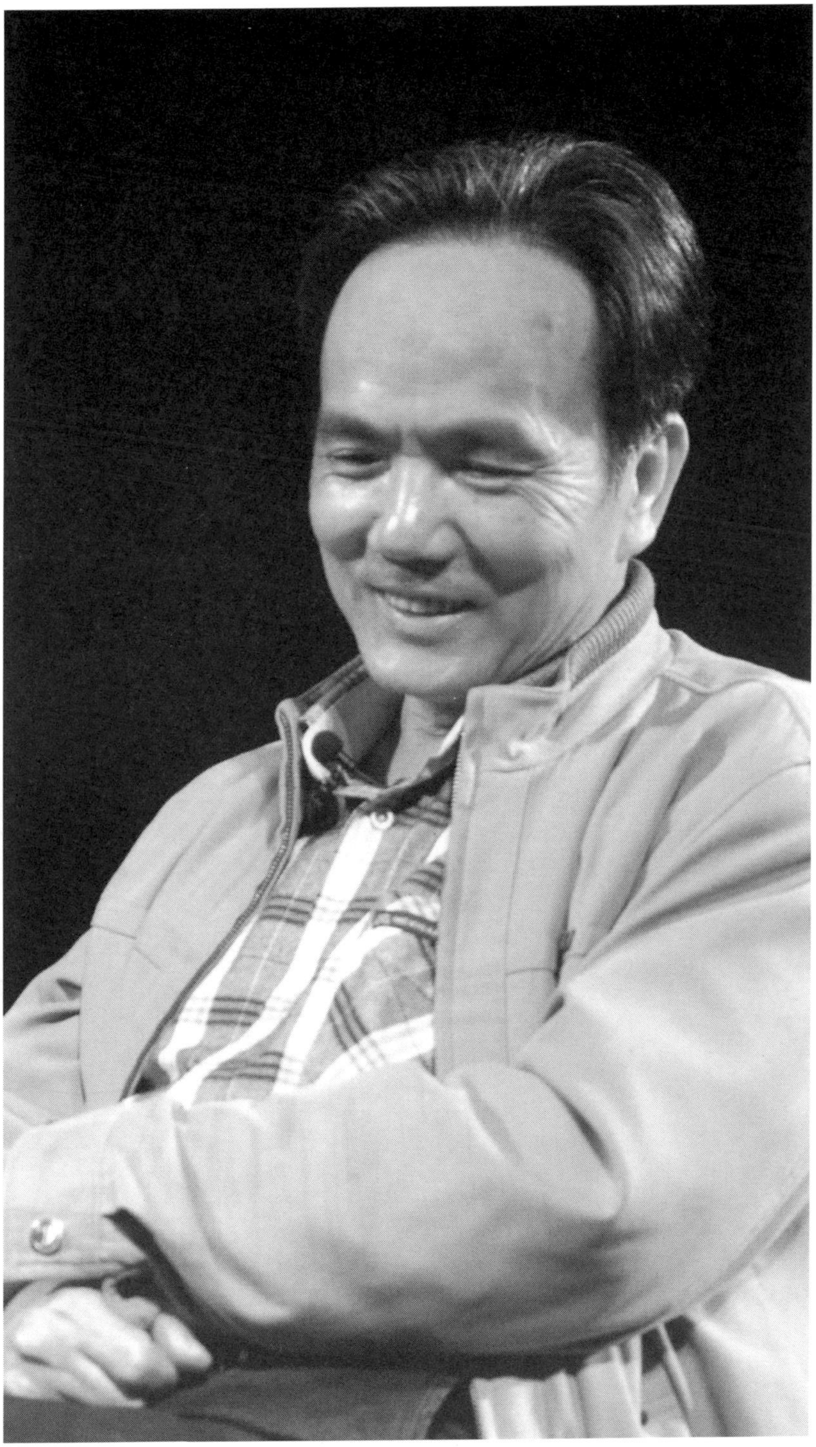

目 录
CONTENTS

◎ 人物篇 /1

十年吟 /3
郑怀兴先生年谱 /5

◎ 剧作篇 /51

剧坛回望 /53
十年之后续《回望》 /54
2021年处暑续之 /55
郑怀兴剧作 /57

◎ 研究篇 /91

郑怀兴个人成果 /93
他人研究成果 /98

◎ 纪念篇 /133

怀念怀兴 　　　　　　　　　　　　　　　安 葵 /135
郑怀兴剧作的文化定位 　　　　　　　　　周育德 /138
与挚友怀兴交往的点滴回忆 　　　　　　　温大勇 /142
中国当代戏曲的一座高峰 　　　　　　　　王 馗 /148
用思想的灵光激活古老的题材
　　——忆郑怀兴先生 　　　　　　　　　吴新斌 /152
在戏剧创造中达到最高的自由
　　——缅怀怀兴先生和他的史剧贡献 　　顾春芳 /159

遥祭"此生只为编剧而活"的郑怀兴老师	刘慧芬	/167
怀念郑怀兴	汤晨光	/171
痛悼怀兴兄	唐　蒙	/179
和怀兴最后的谈话	叶之桦	/181
漫忆郑怀兴	林瑞武	/186
犹留几折戏　漫道一场空	陈欣欣	/193
追忆俄罗斯之行	曾学文	/200
我和郑怀兴老师的戏缘	谢　涛	/205
正气存，风骨在，永难相忘		
——怀念郑怀兴老师	齐爱云	/213
越韵尹语谈"烟波"	陈丽宇	/218
戏与神		
——怀念郑怀兴先生	蔡福军	/223
永远的灯塔	林清华	/227
桃李不言，下自成蹊		
——谈郑怀兴对我的影响	陈云升	/232
暮秋时节忆先生	庄清华	/241
师者如光，微以致远		
——永远怀念郑怀兴先生	李　阳	/245
陋室读书，随心写戏		
——剧坛行者怀兴先生	张　帆	/261
遥望与敬仰		
——怀念郑怀兴老师	杨　蓉	/267
先生怀兴	黄披星	/272
寻道于史，传神写心，独树一帜		
——怀念郑怀兴先生	智联忠	/276
怀念郑怀兴老师	石秀文	/282

立命戏剧写传奇		
——追忆剧作大师郑怀兴先生	张德成	/286
以戏传道，不负士节	郑秋鉴	/290
恩犹念，味堪回		
——我与怀兴的一则故事	黄　叶	/298
追忆怀兴兄	陈纪建	/303
才如江海思济航，笔下有神应自强		
——忆剧作大师郑怀兴先生	林必越	/313
我与郑怀兴先生的四次会面	卢奇霞	/318
一座山的高度	王清铭	/322
恸惜郑怀兴先生	郭大卫	/326
怀念怀兴	林爱玉	/330
恩师的教诲	陈　锦	/337
老师，我们喝茶，慢聊	吴秀莺	/341
老师，您好	赖玲珠	/350
经师易遇，人师难寻		
——深切缅怀恩师郑怀兴先生	方　晓	/361
温暖的戏，温暖的人		
——关于恩师郑怀兴先生的一些记忆	赵　乐	/367
好好写戏，是对老师最好的怀念	杨晓勤	/373
我与恩师郑怀兴	刘丽平	/378
大哥的东北小屋	王惠琴	/387
写给敬爱的父亲	郑宜琳	/395
外公	林守中	/398
后记		/403
鸣谢单位		/405

人物篇

闻鸡起
抱凌云壮志
探宝瑶台

郑怀兴《沁园春·恢复高考入学有感》撷句.1978年

十年吟

十年苦凄凄，未言泪沾衣。
诗书焚一炬，误我少年时。
咫尺分吴越，相煎豆与萁。
操戈皆同室，街头满血尸。
榕城囚阶下，五尺险成泥。
无端仇遍地，身边伏杀机。
绝路曾投笔，从戎求一庇。
解甲归乡里，耕耘力不支。
一苇秋风疾，穷途欲何之？
灯下哭苏子，阴符犹可济。
斯文今遭弃，狐鼠我又非。
五柳归种菊，生不遇斯时。
清道求不得，无枝可暂栖。
两老为我哭，亲朋将我欺。
托雁将何字？北望悲无辞。
人前低首过，背后传嗤嗤。
待兔九龙畔，骗局将人迷。
无能父母气，清贫娇女啼。
送妻深山去，别女泪虬溪。
投江意曾起，登堤望月时。
遥念祖父母，风烛将何依？
又思贫贱妻，抱女宿古祠。
苦海强挣扎，一息尚微微。
天公不怜惜，大祸又纷飞。
叔父中年折，寻尸百重溪。
越年母又丧，大厦倾难支。
婶娘改嫁去，堂弟殇何凄。
白头哭乌发，祖父苦而痴。
五年五口去，心碎乱如丝。
十年虽已逝，此恨无尽期。
吟罢月如水，朔风袭寒衣。

偶翻旧笔记，觅得 1979 年 1 月 16 夜写的《十年吟》，重录于此

20 世纪 80 年代于仙游文庙

郑怀兴先生年谱

1948 年　1 岁

11月4日（农历十月初四），出生在福建省仙游县医院。父亲连燕访，仙游县盖尾镇人，母亲郑美龄，仙游县榜头镇人。出生后居榜头镇东桥村，由外祖父母家抚养。外祖父母膝下无子，按仙游习俗，女儿出嫁前，会与男方约定，婚后第一胎随母姓。为长子，因而随母姓郑，称外祖父母为祖父母，为他们养老送终。兄弟五人，三弟怀远智力不足，亦姓郑，一直与先生共同生活。

1955 年　7 岁

9月，就读于榜头镇榜东小学。

1961 年　13 岁

9月，就读于仙游县榜头第四中学初中部，与林燕英女士为同班同学。

1964 年　16 岁

9月，就读于仙游县第二中学高中部。

1966 年　18 岁

高三，"文革"爆发，被迫停课停学。

祖父郑树堂　　　祖母陈三座厝　　　父亲连燕访

母亲郑美龄　　　1949年与祖母　　　1953年与母亲

1968年　20岁

4月，入伍，任江西军区独立营一连文书。

1970年　22岁

2月，因表现好，拟将提干，不料外调政审认为其父政历有问题，被迫退伍回乡务农。

春，与林燕英女士结为伉俪。

秋，为找工作，携怀有身孕的夫人到漳州，与父母同住，维艰度日。

冬，长女郑宜琳在漳州出生。

年底，工作无着落，护送夫人与襁褓中的长女赴沙县高砂中

| 5岁 | 小学 | 20岁 |
| 青年 | 1970年与夫人在漳州 | 1970年与夫人在漳州 |

心小学，之后返回漳州，苦等半年，工作仍无着落，郁郁返回仙游榜头。

1971年　23岁

夏，祖父病危才缓，长女宜琳又病重。悲急之中，撰《问天》一诗："才向阎王索祖归，忽闻爱女又临危。天公何故汹汹逼，游子穷途泪似飞。"所幸不久后，两人皆转危为安。

1972年　24岁

10月，经榜头公社领导推荐，被榜头农业中学聘为民办教师。10月15日，第一次领到工资28元。

1973年任民办教师

1978年30岁

1980年家庭合影

冬，经陈纪炉引荐，前往榜头镇南溪村拜访陈仁鉴先生。

1973年　25岁

11月，到仙游县文化馆协助编辑《仙游文艺》，得识仙游县编剧小组组长兼仙游县艺术学校校长张森元。

是年，创作现代小戏《挡马》《嫁妆》，由榜头供销社业余文艺宣传队演出，得识莆仙戏名演员、导演林栋志，作曲谢宝燊、鼓师刘文星及演员陈宗勉、黄瑞兰等。

1975年　27岁

春，次女郑宜庸出生。

20世纪80年代在仙游文庙

1977年　29岁

春，三女郑宜平出生。

是年，创作现代小戏《搭渡》，由榜头供销社业余文艺宣传队演出，结识莆仙戏导演朱石凤等人。

1978年　30岁

4月，作为高考制度恢复后的第二届考生，考入福建省莆田师范专科学校，原报中文系，后为便于照顾家庭，改报仙游校区政教系，同时勤工俭学，在仙游县文化馆打零工，每天8角钱，补贴家用。

1979年　31岁

10月，小戏《搭渡》参加福建省群众业余文艺创作节目调演，获创作一等奖。

秋，季女郑宜愚出生。

1982年获第一届全国优秀剧本奖后返莆合影

1980年　32岁

2月，从莆田师范专科学校毕业，正式入编仙游县文化局创作组，任专职编剧。

夏，创作现代戏《遗珠记》，入选福建省重点剧目，受邀到福州改稿，获得福建省戏曲研究所副所长陈贻亮先生肯定。剧本由鲤声剧团排演，导演林栋志，作曲谢宝燊，主演郑金苍、许秀莺等。

12月，《遗珠记》参加福建省第四届戏曲现代戏会演，获剧本创作一等奖。

1981年　33岁

夏，创作新编历史剧《新亭泪》，由鲤声剧团排演，参加福建省1981年创作剧目调演，获剧本创作一等奖。

11月，《遗珠记》由《福建戏剧》1981年增刊发表。

1982年与福建省委书记项南等

与许怀中、范碧云等在仙游文庙

此前，与婶婶一家同住。不久，在榜头镇东桥村建房，两层，一楼两间，前厨后卧，土木结构。

1982年 34岁

5月，《新亭泪》获第一届全国优秀剧本奖，剧作家吴祖光先生称赞："戏曲创作后继有人。"

8月，《新亭泪》发表于《剧本》1982年第8期，福建省戏曲研究所录制《新亭泪》全剧以及小戏《搭渡》。

8月，创作古装戏《魂断鳌头》，由鲤声剧团排演。

是年，创作小戏《审乞丐》，由榜头供销社业余文艺宣传队首演。

1985年专家团观摩《鸭子丑小传》

1983年　35岁

12月，创作新编历史剧《晋宫寒月》，由仙游龙华业余剧团排演，剧目参加福建省首届农村剧团调演，获优秀演出奖。后由鲤声剧团排演。

1984年　36岁

夏，收徒仙游籍青年编剧陈锦。

7月，剧本《晋宫寒月》由《福建戏剧》1984年第4期发表。

10月，创作现代戏《鸭子丑小传》，由鲤声剧团排演。

10月，《鸭子丑小传》参加莆田市第一届戏剧节，获剧本一等奖、演出一等奖。同时，《新亭泪》《晋宫寒月》作为参演剧目进行演出。其间，中国艺术研究院戏曲研究所在莆田召开"全国历史剧研讨会"，在会上宣读论文《历史剧是艺术作品，不是历史教科书》，该文在《戏曲研究》第16辑发表。

1985年武夷剧作社在泉州挂牌成立

1985年　37岁

元月，福建省武夷剧作社成立。为首倡发起者，被推选为首任社长。

4月，三弟怀远因病去世，年仅33岁。每每念及，总是长嘘。

5月，获全国五一劳动奖章。

6月，《鸭子丑小传》参加福建省第16届戏剧会演，获剧本一等奖，福建省戏曲研究所为剧目录像，剧本发表于《福建戏剧》1985年第5期。

是年，夫人林燕英调到仙游县博物馆工作。为解决职工宿舍，博物馆将尚未对外开放的文庙两边的廊庑隔成若干小房间。夫人林燕英分到5小间，一厨三卧一厅，外加后来的乡贤祠作餐厅，先生一家并老祖母共七口，合家进城，寄居文庙。

是年，鲤声剧团团长谢宝燊请先生在剧团集资的宿舍楼挑选一套新宿舍。先生选出第三层东面的一套房，70多平方米，一厨

1986年前后在文庙书房

获全国五一劳动奖章

20世纪80年代在仙游县人民政府前

一厅二卧一卫一小阳台。此处成为先生的工作室兼子女的住处，白天在此创作，晚上回文庙，陪夫人和老祖母。

12月，当选为福建省戏剧家协会副主席。

1986年　38岁

5月，创作古装戏《青蛙记》，发表在《福建戏剧》1986年第3期。

6月，《鸭子丑小传》获第三届全国优秀剧本奖。赴长春参加授奖大会，与周长赋先生同游长白山。

11月，应中国艺术研究院戏曲研究所、中国戏剧文学学会邀请，鲤声剧团赴北京人民大会堂演出先生创作的《新亭泪》《鸭

20世纪80年代与张森元在仙游文庙　　1986年与周长赋在长白山　　1987年与郭启宏、魏明伦

第三届全国优秀剧本奖获奖留影

子丑小传》《晋宫寒月》，并召开"郑怀兴剧作研讨会"，与会同志一致认为"一个剧团、一个剧种，同时晋京演出一个剧作家的三部作品，并为之举行专题研讨会，这在我国是个创举"。全国人大常委会副委员长陈丕显、彭冲、叶飞与中共福建省委书记项南等观看演出，并合影留念。

12月，参加杭州召开的福建、江西、安徽、浙江四省戏剧创作座谈会。

1987年　39岁

元月，《青蛙记》剧本获福建省剧协举办的首届"水仙花"剧本奖一等奖。

1986年在绍兴兰亭

1986年北京研讨会

与陈贻亮等人

与林栋志、王国金、谢宝燊

3月，评定专业技术职称为一级编剧。

7月，创作现代戏《阿桂相亲记》，由鲤声剧团排演，参加莆田市第三届戏剧调演，获剧本创作优秀奖、优秀演出奖。

7月，应中国剧协邀请，与北京人民艺术剧院著名导演夏淳、中央歌剧院副院长刘诗嵘一道赴美国参加奥尼尔戏剧中心年会，拜访了美国剧作家阿瑟·米勒，美国康涅狄格州沃特福德郡官方宣布1987年7月22日为"郑怀兴先生荣誉市民日"。

8月，莆仙戏《阿桂相亲记》参加福建省第17届戏剧会演，获得剧本二等奖。

12月，《半月谈》杂志选出"中国人物·当代编剧"，共9位，先生与魏明伦、郭启宏列于前三，此后戏曲界有"三驾马车"之称。

1986年与鲤声剧团演员俞元兴

1987年美国行

20世纪90年代在鲤声剧团集资房家中

1990年

1988年 40岁

创作古装戏《神马赋》，由鲤声剧团排演。

创作古装戏《造桥记》。

5月，获福建省劳动模范称号。

6月，福建省音像出版社首次出版发行莆仙戏《晋宫寒月》全剧和《鸭子丑小传》片段。

7月，创作古装戏《借新娘》，由仙游县度尾镇民间职业剧团演出，参加第三届福建省民间职业剧团剧目调演，获剧本一等奖。

1989年 41岁

年初，当选福建省文联副主席。

1990年与安葵、杨美煊、方朝晖在莆田广化寺

1992年与陈国恩

20世纪90年代与陈贻亮

20世纪90年代中后期，与夫人在书房

　　1月，《神马赋》参加莆田市第四届戏剧调演，导演朱石凤，获剧本创作一等奖、演出奖。

　　1月，《造桥记》在《新剧本》1989年第1期发表。

　　3月，《青蛙记》在《剧本》1989年第3期发表。

　　创作古装戏《蓬山雪》、小戏《雷州驿》。

1990年　42岁

　　9月，《借新娘》在《新剧本》1990年第5期发表。

　　10月，创作新编历史剧《要离与庆忌》，由鲤声剧团排演，参加福建省第18届戏剧会演，剧本获三等奖。

1990年在福州参加"郑怀兴剧作讨论会"　　20世纪90年代与张斌、林元昌、谢宝燊、张森元

1998年与朱石凤、丛兆桓

10月下旬，由福建省文化厅与北京《新剧本》杂志社联合主办的"郑怀兴剧作研讨会"在福州举行，郭汉城与章诒和共同发表"郑怀兴剧作总体观"。

1991年　43岁

元月，《要离与庆忌》在《影剧新作》1991年第1期发表。
创作小戏《戏巫记》。
7月，创作小戏《骆驼店》,在《影剧新作》1991年第3期发表。
创作现代戏《长街轶事》，由鲤声剧团排演。
7月，被认定为全国首批享受国务院政府特殊津贴专家。

1992年　44岁

元月,《长街轶事》在《新剧本》1992年第1期发表。该剧由鲤声剧团付排。

2月,《郑怀兴戏曲选》由中国戏剧出版社出版,郭汉城先生作序,收入《新亭泪》《晋宫寒月》《神马赋》《青蛙记》《造桥记》《要离与庆忌》《蓬山雪》等7个剧本。

创作新编历史剧《红豆祭》。

12月,《戏巫记》由鲤声剧团排演,参加1992上海喜剧研讨会暨展演活动。

是年,长女郑宜琳工作单位集资建房,选址仙游县鲤城镇坝垄社区林厝33号祥和新村,举债建房。

1993年　45岁

春节前,合家搬入祥和新村新居。新房砖构,共5层,四楼整层无隔断,宽敞通透,为先生书房,是他读书、创作、会友的重要场所。此后终生居于此处,这栋小楼始终是他心目中的"家"。

1月,《戏巫记》在1993年《新剧本》第1期发表。

创作电视连续剧《林则徐》。

9月,《造桥记》被改编为《乔少爷造桥》,由上海越剧院明月剧团排演。

是年,以2万元的亲情价将榜头镇东桥村自建土木房转给亲族。

1994年　46岁

元旦,电视连续剧《武夷仙凡界》在中央电视台播映。是年获福建省第二届百花文艺奖二等奖,福建省广播电视艺术奖一等奖。

元月,《红豆祭》在《新剧本》1994年第1期发表。

1995年　47岁

夏,《神马赋》改为京剧,由重庆京剧团排演。赴重庆参加《神马赋》首演动员大会。

10月,京剧《神马赋》参加第四届中国戏剧节,获演出奖等。

是年,创作新编历史剧《乾佑山天书》。

1996年　48岁

12月,《乾佑山天书》由鲤声剧团排演,参加福建省第20届戏剧会演,获剧本一等奖。

创作电视连续剧《左宗棠》。

1997年　49岁

是年,电视连续剧《林则徐》拍摄完成,在中央电视台播放,获中宣部第六届精神文明建设"五个一工程"优秀作品奖、福建省第二届百花文艺奖特别荣誉奖。

11月,《乾佑山天书》在《新剧本》1997年第6期发表。

冬,陪同台湾大学曾永义教授及台湾学子参访鲤声剧团。

1998年　50岁

10月,改编传统剧目《叶李娘》,由鲤声剧团排演。

鲤声剧团应台湾地区"中华民俗艺术基金会"邀请,赴台演出《团圆之后》《春草闯堂》《晋宫寒月》《彩楼记》《戏巫记》等剧目,并召开海峡两岸莆仙戏座谈会。

11月,《乾佑山天书》修改本在《剧本》1998年第11期发表,剧目获福建省第二届百花文艺奖二等奖。

莆仙戏《乾佑山天书》《叶李娘》赴北京参加福建古老剧种晋京汇报演出。应中国戏曲学院邀请,与戏文系学生及福建省青年编剧高级研修班学员座谈。

1997年陪同曾永义及台湾学子参访鲤声剧团

1998年与鲤声剧团演员

1998年12月与王少媛拜访张庚夫妇

1999年与刘南芳及台湾歌仔戏编导培训班学生

1999年　51岁

元月,《叶李娘》在《新剧本》1999年第1期发表。

4月,《新亭泪》入选《新世纪百科知识金典·中外戏剧名篇赏析》。

10月,《叶李娘》参加福建省第21届戏剧会演,剧本获一等奖。创作新编历史剧《王昭君》,由武汉汉剧院排演。

11月,《王昭君》在《剧本》1999年第11期发表。

《新剧本》杂志社举办"新时期二十年中国戏剧激情大回眸"评选活动,《新亭泪》登上20部中国戏剧激情作品排行榜,先生登上20名中国戏剧激情人物排行榜。

是年,应邀赴台北为"台湾歌仔戏编导培训班"授课一个多月,与台北青年编剧吴秀莺结下真挚的师徒之缘。

年底,赴台讲学归来,体检发现患糖尿病。

2000年　52岁

10月,台北授课讲稿《戏曲编剧理论与实践》由台湾文津出版社出版。

2000年与祖母散步

与女儿们

2001年　53岁

《戏巫记》由仙游盖尾民间剧团排演，参加福建省民间职业剧团调演，获优秀剧本创作奖。

7月，创作古装戏《寄印》，在《新剧本》2001年第4期发表，获第二届老舍文学奖提名。

创作戏曲剧本《林默娘》。

10月30日，福建省文化厅首批戏剧编剧导师签约仪式在福州温泉大饭店举行，时任福建省文化厅厅长的黄启章出席签约仪式，活动由副厅长范碧云主持。先生与福建省文化厅签订协议，收宁德市剧目工作室青年编剧赖玲珠为徒，辅导期限两年，教学经费由省文化厅拨付。

11月，赴南宁观摩第七届中国戏剧节，畅游漓江，逸兴遄飞。

2002年从俄罗斯归来，与老友及次女在北京相聚

2004年担任第七届中国艺术节、第十一届文华奖评委

2002年　54岁

元月，创作新编历史剧《上官婉儿》。

《林默娘》在《福建艺术》2002年第1期发表。

8月，《新亭泪》入选《20世纪中国文艺图文志·戏曲卷》。

9月，《林默娘》由福建省芳华越剧团排演，《上官婉儿》由厦门市金莲陞高甲剧团排演，整理莆仙戏传统剧目《蒋世隆》由鲤声剧团排演，三剧同时参加福建省第22届戏剧会演，均获剧本二等奖。

小戏《骆驼店》由鲤声剧团排演。

12月，福建省戏剧家代表团赴俄罗斯开展为期10天的戏剧参访交流之旅。在圣彼得堡与俄罗斯当代剧作家柳德米拉·拉祖莫夫斯卡娅进行面对面交流，并参访托尔斯泰故居等。回国后，在北京与安葵、颜长珂、章诒和、邓兴器等老友及其时在中国艺术研究院攻读博士学位的次女郑宜庸相聚。

2003年　55岁

5月,《上官婉儿》在《剧本》2003年第5期发表。

9月,创作新编历史剧《轩亭血》。

10月,《上官婉儿》参加第八届中国戏剧节,获编剧奖。

赴西安观摩第八届中国戏剧节,携夫人林燕英登华山,走鲤鱼脊。

2004年　56岁

2月27日,福建省文化厅举行福建省首批(2001—2003年)戏剧导师"师带徒"辅导学习结业仪式,时任福建省文化厅厅长的黄启章向先生赠花、副厅长范碧云授予赖玲珠结业证书,并合影留念。

3月27至28日,参加由台湾大学戏剧学系和台北戏曲文教协会举行的"两岸戏曲编剧学术研讨会",发表论文《我对戏曲编剧教学的一些体会》。

4月,小戏《搭渡》在《剧本》2004年第4期发表。

6月中旬,通过网络认识吉林省通化市某单位干部王惠琴女士。

7月,委托王惠琴女士在通化市东昌区金厂镇某村购得砖瓦结构民房1栋。

7月31日,携同夫人林燕英、三女郑宜平前往吉林通化民房避暑,次女郑宜庸随后也前往通化。

8月1日,入住通化民房,先生按仙游老家习俗,先供奉祖父母的遗像,9月底返回仙游。

9月,赴杭州参加第七届中国艺术节,担任第十一届文华奖评委。

11月,《轩亭血》在《新剧本》2004年第6期发表。

2004年2月27日在福州温泉宾馆师带徒结业仪式上

2004年参加"两岸戏曲编剧学术研讨会"

是年，创作新编历史剧《潇湘春梦》。

2005年 57岁

元月，《潇湘春梦》在《福建艺术》2005年第1期发表。

4月，莆仙现代小戏《搭渡》参加在山东滨州举行的第三届中国滨州国际小戏艺术节，获优秀剧目奖。

创作古装戏《林龙江》。

《傅青主》在《福建艺术》2005年第4期发表。

5月，《审乞丐》在《剧本》2005年第5期发表。

6月，莆仙戏《妈祖——林默娘》在天津、北京展演，时任国务委员的陈至立发来贺信，祝贺鲤声剧团晋京，并观看演出；郭汉城、刘厚生等十几位戏剧专家观看演出，并出席剧目展演座谈会，给予高度评价。

2005年在长白山

2005年在黄河壶口瀑布

2006年拜访汉剧大师陈伯华

夏，为了创作与修改《傅青主》，应太原市实验晋剧院青年团之邀，赴山西采风。

携同夫人林燕英、长女郑宜琳、次女郑宜庸、外孙林守中，再度到吉林通化避暑。先生与夫人在此居住约一个月，游览了长白山，之后19年，未再前往居住。

是年开始创作长篇历史小说《血祭山河》。

2006年　58岁

6月，《剧本》月刊主编温大勇及李勇、武丹丹等赴仙游拜访先生，先生陪同参访鲤声剧团等地。

10月，鲤声剧团排演的《妈祖——林默娘》更名为《妈祖》，参加福建省第23届戏剧会演。

2006年与温大勇在海宁

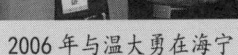

2007年《傅山进京》晋京汇报演出新闻发布会

2008年获曹禺剧本奖,与周祥光、余青峰在杭州

《傅青主》在《剧本》2006年第10期发表。

11月,全国戏剧剧本创作研讨会在浙江海宁召开,应《剧本》月刊邀请,参加辅导活动,并于11月5日参观盐官镇王国维故居。

年底,《傅青主》更名为《傅山进京》,由太原市实验晋剧院青年团排演。

2007年 59岁

3月,由中国国际电视总公司、福建威洋影视文化传播有限公司联合摄制的6集越剧电视连续剧《妈祖》,在中央电视台戏曲频道播出。

6月,《新亭泪》入选《中国当代百种曲》。

7月,应邀赴京参与《傅山进京》晋京汇报演出的相关活动,参加新闻发布,在北京长安大戏院观看该剧的演出。21日、22日参加文化部艺术司、中国剧协分别为该剧召开的座谈会。

10月,长篇历史小说《血祭河山》由花城出版社出版。

11月,《新亭泪》《鸭子丑小传》入选《曹禺剧本奖·获奖作品选》。

12月,晋剧《傅山进京》、汉剧《王昭君》参加第十届中国戏剧节,均获优秀剧目奖。

是年创作戏曲剧本《萧关道》。

2008年 60岁

2月,《傅山进京》获中国戏曲学会奖。

3月,《傅山进京》在《戏剧文学》2008年第3期发表。

《寄印》进行重大修改,改名为《寄印传奇》,由天津评剧院排演。

5月,《萧关道》发表于《新剧本》2008年第3期。

8月,修改《青蛙记》并更名为《荷塘梦》,由厦门市歌仔戏剧团排演。

9月,《寄印传奇》参加第六届中国评剧节,获优秀剧目奖、优秀编剧奖。

9月8日,《傅山进京》获第二届中国戏剧奖·曹禺剧本奖,赴杭州参加颁奖大会。

10月14日,《荷塘梦》在厦门市文化艺术中心先锋剧场首演。

11月4日,退休。

11月,《长街轶事》由鲤声剧团重排。

是年,在仙游老家接待专程来访的《傅山进京》剧组成员,宾主尽欢,合影留念。

2009年 61岁

4月,《寄印传奇》在《剧本》2009年第4期发表。

5月,根据《聊斋志异·乔女》创作的戏曲剧本《乔女》由

2009年全国首届编剧读书班

厦门市金莲陞高甲剧团排演。

《乔女》剧本在《福建艺术》2009年第5期发表。

19日，赴杭州观看第三届全国地方戏（南方片）优秀剧目展演。26日赴太原观看全国地方戏（北方片）展演的部分剧目。《傅山进京》《寄印传奇》两剧在展演中分别获一、二等奖。

7月，赴厦门参加高甲戏《乔女》研讨会。

赴郑州参加武汉汉剧院《宇宙锋》研讨会，与会领导、专家有薛若琳、吕育忠等。

9月，应邀赴湖南参加第三届湖南艺术节，担任评委。

《傅山进京》《寄印传奇》获中宣部第十一届精神文明建设"五个一工程"优秀作品奖。

10月，应邀赴常州为全国首届编剧读书班授课。

10月9日，《乔女》首演。该剧参加福建省第24届戏剧会演，获优秀剧目奖、优秀剧本奖。

12月，《傅山进京》《寄印传奇》入选2008—2009年度国家舞台艺术精品工程资助剧目（30台）。

2010年郑怀兴剧作学术研讨会在北京召开

2010年郑怀兴剧作学术研讨会在北京召开

2010年　62岁

元月，《荷塘梦》在《新剧本》2010年第1期发表。

3月，《王昭君》改为高甲戏《昭君出塞》。

5月，《寄印传奇》参加第九届中国艺术节演出。

6月，在第十三届中国文化艺术政府奖评比中，《寄印传奇》获文华大奖；《傅山进京》获文华优秀剧目奖，剧本获文华剧作奖。

6月底，随鲤声剧团赴香港参加首届中国戏曲节，并应邀举行莆仙戏讲座。

8月，创作戏曲剧本《青藤狂士》，发表在《剧本》2010年第8期。

8月30日，福建省文化厅在福建省西湖宾馆举办第二批"师带徒"聘任仪式，先生签约收徒莆田籍青年编剧方晓。

9月，《郑怀兴剧作集》（上下册）由中国戏剧出版社出版，共收录大小剧本26部。

赴无锡参加锡剧《依心曲》剧本讨论，并参访灵山等地。

12月底，由中国艺术研究院戏曲研究所、《剧本》杂志社和福建省文联主办的"郑怀兴剧作学术研讨会"在北京举行，郭汉城、刘祯、薛若琳、安葵等与会专家和领导高度评价先生剧作。

2011年　63岁

元月，晋剧《傅山进京》获第四届老舍文学奖·优秀戏剧剧本奖。

元月，晋剧《傅山进京》、评剧《寄印传奇》入选2008—2009年度国家舞台艺术精品工程重点资助剧目（10台）。莆仙戏现代小戏《搭渡》入选2008—2009年度国家舞台艺术精品工程资助剧目。

《青藤狂士》修改稿发表于《福建艺术》2011年第2期。

5月，锡剧《依心曲》，发表在《新剧本》2011年第2期。

8月底至9月初，应邀前往贵阳，为贵州省举办的编剧培训班授课。

8月，厦门市歌仔戏剧团重排《荷塘梦》，重新修改剧本，基本恢复《青蛙记》原稿，更名为《荷塘蛙声》。

9月，应武汉汉剧院之邀，改编传统剧目《宇宙锋》。

9月20日，《荷塘蛙声》在厦门莲花剧院为国际剧协第33届世界代表大会演出，汤晨光教授担任此剧的英文翻译。

9月21日，应邀前往济南，为山东省举办的编剧培训班授课。

10月10日晚，苏剧《红豆祭》在苏州市公共文化中心首演。该剧获第六届江苏省戏剧节优秀剧目奖。

10月21日，应邀前往上海，为中国剧协与上海戏剧学院联合举办的全国青年编剧研修班授课，同时受聘为上海戏剧学院客座教授。

10月，取材《红楼梦》，创作《柳湘莲》。

12月，受邀赴法国巴黎参加第五届中国戏曲节，并举行莆仙戏讲座。

2009 年在书房

2010 年与夫人、女儿及外孙在福州鼓山

2011 年在巴黎参加中国戏曲节

2013 年与武汉汉剧院《宇宙锋》剧组在泰山

2012 年　64 岁

元月，应海南省琼剧院邀请，创作新编历史剧《海瑞》。

2 月，汉剧《宇宙锋》在武汉首演。

4 月，锡剧《依心曲》更名为《二泉映月·随心曲》，由无锡市演艺集团锡剧院排演。

应福建人民艺术剧院之约，将《要离与庆忌》改为同名话剧，获福建省第 25 届戏剧会演剧本征文优秀剧本奖。

4 月 26 日、27 日，汉剧《宇宙锋》在国家大剧院演出。

7 月 7 日，苏剧《红豆祭》作为第五届中国昆剧节闭幕式演出剧目，在苏州市公共文化中心上演。

7 月，晋剧《傅山进京》获第四届全国少数民族文艺会演戏剧类剧目金奖第一名及最佳编剧奖。

2012年在河南　　2013年在家中
2014年在张家口大境门　　2015年在海口

创作新编历史剧《赵武灵王》。

8月,《戏曲编剧理论与实践》列入上海戏剧学院编剧学丛书,由中国戏剧出版社出版,为2000年版的增订稿。

《青藤狂士》由湖北省京剧院首演,应邀赴武汉观看演出。

是年,河南省济源市戏剧艺术发展中心移植演出《寄印传奇》。

夏,赴济源参加剧目讨论,参观小浪底水库及王屋山。

9月3日,《萧关道》由宁夏演艺集团京剧院首演,应邀观演,并参加该剧研讨会。

9月29日—10月1日,应邀赴上海戏剧学院,为戏文系研究生班授课3个下午。

10月,京剧《青藤狂士》、汉剧《宇宙锋》参加第一届湖北艺术节，分别获第一届湖北艺术节暨第十届楚天文华大奖第一名与第二名，《青藤狂士》同时获剧本创作荣誉奖。

10月16日，应邀赴石家庄为河北省编剧培训班授课。

11月3日，锡剧《二泉映月·随心曲》在无锡市人民大会堂演出，应邀观看，参与活动的领导、专家还有季国平等。

11月11日、12日，锡剧《二泉映月·随心曲》参加第十四届上海国际艺术节演出。

12月，歌仔戏《荷塘蛙声》二度再创作，导演安凤英，主演陈志明、曾振东、庄海蓉，参加第五届福建艺术节暨第25届全省戏剧会演，获剧目奖一等奖。

12月，话剧《要离与庆忌》参加第五届福建艺术节暨第25届全省戏剧会演，获剧目奖一等奖。

为培养新人，自福建省第25届戏剧会演起，先生在福建省的参演剧本一律不参加评奖，只评荣誉奖。第25届的《荷塘蛙声》《昭君出塞》《要离与庆忌》，第26届的《赵武灵王》《魂断鳌头》，第27届的《浮海孤臣》《林龙江》均如是。

2013年　65岁

元旦，琼剧《海瑞》首演于海口。

2月，赴厦门参加歌仔戏《荷塘蛙声》研讨会。

4月，晋剧《傅山进京》获第八届全国戏剧文化奖·原创剧目大奖、编剧金奖。

4月，赴江苏省盐城市参加中国剧协与江苏省文化厅主办的第十三届中国戏剧节剧本讨论会。

5月，话剧《要离与庆忌》参加在济南举行的全国第七届话剧优秀剧目展演。

5月13日，在海南参加琼剧《海瑞》巡演新闻发布会并观看演出。

6月，《柳湘莲》改为《鸳鸯剑》。

《傅山进京》剧本入选朱恒夫主编的《后六十种曲》，由复旦大学出版社出版。

6月6日，晋剧电影艺术片《傅山进京》在北京中国文艺家之家首映。

7月，《海瑞》在《剧本》2013年第7期发表。

10月，汉剧《宇宙锋》参加第十届中国艺术节，获第十四届文华奖优秀剧目奖。应邀携夫人林燕英赴济南，14日参加《宇宙锋》新闻发布会。

11月，汉剧《宇宙锋》发表在《新剧本》2013年第6期。剧目获中宣部第十三届精神文明建设"五个一工程"优秀作品奖。

汉剧《宇宙锋》、锡剧《二泉映月·随心曲》、琼剧《海瑞》、苏剧《柳如是》（《红豆祭》更名）参加第十三届中国戏剧节，均获优秀剧目奖，《海瑞》获优秀编剧奖。

是年，创作戏曲剧本《失子记》。

2014年　66岁

1月，《赵武灵王》发表在《福建艺术》2014年第1期，获福建省第26届戏剧会演剧本征文一等奖。

3月，《柳如是》发表在《剧本》2014年第3期。

4月，应洛阳市文化局邀请，完成豫剧《北魏孝文帝》创作。

5月，应张家口戏曲艺术研究院邀请，创作《魂系京张》。

6月24日，在长沙为湖南编剧培训班授课。

6月，苏剧《柳如是》被评为2013年度江苏省舞台艺术精品工程优秀剧目。

歌仔戏《荷塘蛙声》获福建省第七届百花文艺奖一等奖。

7月2日，在龙岩市上杭县古田镇为福建青年编剧夏令营授课。

7月，应宁德市文化广电新闻出版局邀请，与夫人林燕英一起参加弟子赖玲珠创作的《寿宁知县冯梦龙》剧本研讨会。听说宁德有个孤儿院，执意捐款3000元，此后每年圣诞节前都为孤儿捐款。

8月，被中共福建省委人才工作领导小组评为首批"福建省文化名家"。

9月，莆仙戏《叶李娘》赴北京参加福建地方戏优秀剧目展演，在国家大剧院演出。

《宇宙锋》由天津评剧院移植，获第九届评剧艺术节优秀剧目奖。

11月，《失子记》发表在《艺海》2014年第11期。

《魂系京张》发表在《新剧本》2014年第6期。

11月2日至3日，汉剧《宇宙锋》参加2014年上海国际艺术节，在逸夫大舞台演出。

11月29日，在福州为福建省编剧高级研修班授课。

12月5日，完成新编历史剧《浮海孤臣》初稿。

12月30日，完成应太原市晋剧艺术研究院之邀创作的晋剧《于成龙》初稿。

2015年　67岁

2月，莆田市文化广电新闻出版局在莆仙戏剧院举办莆仙戏师带徒仪式，收徒莆田籍青年编剧郭景文。

5月，琼剧《海瑞》入选国家艺术基金2015年度舞台艺术创作资助项目。

6月，《赵武灵王》获第29届田汉戏剧奖剧本一等奖第一名。同年由福建京剧院排演，剧目入选国家艺术基金2015年度舞台艺术创作资助项目。参加第六届福建艺术节暨第26届全省戏剧会演，获优秀剧目奖。

6月1日，豫剧《北魏孝文帝》由洛阳豫剧院演艺有限公司首演，剧本发表于《艺海·剧本创作》2015年第19期。

7月14日晚，由武汉汉剧院排演的汉剧《失子记》首演。剧目入选国家艺术基金2015年度舞台艺术创作资助项目。

8月12日，《魂系京张》首演。

9月，晋剧《傅山进京》入选国家艺术基金2015年度传播交流推广资助项目。

9月30日，晋剧《于成龙》在太原首演。

10月30日，应邀在首都师范大学文学院讲座。

11月，古装戏《魂断鳌头》由鲤声剧团重排，参加第六届福建艺术节暨第26届全省戏剧会演，获剧目一等奖。

11月，赴海南参加琼剧《海瑞》重大修改稿的首演。

11月25日至26日，应辽宁省艺术研究院邀请，在沈阳为辽宁编剧学习班讲座。

12月29日，在晋剧表演艺术名家谢涛女士的推荐下，太原市文联和太原市剧协在太原市晋剧研究院举办拜师仪式。收徒山西籍青年编剧曹颖。

12月29日，在《人民日报》"年度推荐"的5个剧目中，晋剧《于成龙》名列首位。该剧还入选国家艺术基金2015年度舞台艺术创作资助项目。

是年，向仙游县档案馆捐赠创作手稿。

2016年　68岁

2月28日，赴福州观看福建京剧院《赵武灵王》演出，次日参加专家讨论会。

4月，创作新编历史剧《关中晓月》，发表在《福建艺术》2016年第4期。

4月21日，赴福州观看《傅山进京》全国巡演福州站的演出，该项巡演是国家艺术基金2015年度传播交流推广资助项目。

5月，晋剧《于成龙》入选2016年度国家舞台艺术精品创作工程重点扶持剧目。

5月，应海南省琼剧院邀请，创作新编历史剧《冼太夫人》。深入海南琼山新坡冼太夫人纪念馆、儋州、澄迈等地采风，在儋州东坡书院留影。

7月，莆仙戏《魂断鳌头》晋京参加全国基层院团戏曲会演。

7月17日，为中国戏曲学院举办的全国编剧读书班讲座。

9月，《郑怀兴戏剧全集》（1—4卷）由文化艺术出版社出版，

2013年参加汉剧《宇宙锋》新闻发布会 　　2015年向仙游县档案馆捐赠创作手稿

2016年拜访著名戏剧理论家郭汉城 　　2016年《傅山进京》福建演出合影

共收录43部戏剧作品。

9月23日，应邀到中国艺术研究院研究生院讲座。

9月26日，应邀为全国戏曲评论高级研修班讲座。

10月，琼剧《海瑞》参加第十一届中国艺术节演出，应邀赴西安参加新闻发布会并观看演出。

11月16日，应邀为福建师范大学文学院讲座。

12月20日，应邀为福建省编剧骨干冬令营讲座。

是年两次赴京，其间拜访郭汉城先生。

2017年　69岁

1月，赴海口参加《冼太夫人》剧本研讨会，季国平、崔伟、安葵、安志强、赓续华等戏剧界专家参加会议。

2015年与夫人及女儿们

2017年与夫人在安徽黄山

2月,《浮海孤臣》发表在《中国作家·影视版》2017年第2期。

3月22日、23日,晋剧《于成龙》在北京天桥剧场参加全国舞台艺术优秀剧目展演。

3月27日,应邀为江苏省盐城戏剧创作培训班讲课。

3月30日,为纪念林龙江诞辰500周年,《林龙江》(上下本)由鲤声剧团首演。

4月,晋剧《于成龙》入选国家艺术基金2017年度大型舞台剧和作品滚动资助项目。

4月11日,应邀在汕头为广东省艺术研究所举办的编剧培训班讲课。

5月,京剧《赵武灵王》入选第八届中国京剧节。

6月19日，晋剧《于成龙》参加中国第十五届戏剧节，在宁夏石嘴山市演出。

6月，《冼太夫人》发表在《广东艺术》2017年第3期。

《关中晓月》入选国家艺术基金2017年度舞台艺术创作资助项目。

携夫人赴台湾，与曾永义、郑荣兴、蔡欣欣、刘慧芬、沈惠如、刘南芳等教授、专家及学生相聚，并参访苗栗"荣兴客家采茶剧团"。

8月，京剧《赵武灵王》、莆仙戏《魂断鳌头》分别获福建省第八届百花文艺奖一等奖、二等奖。

《浮海孤臣》获福建省27届戏剧会演剧本征文一等奖。

9月，创作新编历史剧《嵇康托孤》，发表在《福建艺术》2017年第7期。

10月26日，应邀在安庆再芬讲堂讲座，谈戏剧与人生。

11月起，应邀在《中国作家·影视版》"影视公开课"专栏，发表"客山闲话"系列文章。

12月24日，在福建师范大学王汉民教授推荐下，收陕西籍青年编剧赵乐为徒。

2018年　70岁

2月，在仙游家中收福建龙岩籍青年编剧杨晓勤为徒。

3月，琼剧《冼太夫人》由海南省琼剧院首演，改名为《冼夫人》。

4月，应邀赴京，在北京天桥剧场观看晋剧《于成龙》演出，20日参加在北京大学举办的"春华秋实——晋剧《于成龙》与中国戏曲的创新性实践座谈会"。

《上官婉儿》修改为《武后与婉儿》，发表于《艺海》2018年第13期，拟再更名为《月照初唐》。

赴京参加国家京剧院举办的《嵇康托孤》剧本讨论会。

4月30日，由陕西省周至县秦腔剧团排演的秦腔《关中晓月》在西安首演。

2018年参军50年纪念

6月,《林龙江》发表在《福建艺术》2018年第6期。

夏,携夫人由二女婿陪同进京,应叶之桦邀请与章诒和、颜长珂、温大勇诸老友餐叙。

8月,《关中晓月》修改本发表在《当代戏剧》2018年第4期。

8月18日,豫剧《北魏孝文帝》在北京长安大戏院演出。

9月,莆仙戏《林龙江》入选福建省2018年度舞台艺术精品工程重点剧目。

10月2日,秦腔《关中晓月》在北京民族文化宫演出。10月3日中国艺术研究院戏曲研究所主办"历史时空中的文化情怀——新编秦腔历史剧《关中晓月》创作研讨会"。

10月,在北京与陕西籍青年编剧刘丽平结下师生之缘。

10月17日,泉州市高甲戏传承中心排演的《浮海孤臣》在泉州首演,前往观看,并参加次日举办的研讨会。

11月,高甲戏《浮海孤臣》、莆仙戏《林龙江》参加第七届福建艺术节暨第27届全省戏剧会演,分别获剧目奖一等奖、二等奖。

11月27日,豫剧《北魏孝文帝》在清华大学演出。

2019年4月20日在北京大学燕南园《漫谈历史剧创作》讲座

2019年　71岁

3月，《蓬山雪》发表于《艺海》2019年第3期，同期发表湖南师范大学汤晨光教授的剧评《是爱情悲剧，更是人性悲剧》。

4月2日，赴泉州参加国家艺术基金2017年度传播交流推广资助项目高甲戏《昭君出塞》研讨会。

4月20日，应邀在北京大学燕南园56号美学散步文化沙龙作《漫谈历史剧创作》的讲座。与会的叶朗、王馗、刘祯、查明哲、张仲年、李宝群、冯俐等诸位学者专家对先生的剧作进行研讨，顾春芳教授主持。

4月21日，《嵇康托孤》由国家京剧院排演，在北京梅兰芳大剧院首演，奚派老生张建国主演。先生赴京观看演出，并于23日参加国家京剧院举办的《嵇康托孤》剧目讨论会。

7月3日，经检查，发现患有青光眼。

9月7日，应邀赴厦门大学人文学院作《戏曲新编历史剧创作漫谈》，杨惠玲教授主持。

9月，《傅山进京》入选傅谨主编的《中华人民共和国成立70周年优秀文学作品精选·戏剧卷》。

10月12日，赴北京参加中国评剧院主办的《新亭泪》讨论会。

2019年在中国评剧院参加《新亭泪》座谈会

10月16日，赴福州参加电影《妈祖回家》（王鸿编剧）首映礼。

11月，《浮海孤臣》发表在《台港文学选刊》2019年增刊。

11月，《傅山进京》在《剧本》2019年第11期发表。

12月25日，《晋宫寒月》由鲤声剧团重排演出。

12月28日，《新亭泪》由中国评剧院移植（重编）首演，剧目被《新京报》评为2019年十佳演出，是唯一入选的戏曲类剧目。

12月30日，赴京参加中国评剧院《新亭泪》首演及专家座谈会。

2020年 72岁

3月，《造桥记》入选2020年度福建省舞台艺术精品工程重点剧目，由泉州市高甲戏传承中心排演。

4月，应邀为江苏省苏州昆剧院创作昆曲剧本《灵乌赋》。

5月8日，赴泉州参加高甲戏《造桥记》创作会。

7月，评剧《新亭泪》发表在《台港文学选刊》2020年增刊。

9月，评剧《新亭泪》获中国艺术研究院主办的"2019年度张庚戏曲学术提名"。

10月30日，《傅山进京》入选文化和旅游部"庆祝中国共产党成立100周年舞台艺术精品创作工程"重点扶持作品"百年百部"传统精品复排计划100部。

11月，赴北京参加北京评剧院建院65周年演出季并参加"评剧在身边"活动。

12月25日，高甲戏《造桥记》在泉州首演。

12月，作为代表性剧作家，被人民出版社、东方出版社出版的《全国戏曲剧种普查报告》收录。

是年夏，在家中接受莆田学院副研究员朱秀兰女士的口述史访谈。

2021年　73岁

2月，修改2009年应约创作的《罗贯中》为《仙霞古道》。

3月，《仙霞古道》在《福建艺术》2021年第3期发表。

3月12日，昆剧《灵乌赋》彩排，应邀赴苏州观看并参观范仲淹纪念馆。

6月，《傅山进京》入选中国剧协《百部优秀剧作典藏》。

7月，创作古装戏《烟波迷月》。

8月，小戏《雷州驿》发表在《广东艺术》2021年第4期。

10月，晋剧《于成龙》入选国家艺术基金2020年度传播交流推广资助项目。

11月25日，应邀为上海戏剧学院作《不苟作　不欺心　不蛊俗——44年戏曲创作之回顾》的线上讲座。

12月1日，收到次女郑宜庸购买的明代昆山文学家张大复（约1554—1630）《梅花草堂笔谈》。

12月19日，应邀赴福州参加第八届福建艺术节暨第28届全省戏剧会演活动，作《谈谈我的四部有关明代的历史剧》讲座。讲座文稿收入《2022年中国戏剧年鉴》。

12月14日，《灵乌赋》改毕。

12月，《借新娘》由鲤声剧团重排，参加第八届福建艺术节暨第28届全省戏剧会演，获优秀剧目奖等多个奖项。

2018年与《浮海孤臣》主演合影 　　2020年携夫人与王朝明、朱秀兰夫妇

2021年携夫人与《灵乌赋》主演俞玖林 　　2021年与欧阳明及长女郑宜琳

12月23日，在复旦中山厦门医院检查，发现脑部有新鲜梗死灶。

2022年　74岁

1月11日，古装戏《钱四娘》初稿完成。

2月，因《灵乌赋》排演搁浅，应苏州昆剧院邀请，创作昆剧《范仲淹》（4折连缀，后改名《范文正公》）。

3月，《借新娘》（演出本）发表在《福建艺术》2022年3期。

4月，《灵乌赋》发表在2022年《剧本》第4期。

《烟波迷月》发表在《广东艺术》2022年第2期。

剧本《仙霞古道》在中国戏剧文学学会主办的"戏剧中国"2021年度作品征集推选活动中，获戏曲类最佳剧本奖。

2022年鲤声剧团70周年团庆携夫人与众弟子

7月20日，小戏《蜡丸案》初稿完成，次月发表于《新剧本》2022年第4期。

11月5至6日，在中国戏曲学会、浙江传媒学院主办，浙江传媒学院戏剧影视研究院、国家社科基金艺术学重大项目"中国戏曲历史题材创作研究"课题组承办的"中国戏曲历史剧理论与实践学术研讨会"上，作《戏曲历史剧创作40年之回顾》主题报告，以"十年磨一剑""柳暗花明又一村""闲抛闲掷野藤中"三句诗总结自身投入历史剧创作的心路历程。

11月，《钱四娘》发表在《福建艺术》2022年第11期。

12月10日，参加鲤声剧团建团70周年纪念活动，作为资深的莆仙戏文化名家，开幕式文艺演出晚会上接受当地政府的表彰。次日参加学术研讨会，出席观看"郑怀兴莆仙戏作品折子戏展演"，王少媛等莆仙戏演员演出先生作品《新亭泪》《鸭子丑小传》《叶李娘》选段及小戏《搭渡》《戏巫记》。

2023年　75岁

1月，《范文正公》发表在《影视剧作》2023年第1期。

2月22日，在福州次女家，与弟子赖玲珠共同签署《误入藕

2022年12月与老艺人及鲤声剧团演员

花深处：戏剧编剧教学书信选集》版权著作申明书。

4月4日，为老朋友郑秋鉴的《蔡京别传》写序。

4月12日，因肺部脓肿到福建中医药大学附属第三人民医院急诊。

4月13日，转院到福建省立医院。

4月14日上午，突发脑中风。

5月6日，从福建省立医院出院，入住福建中医药大学附属康复医院滨海院区。

7月1日，苏州市文旅局副局长徐春宏、艺术处处长李红和江苏省苏州昆剧院院长林琳到康复医院探访，谈及《范文正公》修改事宜，经先生的夫人林英燕和次女郑宜庸商议，委托先生的弟子赖玲珠修改剧本。

8月4日，从康复医院出院，返回莆田学院三女郑宜平家。

8月，与弟子赖玲珠合著的《误入藕花深处：戏剧编剧教学书信选集》由中国戏剧出版社出版。

《郑怀兴戏剧全集（续编）》由文化艺术出版社出版，收入《冼夫人》《关中晓月》《嵇康托孤》《灵乌赋》《仙霞古道》《烟波迷月》《范文正公》《钱四娘》《雷州驿》《蜡丸案》共十部作品。

2022 年在厦门小女儿家　　　　2022 年 75 岁生日

2023 年 3 月在福州烟台山公园　　2023 年 6 月 19 日与次女及外孙

　　《借新娘》获第 37 届田汉戏剧奖剧本一等奖。

　　8 月 24 日，经刘丽平女士介绍，由夫人林燕英女士和次女郑宜庸夫妇陪同，从莆田出发，前往西安接受针灸治疗。

　　9 月，《烟波迷月》由福建芳华越剧院排演。

　　9 月，昆剧《范文正公》入选 2023 年江苏省舞台艺术精品创作扶持工程重点投入剧目。

　　10 月 9 日至 10 日，越剧《烟波迷月》试演。

　　10 月 25 日，离开西安，回到莆田学院三女儿郑宜平家。

　　11 月 3 日，到莆田市秀屿区山亭镇接受治疗。

　　11 月 26 日，昆剧《范文正公》由苏州昆剧院公演。

　　12 月 13 日（农历十一月初一）中午 12 点 36 分，病逝于仙游家中。

剧作篇

安身立命于梨园

郑怀兴语

剧坛回望

岁月匆匆回首望，剧坛操笔已成翁。
当年退伍多贫困，曾向戏神来乞灵。
挡马嫁妆方小试，龟山执教似浮萍。
漏船偏遇波澜急，橹失樯折雨打篷。
水尽山穷天却悯，喜编搭渡庆新生。
珠遗古墓谁曾识，泪洒新亭众始惊。
魂断鳌头交厄运，晋宫寒月履薄冰。
牧鸭阿丑能同乐，守土憨民只苦撑。
庆忌要离神鬼泣，铜马青蛙草木零。
荒唐世事荒唐戏，乞丐造桥供解醒。
红豆长埋芽未发，蓬山不显雪犹封。
趣闻且作吹生谑，逸史聊编国士疯。
写借新娘为警世，长街轶事再鸣钟。
天书误国千年恨，烈妇救夫万古情。
海上女神歌一曲，唐宫才女陷泥坑。
漫翻古本哀离乱，拜月尚祈振鲤声。
时逝运衰无力挽，病魔作祟叹途穷。
穷途受辱何须怨，虎落平原任犬凌。
且忍他人欺负我，事先负人我不能。
韬光养晦关外隐，天池二上雨初晴。
感时重阅百年史，血溅轩亭霹雳崩。
墨客名花谁作合？潇湘春梦何忍醒。
世风日下缅先哲，三教真言少力行。
救世之心或太切，高台教化日凋零。
昭君出塞开新路，青主邀我入河东。
再起东山如破竹，传奇寄印震天津。
写罢贯中读文长，唏嘘造化不公平。
聪明如渭何颠沛，九死换来身后名。
且向聊斋取乔女，重整旗鼓返八闽。
为酬知己再发愤，老骥奋蹄万里程。

2009 年初冬匆草于客山之下

十年之后续《回望》

此诗吟罢又十年，顾后瞻前甚怅然。
老骥伏枥勤敲键，红豆姑苏始见天。
试磨旧剑于江汉，赵氏洞房露娇妍。
瞎子阿炳难猜透，二泉映月赋新篇。
天涯海角寻廉吏，别开生面写清官。
萧关古道已难辨，塞上江南形影单。
沙丘悲剧忽入梦，一代雄主上笔端。
赵氏孤儿处处演，程家失子有谁怜？
王孙公子诚高贵，平民命也大如天。
五胡乱华何惨烈，拓跋易服兴中原！
傅山进京十年后，又入并州写于山。
冼氏成圣逾千载，巾帼暮年平岭南。
黎明行路凭晓月，微光何止照潼关？
浮海何忧千尺浪，朝廷昏暗梦难圆。
兴化倭乱且入戏，救世救心颂先贤。
而立有心写叔夜，古稀稿成付梨园。
迟迟未闻广陵散，且待春回听抚弦！
鳌头魂返原意外，蓬山依旧雪满天。

2019 年 1 月 17 日匆草

2021 年处暑续之

燕园讲座似是梦，嵇康托孤一曲新。
更喜评剧《新亭泪》，三十八年旧梦震京城。
庚子疫情封城急，举世恐慌因疫情。
忽接苏州一来电，约为范公来写真！
感天动地《灵乌赋》，激发灵感抱病耕。
泉州高甲有慧眼，《造桥记》始获新生。
石火闪电亮片刻，我也理解苦用心。
雷州驿有发表日，千古或知寇与丁！
岁末厦门改旧本，仙霞古道洗前尘。
剧本发表学会奖，摆于案头乏问津。
莫道世人良知昧，总有灵乌报先声。
苏州春日观首演，浙江传媒传道心。
难于首演任议论，不慌不忙雨兼风。
阅微草堂触灵感，烟波迷月戏竟成。
野叟旧文重收拾，结集出版慰寸忱。
旧戏翻新《借新娘》，三十年后动榕城！
钱四娘筑木兰陂，呕心沥血业未竟。
束之高阁等后日，或有灵感助重振！
范公轶事编四折，苏昆排之慰寸心。
越剧烟波翘首盼，别出心裁泣血情！
残生秃笔泉或竭，衰眼模糊写短文。
新亭血泪难再吐，傅山风骨梦里寻！
欲剖清初蜡丸案，断断续续甚艰辛。
夜来每与袜鞋别，魂魄明晨或重临？
天若有情戏或写，纵留残篇与后人！

壬寅夏至后又续

20 世纪 80 年代中期，在家中创作

郑怀兴剧作

《挡马》

1973年创作现代小戏《挡马》。

《嫁妆》

1973年创作现代小戏《嫁妆》,由仙游县榜头供销社业余文艺宣传队演出,导演林栋志、作曲谢宝燊、鼓师刘文星,演员有陈宗勉、黄瑞兰等。

《搭渡》

1977年创作现代小戏《搭渡》,发表于《剧本》2004年第4期。

该剧由仙游县榜头供销社业余文艺宣传队演出,导演朱石凤,主演郑文霞、陈国昌,1979年10月参加福建省文化局主办的"庆祝中华人民共和国成立三十周年"福建省群众业余文艺创作节目调演,获创作一等奖。后由鲤声剧团排演,1982年福建省戏曲研究所进行录制。该剧自排演以来长演不衰,2009年12月,入选2008—2009年度国家舞台艺术精品工程资助项目。

《遗珠记》

1980年创作现代戏《遗珠记》,发表于1981年《福建戏剧》增刊。

该剧由鲤声剧团排演,导演林栋志,作曲谢宝燊,主演郑金苍、许秀莺。该剧入选福建省重点剧目,参加福建省第四届戏曲现代戏会演,获剧本创作一等奖。

莆仙戏《搭渡》剧照　　莆仙戏《搭渡》剧照

莆仙戏《遗珠记》剧照　　莆仙戏《遗珠记》剧照

《新亭泪》

　　1981年创作新编历史剧《新亭泪》，1982年5月获第一届全国优秀剧本奖，剧本发表于《剧本》1982年第8期。1999年11月参加《新剧本》杂志社举办的"新时期二十年中国戏剧激情大回眸"评选活动，《新亭泪》入选二十部中国戏剧激情作品排行榜，郑怀兴先生同时入选二十名中国戏剧激情人物排行榜。剧本还入选《新世纪百科知识金典·中外戏剧名篇赏析》《20世纪中国文艺图文志·戏曲卷》《中国当代百种曲》《曹禺剧本奖获奖作品选》等书。2020年，评剧版《新亭泪》剧本发表于《台港文学选刊》2020年增刊。

　　1981年该剧由鲤声剧团排演，之后被列为剧团重点剧目，朱

莆仙戏《新亭泪》1981年演出剧照　　莆仙戏《新亭泪》1986年晋京演出合影

评剧《新亭泪》首演合影　　评剧《新亭泪》剧照

石凤、陈开扬导演，林太崇作曲，主演朱金水、陈开扬等。该剧参加福建省1981年创作剧目调演，获剧本创作一等奖、演出一等奖等。1982年福建省戏曲研究所录制全剧。1986年应中国艺术研究院戏曲研究所、中国戏剧文学学会邀请，鲤声剧团携《新亭泪》《鸭子丑小传》《晋宫寒月》赴北京人民大会堂演出，并召开"郑怀兴剧作研讨会"。

2019年12月28日，《新亭泪》由中国评剧院移植改编首演，导演王青，主演于海泉，剧目被《新京报》评为2019年十佳演出，是唯一入选的戏曲类剧目。2020年9月，"评剧《新亭泪》创作"入选中国艺术研究院主办的"2019年度张庚戏曲学术提名"。

《魂断鳌头》

1982年创作古装戏《魂断鳌头》，由鲤声剧团排演，导演朱石凤，作曲谢宝燊，主演周如典、许秀莺等。2015年鲤声剧团重排该剧，导演许秀莺、周如典、苏先荣、黄亦林，主演黄永志、林清霞，参加第六届福建艺术节暨第26届全省戏剧会演，获剧目奖一等奖。2016年7月，该剧晋京参加全国基层院团戏曲会演。2017年8月，获福建省第八届百花文艺奖二等奖。

《审乞丐》

1982年创作小戏《审乞丐》，仙游县榜头公社业余剧团首演，导演朱石凤，主演陈国昌。剧本发表于《剧本》2005年第5期。

《晋宫寒月》

1983创作新编历史剧《晋宫寒月》，发表于《福建戏剧》1984年第4期。

该剧由仙游县龙华业余剧团排演，导演朱石凤，作曲谢宝燊，主演郑金兰，剧目参加福建省首届农村业余剧团调演，获优秀演出奖。1984年该剧由鲤声剧团排演，导演朱石凤，作曲谢宝燊，主演王少媛。1986年与《新亭泪》《鸭子丑小传》赴北京人民大会堂演出。1988年由福建省音像出版社出版发行演出录像，1998年赴台北演出，2019年鲤声剧团重新排演《晋宫寒月》，导演刘作玉，主演张顺、邱陈越。

《鸭子丑小传》

1984年创作现代戏《鸭子丑小传》，发表于《福建戏剧》1985年第5期，1986年获第三届全国优秀剧本奖，2007年入选《曹禺剧本奖获奖作品选》。

1984年该剧由鲤声剧团排演，导演林栋志，作曲谢宝燊，主演陈启星、杨美丽等，参加莆田市第一届戏剧节，获剧本一等奖、演出一等奖。1985年参加福建省第16届戏剧会演，获剧本一等奖，

莆仙戏《魂断鳌头》剧照　莆仙戏《魂断鳌头》剧照

莆仙戏《晋宫寒月》1984年演出剧照　莆仙戏《晋宫寒月》1986年晋京演出剧照

莆仙戏《晋宫寒月》2019年演出剧照

福建省戏曲研究所为剧目拍摄录像。时任福建省省长的胡平、时任文化部部长的朱穆之在仙游观看《鸭子丑小传》演出后，胡平拨款10万元，用于补助修建鲤声剧团宿舍楼，朱穆之为剧团题词"南国花朵"。1986年与《新亭泪》《晋宫寒月》赴北京人民大会堂演出，1988年福建省音像出版社出版发行该剧片段录像。

1985年《鸭子丑小传》获奖后，剧组在莆田兴化宾馆合影

莆仙戏《鸭子丑小传》剧照

莆仙戏《鸭子丑小传》剧照

《青蛙记》

1986年创作古装戏《青蛙记》，发表于《福建戏剧》1986年第3期，获福建省剧协举办的首届水仙花奖剧本奖一等奖。2008年修改后更名《荷塘梦》，发表于《新剧本》2010年第1期。2011年再次修改，基本恢复为《青蛙记》原稿，更名《荷塘蛙声》。

该剧由厦门市歌仔戏剧团排演，导演吴晓江，主演陈志明、曾振东、庄海蓉，2008年10月14日在厦门市文化艺术中心先锋剧场首演。2011年重排，导演陈大联，主演陈志明、曾振东、庄海蓉，9月20日晚上在厦门莲花剧场为国际剧协第33届世界代表大会演出，汤晨光教授担任该剧英文翻译。2012年12月，《荷塘蛙声》二度再创作，导演安凤英，主演陈志明、曾振东、庄海蓉，同年参加第五届福建艺术节暨第25届全省戏剧会演，获剧目奖一等奖。2014年获福建省第七届百花文艺奖一等奖，同年5月参加第21届BeSeTo（中韩日）戏剧节演出。

《阿桂相亲记》

1987年创作现代戏《阿桂相亲记》，由鲤声剧团排演，导演林栋志，主演陈启星、杨美丽等。同年7月，该剧参加莆田市第三届戏剧调演，获剧本创作优秀奖、优秀演出奖，8月参加福建省第17届戏剧会演，获剧本二等奖。

《神马赋》

1988年创作古装戏《神马赋》，发表于《剧本》1989年第3期。

1988年该剧由鲤声剧团排演，1995年由重庆市京剧团排演，导演欧阳明，主演沈铁梅、刘柱，剧目参加第四届中国戏剧节，获演出奖等。

《造桥记》

1988年创作古装戏《造桥记》，发表于《新剧本》1989年第1期。

歌仔戏《荷塘蛙声》剧照

歌仔戏《荷塘蛙声》剧照

1995年与京剧《神马赋》演员合影

京剧《神马赋》剧照

1993年上海越剧院明月剧团将该剧改编为《乔少爷造桥》，参加1993上海新剧目展演，改编李莉、导演孙虹江，主演赵志刚、孙智君等。2020年该剧由泉州市高甲戏传承中心排演，导演吕忠文、陈江锋，主演褚育江、李伟强等，3月入选福建省舞台艺术精品工程重点剧目，12月25日在泉州首演。

《借新娘》

1988年创作古装戏《借新娘》，发表于《新剧本》1990年第5期，修改后的演出本发表于《福建艺术》2022年3期，2023年获第37届田汉戏剧奖剧本一等奖。

1988年该剧由仙游县度尾镇民间职业剧团排演，导演朱石凤，参加福建省第三届民间职业剧团调演，获剧本一等奖。

越剧《乔少爷造桥》造型照　　越剧《乔少爷造桥》布景照

高甲戏《造桥记》剧照　　高甲戏《造桥记》剧照

2021年末，鲤声剧团重排，导演欧阳明，主演张顺、邱陈越，剧目参加第八届福建艺术节暨第28届全省戏剧会演，获优秀剧目奖等多个奖项。

《蓬山雪》

1989年创作古装戏《蓬山雪》，发表于《剧海》2019年第3期，同期发表汤晨光剧评《是爱情悲剧，更是人性悲剧》。

《雷州驿》

1989年创作小戏《雷州驿》，2021年修改后发表在《广东艺术》2021年第4期。

莆仙戏《借新娘》剧照 　　　　　莆仙戏《借新娘》剧照

话剧《要离与庆忌》剧照 　　话剧《要离与庆忌》剧照

《要离与庆忌》

　　1990年创作新编历史剧《要离与庆忌》，发表于《影剧新作》1991年第1期。2011年应福建人民艺术剧院之约，改编为同名话剧，获福建省第25届戏剧会演剧本征文优秀剧本奖。

　　1990年该剧由鲤声剧团排演，导演朱石凤，主演周如典、江加灿等，参加福建省第18届戏剧会演，获剧本三等奖。2012年福建人民艺术剧院排演同名话剧，导演陈大联，主演赵玉明、成方旭，参加第五届福建艺术节暨第25届全省戏剧会演，获剧目一等奖。2013年参加在山东举办的第七届全国话剧优秀剧目展演。

《戏巫记》

　　1991年创作小戏《戏巫记》，发表于1993年《新剧本》第1期。1991年该剧由鲤声剧团排演，导演朱石凤，作曲谢宝燊，主

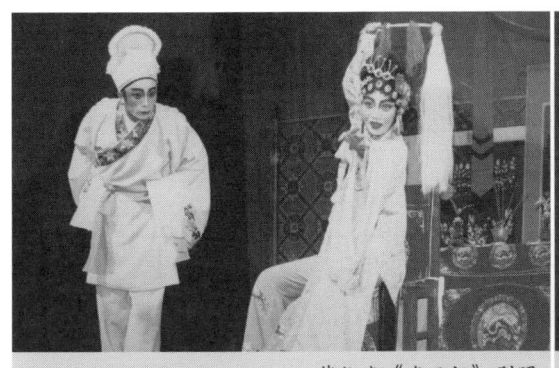

莆仙戏《戏巫记》剧照 　　莆仙戏《戏巫记》剧照

莆仙戏《长街轶事》剧照 　　莆仙戏《长街轶事》剧照

演王少媛、林飞建等。1992年参加1992上海喜剧研讨会暨演出，1998年赴台湾演出，1999年莆仙戏演员王少媛以《叶李娘》《戏巫记》获第17届中国戏剧梅花奖。2001年仙游盖尾民间剧团排演该剧，参加福建省民间职业剧团调演，获优秀剧本创作奖。

2010年6月，鲤声剧团《戏巫记》赴香港参加首届中国戏曲节。

《骆驼店》

1991年创作小戏《骆驼店》，发表于《影剧新作》1991年第3期。

2002年鲤声剧团排演，导演张挺，主演阮开雄、傅丽云。

《长街轶事》

1991年创作现代戏《长街轶事》，发表于《新剧本》1992年第1期。

1992年由鲤声剧团排演，导演朱石凤，主演黄亦林、王少媛等，至当年7月，共演出112场。2008年11月该剧重排。

《红豆祭》

1992年创作新编历史剧《红豆祭》，发表于《新剧本》1994年第1期，2013年作重大修改，更名《柳如是》，发表于《剧本》2014年第3期。

2011年该剧由江苏省苏昆剧团与苏州市锡剧团组建的苏剧剧组排演，导演石玉昆，主演王芳、张唐兵等，10月10日晚在苏州市公共文化中心首演，此后在第六届江苏省戏剧节中获优秀剧目奖。2012年7月7日作为第五届中国昆剧节闭幕式演出剧目，在苏州市公共文化中心上演。2012年7月18日，该剧参加"艺术与人民同行——2012年江苏舞台艺术优秀剧目会演"，于南京紫金大剧院演出；11月3日，参加第五届（张家港）长江流域戏剧艺术节。更名《柳如是》后，2013年11月18日，参加在苏州举行的第13届中国戏剧节演出，获优秀剧目奖。2013年柳如是饰演者王芳、钱谦益饰演者张唐兵，分别获第24届白玉兰戏剧奖的主角奖与配角奖。同年，该剧被评为江苏省2013年度舞台艺术精品工程优秀剧目。2014年10月12日，该剧参加"苏州文化周活动"，在北京梅兰芳大剧院演出。

《林则徐》（电视连续剧）

1993年创作电视连续剧《林则徐》，1997年拍摄完成，在中央电视台播放，获中宣部第六届精神文明建设"五个一工程"优秀作品奖，获福建省第二届百花文艺奖特别荣誉奖。

《武夷仙凡界》（电视连续剧）

1994年创作电视连续剧《武夷仙凡界》，成片在中央电视台播放，1998年获福建省第二届百花文艺奖二等奖。

苏剧《柳如是》剧照　　苏剧《柳如是》剧照

莆仙戏《乾佑山天书》剧照　　莆仙戏《乾佑山天书》剧照

《乾佑山天书》

1995年创作新编历史剧《乾佑山天书》，发表于《新剧本》1997年第6期，修改本发表于《剧本》1998年第11期。

1996年由鲤声剧团排演，导演朱石凤，作曲谢宝燊，主演周如典、王少媛等，参加福建省第20届戏剧会演，获剧本一等奖。1998年重排，导演丛兆桓，主演林飞建、王少媛等，获福建省第二届百花文艺奖二等奖，同年11月和《叶李娘》赴北京参加福建古老剧种晋京汇报演出。

《左宗棠》（电视连续剧）

1996年创作电视连续剧《左宗棠》，1997年由中国文联音像出版社拍摄完成。

莆仙戏《叶李娘》2000年演出剧照　　莆仙戏《叶李娘》2000年演出剧照

莆仙戏《叶李娘》2014年演出剧照　　莆仙戏《叶李娘》2014年演出剧照

《叶李娘》

  1998年改编传统戏《叶李娘》，发表于《新剧本》1999年第1期。

  该剧由鲤声剧团排演，导演朱石凤、作曲谢宝燊，主演王少媛、林玉灿等，1998年11月赴北京参加福建古老剧种晋京汇报演出，全国政协副主席罗豪才、张克辉，中国文联主席周巍峙，中国剧协副主席张庚等观看演出后，予以高度评价。1999年参加福建省第21届戏剧会演，获剧本一等奖。2000年，王少媛出演叶李娘一角获第17届中国戏剧梅花奖。2014年9月，福建省莆仙戏剧院有限公司与鲤声剧团合作重排《叶李娘》，参加文化部、福建省政府共同举办的"庆祝新中国65华诞·同圆中国梦——福建戏剧优秀剧目晋京展演"，在国家大剧院演出。

汉剧《王昭君》节目单　　　　高甲戏《昭君出塞》剧照

《王昭君》

1999年创作新编历史剧《王昭君》，发表于《剧本》1999年第11期。

1999年该剧由武汉汉剧院排演，导演高秉江，主演邱玲；2006年武汉汉剧院重排此剧，导演石玉昆、主演王荔；2007年参加第十届中国戏剧节，获优秀剧目奖。

2010年从汉剧《王昭君》改编为高甲戏《昭君出塞》，由泉州市高甲戏传承中心演出，导演欧阳明，主演陈娟娟、陈江锋。2011年王昭君饰演者陈娟娟获第25届中国戏剧梅花奖。2012年该剧参加第五届福建艺术节暨第25届全省戏剧会演，获剧目奖二等奖。入选国家艺术基金2017年度传承交流推广资助项目，2019年参加香港"东区文化节·庆祝国庆七十周年"演出，2022年列为中国戏曲像音像工程录制剧目。

《大英雄郑成功》（电视连续剧）

2000年与曾雪涛、吴龙海合作创作电视连续剧《大英雄郑成功》，周晓文、吴晓耕执导，何家劲、约翰·加纳德等人主演，2004年在中央电视台播放。

评剧《寄印传奇》剧照 　　2008年与评剧《寄印传奇》主演合影

评剧《寄印传奇》剧照 　　豫剧《寄印传奇》剧照

《寄印传奇》

　　2001年创作古装戏《寄印》，发表于《新剧本》2001年第4期，获第二届老舍文学奖提名。2008年进行重大修改，改名《寄印传奇》，发表于《剧本》2009年第4期。

　　2008年该剧由天津评剧院排演，导演欧阳明，主演曾昭娟、剧文林；9月参加第六届中国评剧艺术节，获优秀剧目奖、优秀编剧奖等。2009年5月，曾昭娟饰演冷月芳，参加第二届中国戏剧奖·梅花表演奖（第24届中国戏剧梅花奖）大赛，获"二度梅"。6月，剧目参加全国地方戏南北片会演，获二等奖。9月获中宣部第十一届精神文明建设"五个一工程"优秀作品奖。2011年1月入选2008—2009年度国家舞台艺术精品工程重点资助剧目（10台）；5月，参加第九届中国艺术节，在第十三届中国文化艺术政府奖评

越剧《妈祖》剧照　　越剧《妈祖》剧照

莆仙戏《林默娘》剧照　　莆仙戏《林默娘》剧照

选中获文华大奖。

2012年河南省济源市戏剧艺术发展中心移植该剧。

《林默娘》(《妈祖》)

2001年创作《林默娘》，发表在《福建艺术》2002年第1期。

2002年该剧由福建芳华越剧团排演，导演陶先露，主演李敏、郑全等，参加福建省第22届戏剧会演，获剧本二等奖。王君安在中央广播电视总台春节戏曲晚会（泉州分会场）、方亚芬在陈国良作品演唱会演唱过该剧唱段。

2004年10月，该剧移植改编为莆仙戏《妈祖——林默娘》，由鲤声剧团演出，作为第六届中国·湄洲妈祖文化旅游节首演剧目，受到全国政协副主席张克辉和省市领导、专家、学者和观众的广泛好评。2005年6月，莆仙戏《妈祖——林默娘》在天津、北京等地展演，时任国务委员的陈至立观看演出并向鲤声剧团发来贺信，郭汉城、刘厚生等十几位戏剧专家观看演出，出席展演座谈会，给予高度评价。2006年10月，更名为《妈祖》参加福建省第23届戏剧会演。

2007年3月，创作6集越剧电视连续剧《妈祖》，由中国国际电视总公司、福建威洋影视文化传播有限公司联合摄制，导演谢桂昌，主演钱慧，在中央电视台戏曲频道播出。

《上官婉儿》

2001年创作新编历史剧《上官婉儿》，发表于《剧本》2003年第5期，修改后更名《武后与婉儿》，发表于《艺海》（剧本创作）2018年第13期。2021年与湖北青年编剧潘彦竹合作，修改为京剧剧本《月照初唐》。

2002年该剧由厦门市金莲陞高甲剧团排演，主演吴晶晶等，参加福建省第22届戏剧会演，获剧本二等奖。2003年，该剧参评第八届中国戏剧节，获剧目奖、编剧奖等。2004年，武则天饰演者吴晶晶，获第21届中国戏剧梅花奖。

《蒋世隆》

2002年整理莆仙戏传统剧目《蒋世隆》，由鲤声剧团排演，导演朱石凤，作曲谢宝燊，主演黄永志、俞荔香，参加福建省第22届戏剧会演，获编剧二等奖等奖项。

《轩亭血》

2003年创作新编历史剧《轩亭血》，发表于《新剧本》2004年第6期。

《潇湘春梦》

2004年创作新编历史剧《潇湘春梦》，发表于《福建艺术》

高甲戏《上官婉儿》剧照　高甲戏《上官婉儿》剧照

莆仙戏《蒋世隆》剧照　莆仙戏《蒋世隆》剧照

莆仙戏《林龙江》海报　莆仙戏《林龙江》剧照

2005年第1期。

《林龙江》

2004年创作古装戏《林龙江》，发表于《福建艺术》2018年第6期。

为纪念莆田"三一教"创教人林龙江诞辰500周年，鲤声剧团排演《林龙江》（上下本），2017年3月30日首演，导演董丽萍，主演黄永志。次年改编为全本戏《林龙江》入选福建省2018年度舞台艺术精品工程重点剧目，并参加第七届福建艺术节暨第27届全省戏剧会演，11月23日在福州凤凰剧场演出，获剧目二等奖。

《傅山进京》

2005年创作新编历史剧《傅青主》，发表于《福建艺术》2005年第4期、《剧本》2006年第10期。修改后更名《傅山进京》，发表于《戏剧文学》2008年第3期、《剧本》2019年第11期及《三晋戏剧》。2008年获第二届中国戏剧奖·曹禺剧本奖，2010年获第十三届中国文化艺术政府奖文华剧作奖，2011年获第四届老舍文学奖·优秀戏剧剧本奖，2013年入选朱恒夫主编的《后六十种曲》（复旦大学出版社出版），2019年入选傅谨主编的《中华人民共和国成立70周年优秀文学作品精选·戏剧卷》（北京十月文艺出版社出版），2021年入选中国剧协主编的《百部优秀剧作典藏》（作家出版社出版）。

2006年末，太原市实验晋剧院青年团排演《傅山进京》，导演石玉昆、主演谢涛、王波等，2008年2月，傅山饰演者谢涛、康熙饰演者王波分别获第十八届上海白玉兰戏剧表演艺术奖主角奖、配角奖。2009年5月，谢涛参加第二届中国戏剧奖·梅花表演奖（第24届中国戏剧梅花奖）现场竞演，获"二度梅"。该剧上演以来，好评不断，共获26个奖项，其中19项国家级、7项省市级，以下为部分奖项：

2007年10月，获第二届中国戏剧奖·优秀剧目奖。

2008年1月，获山西省第十一届戏剧"杏花大奖"。

2008年2月，获中国戏曲学会奖。

2008年11月，获山西省第八届精神文明建设"五个一工程"优秀作品奖。

2009年6月，获第三届全国地方戏优秀剧目（南北片）一

晋剧《傅山进京》参加第九届中国艺术节演出合影

晋剧《傅山进京》剧照　　晋剧《傅山进京》剧照

等奖。

2009年9月，获中宣部第十一届精神文明建设"五个一工程"优秀作品奖。

2009年12月，入选2008—2009年度国家舞台艺术精品工程资助剧目（30台）。

2010年6月，在文化部第十三届文华奖评奖中获文华优秀剧目奖。

2010年入选由中国文联和中国剧协策划、出品的首批中国戏剧梅花奖获奖演员优秀剧目数字电影工程（简称"梅花奖数字电影工程"），拍摄成晋剧数字电影全国发行。2013年6月在北京中国文艺家之家举行了首映仪式。2015年获第三十届中国电影金鸡奖"最佳戏曲片"提名奖、中美国际电影节华语电影的最佳戏曲片。2019年获美中国际电影节暨国际文化旅游艺术节"最佳戏曲片奖"。

2011年1月，入选2008—2009年度国家舞台艺术精品工程重点资助剧目（10台）。

2012年获第四届全国少数民族文艺会演剧目金奖。

2013年获第八届全国戏剧文化奖原创剧目大奖。

2015年9月，入选国家艺术基金2015年度传播交流推广资助项目。

2017年9月，获首届山西艺术节"舞台艺术特别贡献剧目"奖。

2020年10月30日，入选文化和旅游部"庆祝中国共产党成立100周年舞台艺术精品创作工程"重点扶持作品"百年百部"传统精品复排计划（100部）。

《萧关道》

2007年创作新编历史剧《萧关道》，发表于《新剧本》2008年第3期。

2012年由宁夏演艺集团京剧院排演，导演欧阳明，主演刘京、王建国等，2012年9月3日在宁夏人民会堂首演。

《乔女》

2009年5月，根据《聊斋志异·乔女》创作戏曲剧本《乔女》，发表于《福建艺术》2009年第5期。

该剧由厦门市金莲陞高甲剧团排演，导演欧阳明，主演吴晶晶。2009年10月9日首演，同年参加福建省第24届戏剧会演，获优秀剧目奖、优秀剧本奖等，2011年获福建省第六届百花文艺奖二等奖。

《仙霞古道》

2009年应约创作《罗贯中》，2021年2月修改剧本，更名为《仙霞古道》，发表于《福建艺术》2021年第3期。在中国戏剧文学学会主办的"戏剧中国"2021年度作品征集推选活动中，获戏曲类"最佳剧本"奖。

京剧《萧关道》剧照　　　　　　京剧《萧关道》剧照

高甲戏《乔女》剧照　　　　　　高甲戏《乔女》剧照

《青藤狂士》

2010年创作新编历史剧《青藤狂士》，发表于《剧本》2010年第8期，修改稿发表于《福建艺术》2011年第2期。

2012年，该剧由湖北京剧院排演，导演欧阳明、主演王小蝉，同年8月首演，10月12日参加湖北艺术节演出，获首届湖北艺术节暨第十届楚天文华大奖第一名，剧本获创作荣誉奖。

《二泉映月·随心曲》

2011年5月，创作锡剧《侬心曲》，发表于《新剧本》2011年第2期。

2012年，该剧由无锡市锡剧院排演，导演张曼君，主演小王彬彬、王子瑜、蔡瑜等。4月10日晚，更名《二泉映月·随心曲》，作为2012中国（无锡）吴文化节开幕式招待演出；5月进京参加

京剧《青藤狂士》节目单

京剧《青藤狂士》节目单

锡剧《二泉映月·随心曲》剧照

锡剧《二泉映月·随心曲》剧照

文化部主办的"纪念毛泽东同志《在延安文艺座谈会上的讲话》发表70周年"全国优秀剧目展演；11月11日、12日，参加第十四届上海国际艺术节。2013年3月，剧中年轻阿炳的饰演者王子瑜、年轻秦月的饰演者蔡瑜分别获第23届白玉兰表演奖主角奖、配角提名奖；5月在首届江苏艺术展演中获江苏省文华奖·优秀剧目展演奖；11月14日参评第十三届中国戏剧节，获优秀剧目奖、优秀表演奖等。2014年获江苏省第九届精神文明建设"五个一工程"奖。

《宇宙锋》

2011年9月，应武汉汉剧院之邀，改编传统剧目《宇宙锋》，发表于《新剧本》2013年第6期。

汉剧《宇宙锋》节目单　　2009年汉剧《宇宙锋》研讨会

评剧《宇宙锋》节目单　　评剧《宇宙锋》节目单

2012年2月,《宇宙锋》在武汉首演,导演石玉昆,主演王荔,4月在国家大剧院连演两日,10月13日参加首届湖北艺术节,获首届湖北艺术节暨第十届楚天文华大奖第二名。2013年10月参加第十届中国艺术节,获第十四届文华奖优秀剧目奖,主演王荔获第十届中国艺术节优秀表演奖。2013年11月10日,参加第十三届中国戏剧节,获优秀剧目奖。2014年获中宣部第十三届精神文明建设"五个一工程"优秀作品奖,同年11月2日至3日参加2014年上海国际艺术节,在逸夫大舞台演出。2015年主演王荔获第27届中国戏剧梅花奖。

2014年9月天津评剧院移植《宇宙锋》,导演邢勇,主演马晗,在第九届评剧艺术节演出,获优秀剧目奖。

琼剧《海瑞》剧照　　　　　　琼剧《海瑞》剧照

与京剧《赵武灵王》演员合影　　京剧《赵武灵王》剧照

《柳湘莲》

2011年10月，取材于《红楼梦》，创作《柳湘莲》，2013年6月，改名《鸳鸯剑》。

《海瑞》

2012年应海南省琼剧院邀请，创作新编历史剧《海瑞》，发表于《剧本》2013年第7期。

该剧于2013年元旦在海口首演，导演石玉昆，主演符传杰，

5月全省巡演。2013年11月16日，参加第十三届中国戏剧节，获优秀剧目奖和优秀编剧奖。2015年主演符传杰获第27届中国戏剧梅花奖。该剧入选国家艺术基金2015年度舞台艺术创作资助项目，多次巡演各地，2023年复排青春版《海瑞》，由青年演员接力开启巡演活动。

《赵武灵王》

2012年创作新编历史剧《赵武灵王》，发表于《福建艺术》2014年第1期，获福建省第26届戏剧会演剧本征文一等奖，2015年6月，获第29届田汉戏剧奖剧本一等奖第一名。

2015年由福建京剧院排演，导演刘作玉，主演张萌、孙劲梅，剧目入选国家艺术基金2015年度舞台艺术创作资助项目，参加第六届福建艺术节暨第26届全省戏剧会演，获优秀剧目奖。2017年5月，参加第八届中国京剧节，26日、27日在南京理工大学术交流中心演出两场。2017年9月，剧目获福建省第八届百花文艺奖一等奖。

《北魏孝文帝》

应洛阳市文化局之邀，创作《北魏孝文帝》，2014年4月基本定稿，发表于《艺海·剧本创作》2015年第19期。

2015年6月1日，该剧由洛阳豫剧院演艺有限公司首演，导演查明哲、主演张松晓。2018年8月18日，在北京长安大戏院演出。11月27日在清华大学演出。

《失子记》

2013年创作由"程婴救孤"故事脱胎而来的《失子记》，发表于《艺海》2014年第11期。

2015年5月，该剧由武汉汉剧院排演，导演张树勇、主演王荔，改名《程婴夫人》，7月14日首演，入选第二届湖北艺术节。旋即以原名入选国家艺术基金2015年度舞台艺术创作资助项目。

豫剧《北魏孝文帝》剧照　　汉剧《失子记》节目单

豫剧《北魏孝文帝》剧照　　汉剧《失子记》节目单

《魂系京张》

2014年应张家口戏曲艺术研究院之邀，创作《魂系京张》，发表于《新剧本》2014年第6期。该剧总导演左艳林，导演董丽萍，主演张文河等。2015年8月12日首演。

《浮海孤臣》

2014年12月5日，完成新编历史剧《浮海孤臣》初稿，发

晋剧《魂系京张》剧照　　晋剧《魂系京张》剧照

高甲戏《浮海孤臣》剧照　　高甲戏《浮海孤臣》剧照

表于《中国作家·影视版》2017年第2期,后发表于《台港文学选刊》2019年增刊,2017年获福建省第27届戏剧会演征文一等奖。

　　该剧由泉州市高甲戏传承中心排演,导演欧阳明,主演陈江锋、陈娟娟等,2018年10月17日在泉州首演,11月17日在福州参加第七届福建艺术节暨第27届全省戏剧会演,获剧目奖一等奖。

《于成龙》

2015年应太原市晋剧艺术研究院之邀，创作晋剧《于成龙》，发表于《艺海》2016年第13期。

该剧导演曹其敬、徐春兰，主演谢涛，2015年9月30日在太原首演，10月30日、31日在北京长安大戏院演出。2015年12月29日，《人民日报》的"年度推荐"上榜5个剧目，晋剧《于成龙》名列首位。该剧入选国家艺术基金2015年度舞台艺术创作资助项目，2016年度国家舞台艺术精品创作工程重点扶持剧目。2016年5月获山西省第十一届精神文明建设"五个一工程"优秀作品奖，6月入选中国上海国际艺术节参演剧目，10月参加第十一届中国艺术节演出，入选第十五届中国文化艺术政府奖的文华大奖终评剧目名单，同时还参加中宣部文艺局、文化部艺术司主办的首届全国梆子声腔优秀剧目展演。2017年3月22日、23日，在北京天桥剧场参加全国舞台艺术优秀剧目展演，4月入选国家艺术基金2017年度大型舞台剧和作品滚动资助项目。6月19日参加中国第十五届戏剧节，在宁夏石嘴山市演出。9月获首届山西艺术节"舞台艺术特别贡献剧目"奖。2018年4月在北京天桥剧场演出，并在北京大学召开研讨会。剧目还入选国家艺术基金2020年度传播交流推广资助项目。

《关中晓月》

2016年创作新编历史剧《关中晓月》，发表于《福建艺术》2016年第4期，修改本发表在《当代戏剧》2018年第4期。

该剧入选国家艺术基金2017年度舞台艺术创作资助项目，获得立项；2018年由陕西省周至县秦腔剧团排演，齐爱云主演，4月30日在西安首演；10月2日进京，在民族文化宫演出；10月3日参加中国艺术研究院戏曲研究所主办的"历史时空中的文化情怀——新编秦腔历史剧《关中晓月》创作研讨会"。2020年，齐爱云、侯红琴以该剧参赛，分别获第30届上海白玉兰戏剧表演艺术奖主角奖和配角奖。

晋剧《于成龙》青年批评家座谈会 　　晋剧《于成龙》剧照

晋剧《于成龙》剧照 　　晋剧《于成龙》剧照

秦腔《关中晓月》首演合影

秦腔《关中晓月》剧照 　　秦腔《关中晓月》剧照

琼剧《冼夫人》剧照　　　　　　　琼剧《冼夫人》剧照

京剧《嵇康托孤》剧照　　　　　京剧《嵇康托孤》剧本讨论会

《冼夫人》

2016年应海南省琼剧院邀请，创作新编历史剧《冼太夫人》，发表于《广东艺术》2017年第3期。2018年3月，该剧由海南省琼剧院首演，改名《冼夫人》。2019年4月，冼夫人的饰演者林川媚以该剧参加第29届中国戏剧梅花奖现场竞演，获中国戏剧梅花奖。

《嵇康托孤》

2017年创作新编历史剧《嵇康托孤》，发表于《福建艺术》2017年第7期。该剧由国家京剧院排演，张树勇导演，奚派老生张建国主演。2019年4月21日，在北京梅兰芳大剧院首演。

昆剧《灵乌赋》内部试演合影

昆剧《范文正公》首演谢幕　　昆剧《范文正公》剧照

《灵乌赋》

2020年应邀为江苏省苏州昆剧院创作昆曲剧本《灵乌赋》，发表于2022年《剧本》第4期。2021年3月12日，《灵乌赋》彩排，导演汪世瑜、黄小午，主演俞玖林。

《范仲淹》

2022年创作《范仲淹》，后改为《范文正公》，发表于《影视新作》2023年第1期。

2022年江苏省苏州昆剧院排演《范文正公》，9月入选2022年苏州艺术基金扶持项目，11月27日首演。2023年5月，参加第四届紫金京昆艺术群英会，获京昆艺术紫金奖·优秀剧目奖。

《烟波迷月》剧照　　《烟波迷月》剧照

同年7月，先生抱恙，家属委托先生的弟子赖玲珠修改剧本，9月该剧入选2023年江苏省舞台艺术精品创作扶持工程重点投入剧目。

《烟波迷月》

2021年秋，依据《阅微草堂笔记》的一则记载，创作古装戏《烟波迷月》，发表于《广东艺术》2022年第2期。

2023年9月，福建芳华越剧院排演《烟波迷月》，导演韩剑英，主演陈丽宇，10月9日至10日，《烟波迷月》试演。

2024年10月19日参加第九届福建艺术节暨第29届全省戏剧会演，获优秀剧目奖，这场演出也是该剧的首演，剧目入选国家艺术基金2024年度舞台艺术创作资助项目。

《钱四娘》

2022年1月，创作古装戏《钱四娘》，发表于《福建艺术》2022年第11期。

《蜡丸案》

2022年7月23日，创作小戏《蜡丸案》，发表在《新剧本》2022年第4期。

研究篇

珠遗古墓谁曾识
泪洒新亭众始惊

郑怀兴《剧坛回望》撷句.2009 年

郑怀兴个人成果

一、文章

[1]	郑怀兴	写《新亭泪》时的一些想法 . 剧本 .1982 (8)
[2]	郑怀兴	写戏随感 . 戏曲研究 . 第 12 辑 (1984.8)
[3]	郑怀兴	从《晋宫寒月》谈起 . 福建戏剧 .1985 (1)
[4]	郑怀兴	历史剧是艺术作品,不是历史教科书 . 戏曲研究 . 第 16 辑 (1985.9)
[5]	郑怀兴	剧本之外的旁白 . 福建戏剧 .1986 (4)
[6]	郑怀兴	得笔趣于戏曲规律 . 剧本 .1986 (4)
[7]	郑怀兴	我与莆仙戏 . 新剧本 .1986 (6)
[8]	郑怀兴	得笔趣于戏曲规律——写《鸭子丑小传》后的思考 . 剧本 .1986 (8)
[9]	郑怀兴	赴美观剧话交流 . 福建日报 .1987/9/12
[10]	郑怀兴	现代戏创作随笔 . 福建日报 .1987/10/4
[11]	郑怀兴	戏——硬写不得,全凭机遇 . 新剧本 .1988 (1)
[12]	郑怀兴	奥尼尔戏剧中心的启示 . 剧本 .1988 (5)
[13]	郑怀兴	从大洋彼岸带回的焦虑 . 戏曲研究 . 第 26 辑 (1984.5)
[14]	郑怀兴	赴美观剧有感 . 影视新作 .1988 (1)
[15]	郑怀兴	十年回顾,悲欣交集 . 福建戏剧 .1989 (4)
[16]	郑怀兴	哭启星 . 福建艺术 .1992 (1)
[17]	郑怀兴	漫谈普及与提高 . 福建艺术 .1992 (2)
[18]	郑怀兴	清明祭——悼仁鉴先生 . 福建艺术 .1995 (2)
[19]	郑怀兴	清明时节悼先生 . 福建文化报 .1995/4/20

[20] 郑怀兴　书情.曹积三,阎桂笙主编.当代百家话读书.广东教育出版社.辽宁人民出版社.1997年

[21] 郑怀兴　《晋宫寒月》创作漫谈.台湾台北.莆仙会刊.1998 (10)

[22] 郑怀兴　写戏丛谈.福建艺术论丛.第18辑.2000年

[23] 郑怀兴　关于历史剧创作.剧本.2000（4、5）连载

[24] 郑怀兴　烟雨茫茫忆台北.中国戏剧.2000 (5)

[25] 郑怀兴　怀念苏国荣先生.新剧本.2000 (5)

[26] 郑怀兴　戏外功夫.当代戏剧.2000 (4)

[27] 郑怀兴　漫谈戏曲的设局.三晋戏剧.2001 (4)

[28] 郑怀兴　从一个剧团的兴衰看戏剧的原创与传统.上海戏剧.2003 (Z1)

[29] 郑怀兴　从"解惑"到"传道"——我对戏曲编剧教学的一些体会.福建艺术.2004 (3)

[30] 郑怀兴　我对戏曲编剧教学的一些体会."海峡两岸戏曲编剧研讨会"论文.2004 (3)

[31] 郑怀兴　写《妈祖——林默娘》的一点思考.中华妈祖.2005 (1)

[32] 郑怀兴　纪念陈贻亮先生.剧本.2005 (6)

[33] 郑怀兴　为兴所驱的写作——《杨美煊剧作选》序.福建艺术.2005 (6)

[34] 郑怀兴　我因何要写《傅山进京》.山西日报.2006/12/22

[35] 郑怀兴　温馨的记忆.剧本.2007 (3)

[36] 郑怀兴　客山闲话之一至之八.剧本.2007 – 2009

[37] 郑怀兴　我写《傅山进京》.太原日报.2007/07/11 (009)

[38] 郑怀兴　戏曲历史剧创作的一些体会.太原日报.2008/12/22 (20)

[39] 郑怀兴　有感于《寄印传奇》的上演.剧本.2009 (4)

[40] 郑怀兴　细品《聊斋》写乔女.福建艺术.2009 (5)

[41]	郑怀兴	《莆仙戏专辑》序.仙游文史资料第十六辑·莆仙戏专辑.2009 (10)
[42]	郑怀兴	史剧创作漫谈——中国戏剧家协会首期编剧读书班讲课提纲.剧本.2010 (6)
[43]	郑怀兴	一腔悲愤写青藤.剧本.2010 (8)
[44]	郑怀兴	戏曲创作道路上的第三次加油.剧本.2011 (3)
[45]	郑怀兴	立身梨园写春秋.新世纪剧坛.2011 (5)
[46]	郑怀兴	感恩戏曲.光明日报.2011/01/05 (14)
[47]	郑怀兴	要让作者自由选材.太原日报.2011/04/19 (12).
[48]	郑怀兴	漫谈"闲笔".太原日报.2011/04/26 (12).
[49]	郑怀兴	闲谈机趣.太原日报.2011/04/27 (12).
[50]	郑怀兴	从《傅山进京》到《青藤狂士》.福建艺术.2011 (2)
[51]	郑怀兴	漫谈戏剧结构.戏剧丛刊.2011 (5)
[52]	郑怀兴	巴黎之行随感.福建艺术.2012 (1)
[53]	郑怀兴	士先器识而后文艺.盐城戏剧.2010 (2)
[54]	郑怀兴	戏曲历史剧创作三题.广东文艺研究.2012 (1)
[55]	郑怀兴	浅谈《宇宙锋》的改编.艺坛.2012 (1)
[56]	郑怀兴	不要轻易解构、颠覆.武汉晚报.2012/02/24 (17).
[57]	郑怀兴	从《傅山进京》谈戏曲创作——在2012年河北青年编导培训班上的讲座.大舞台.2013 (1)
[58]	郑怀兴	戏曲历史剧创作三题.国话研究.总第12期.2012 (4)
[59]	郑怀兴	另辟蹊径写海瑞.剧本.2013 (7)
[60]	郑怀兴	怀念先生——纪念陈仁鉴先生一百周年诞辰.剧谈.2013 (12)
[61]	郑怀兴	历史剧创作的史识之我见.中国文化报.2013/8/23
[62]	郑怀兴	以感恩的心创作戏曲.仙游今报.2013/07/17 (5).
[63]	郑怀兴	浅斟低唱在盛世.仙游今报.2013/12/20 (7).
[64]	郑怀兴	残月朦胧照沙丘.福建艺术.2014 (1)
[65]	郑怀兴	约个梅魂,与伊深怜低语.剧本.2014 (3)

[66] 郑怀兴　在写戏中履行自己的使命.艺术评论.2014 (5)

[67] 郑怀兴　读剧札记.福建艺术.2015 (3)

[68] 郑怀兴　在梦想与选择中前行.当代戏剧.2015 (4)

[69] 郑怀兴　情义值千金.新剧本.2015 (4)

[70] 郑怀兴　历经三载磨一戏.艺海（剧本创作）.2015.19

[71] 郑怀兴　政府引导和社会参与是戏曲生存发展的保障.中国文化报.2015/10/13

[72] 郑怀兴　我的一辈子就是写戏.东南快报.2015/07/15 (A14)

[73] 郑怀兴　收拾民心非凭剑，须赖官吏公与廉.艺海（剧本专刊）.2016

[74] 郑怀兴　历史的缝隙，艺术的空间——《关中晓月》创作札记.福建艺术.2016 (4)

[75] 郑怀兴　我欲作铭志，慰此父老思——琼剧《冼太夫人》创作札记.广东艺术.2017 (3)

[76] 郑怀兴　《天赐剧稿》序.天赐剧稿.中国戏剧出版社.2018 年

[77] 郑怀兴　客山闲话（续）.编剧学刊.2017（一辑）

[78] 郑怀兴　白露时节写嵇康.福建艺术.2017 (7)

[79] 郑怀兴　《赵武灵王》创作札记.中国京剧.2017 (4)

[80] 郑怀兴　《新亭泪》创作之始末.中国作家·影视版.2018 (1)

[81] 郑怀兴　漫话史剧.中国作家·影视版.2018 (3)

[82] 郑怀兴　漫谈几部近作.福建艺术.2018 (1)

[83] 郑怀兴　漫谈"设局".中国作家·影视版.2018(5)

[84] 郑怀兴　谈意境的营造.中国作家·影视版.2018 (4)

[85] 郑怀兴　欲平海疆志难酬.福建艺术.2018 (11)

[86] 郑怀兴　亦儒亦释亦神仙.福建艺术.2018 (7)

[87] 郑怀兴　于历史缝隙中开辟艺术的天地——秦腔《关中晓月》创作札记.光明日报.2018/10/27 (12)

[88] 郑怀兴　发挥丰富的艺术想象力.人民日报.2018/11/09 (24)

[89] 郑怀兴　名家谈艺——戏推物理曲尽人情.人民日报.2018/11/9

[90]	郑怀兴	客山闲话：百花凋零学写戏.广东艺术.2019 (1)
[91]	郑怀兴	自主写戏乐无穷.中国戏剧.2019 (2)
[92]	郑怀兴	漫谈新编古代剧.广东艺术.2019 (3/4)
[93]	郑怀兴	我的八十年代——燕南园讲座补遗.广东艺术.2019 (5/6)
[94]	郑怀兴	寻戏于史，传神写心.中国戏剧.2019 (8)
[95]	郑怀兴	琐忆杂谈莆仙戏.广东艺术.2019 (4)
[96]	郑怀兴	史剧如何写得有戏.广东艺术.2019 (6)
[97]	郑怀兴	《仙霞古道》创作札记.福建艺术.2021 (3)
[98]	郑怀兴	评剧《新亭泪》重编之思考.戏曲研究.2021 (2)
[99]	郑怀兴	观文者披文以入情.文艺报.2021/03/29 (4)
[100]	郑怀兴	戏曲历史剧创作40年之回顾.四川戏剧.2021 (12)
[101]	郑怀兴	得之偶然的两个戏.光明日报.2022/01/19 (16)
[102]	郑怀兴	《蔡京别传》序.待出版

二、专著、作品集等

[1]	郑怀兴	郑怀兴戏曲选.中国戏剧出版社.1992年
[2]	郑怀兴	血祭河山(长篇小说).花城出版社.2007年
[3]	郑怀兴	郑怀兴剧作集(上下册).中国戏剧出版社.2010年
[4]	郑怀兴	戏曲编剧理论与实践.中国戏剧出版社.2012年
[5]	郑怀兴	郑怀兴戏剧全集(四卷本).文化艺术出版社.2016年
[6]	郑怀兴	郑怀兴戏剧全集(续篇).文化艺术出版社.2023年
[7]	郑怀兴 赖玲珠	误入藕花深处：戏剧编剧教学书信选集.中国戏剧出版社.2023年

他人研究成果

一、文章

[1]	蔡怀玉	映日荷花别样红——记青年编剧郑怀兴的成长 . 福建戏剧 . 1982 (2)
[2]	雪　川	《新亭泪》浅析 . 福建戏剧 . 1982 (2)
[3]	王评章	怎样看待王导这个人物 . 福建戏剧 . 1982 (4)
[4]	陈贻亮	历来兴亡的殷鉴——谈莆仙戏《新亭泪》人民戏剧 . 1982 (5)
[5]	王评章	一个艰难跋涉者的心理历程——记《新亭泪》中的周伯仁 . 福建戏剧论丛 . 1984 (1)
[6]	林瑞武 陈欣欣	浅析历史剧《晋宫寒月》. 福建戏剧 . 1984 (3)
[7]	朱展华	谈谈《晋宫寒月》几个重要人物 . 福建戏剧 . 1984 (5)
[8]	安　葵	有历史深度的现代戏——读《鸭子丑小传》. 福建戏剧 . 1985 (5)
[9]	苏国荣	荒谬的，却是真实的——莆仙戏《鸭子丑小传》的喜剧意蕴 . 戏剧报 . 1985 (8)
[10]	齐建华	寻求现代生活的历史穿透力——兼探《葫芦湾》《鸭子丑小传》中的历史意识 . 福建戏剧 . 1986 (2)
[11]	晓　赓	热情、敏锐的郑怀兴 . 戏剧报 . 1986 (6)
[12]	刘宝志	剧坛上的三连冠——记年轻的剧作家郑怀兴 . 福建日报 . 1986/8/31

[13] 王评章 　只在此山中，云深不知处——《青蛙记》人物印象．福建戏剧．1986 (4)

[14] 陈章武 　站在立交桥上的剧作家——郑怀兴侧影．福建戏剧．1986 (5)

[15] 周　明 　漫谈几个悲剧人物的穿透力．福建戏剧．1986 (5)

[16] 山水琴 　伦理的批判，哲理的反思——《青蛙记》题旨臆探．福建戏剧．1986 (6)

[17] 安　葵 　关于戏曲作家的突破之路——致郑怀兴．福建戏剧．1986 (6)

[18] 傅成兰 　老树新花又一枝——赞莆仙戏《鸭子丑小传》．北京日报．1986/11/16

[19] 李春熹 　骊姬的悲剧——观莆仙戏《晋宫寒月》戏剧电影报．1986/11/16

[20] 安　葵 　人生·人性·心理——从《新亭泪》等三个戏看郑怀兴的探索．北京日报．1986/11/22

[21] 苏国荣 　《新亭泪》的当代意识．人民日报．1986/12/08．

[22] 崔　伟 　巨轮寻深水而航行——记中年戏曲作家郑怀兴．剧本．1986 (11)

[23] 孟小青 　郑怀兴剧作研讨会在京举行．剧本．1986 (12)

[24] 曲六乙 　现代意识与主体意识——郑怀兴创作研讨会上的发言．剧本．1986 (12)

[25] 张永和 　历史精神与现代意识的交融——喜看莆仙戏《新亭泪》．光明日报．1987/1/1

[26] 曲六乙 李春熹 　美哉阿丑——小议《鸭子丑小传》阿丑的戏剧形象塑造．光明日报．1987/1/22

[27] 刘世今 　从郑怀兴的部分剧作谈起——琐议武夷剧作群体的若干艺术追求．剧本．1987 (1)

[28] 孟繁树 　骊姬形象与现代审美意识．剧本．1987 (1)

[29] 章武（文） 苗地（画） 　风正一帆悬——记莆仙戏著名剧作家郑怀兴．人民日报．1987/2/5

[30] 颜长珂　大深若浅，大雅若俗——郑怀兴的艺术探求. 戏剧报 . 1987 (2)

[31] 张永和　时代精神与艺术魅力——剧作家郑怀兴答本刊记者问 . 新剧本 .1987 (4)

[32] 唐　蒙　浅析《青蛙记》人物的心理特征 . 剧谈 .1987 (3)

[33] 马　驰　艺术与哲理的和谐统一——也谈莆仙戏《鸭子丑小传》. 福建戏剧 .1987 (4)

[34] 廖　奔　郑怀兴剧作的个性及其超越价值 . 文论报 . 1987/6/11

[35] 陈章武　莆仙戏剧作家郑怀兴 . 在艺术世界里 . 作家出版社 . 1987 年

[36] 桐　君　审妻解哑谜——戏剧绝招赏析 . 戏剧艺术资料 . 夏　久　1987.12

[37] 王评章　郑怀兴的个性 . 新剧本 .1988 (2)

[38] 田涧菁　郑怀兴剧作论 . 福建戏剧 .1988 (3)

[39] 潘仁山　一个出类拔萃的剧作家——郑怀兴 . 光明日报 .1988/3/20

[40] 陈　锦　戏穷宇宙人生理——试论《神马赋》主题意蕴 . 剧谈 . 1988 (12)

[41] 王评章　郑怀兴论 . 福建戏剧论丛 . 第 3 辑 (1988.11)

[42] 莫　非　写妖写鬼意在人间——也谈《神马赋》的主题意蕴兼同陈锦同志商榷 . 剧谈 .1989 (1)

[43] 唐　蒙　读解《神马赋》——阐述一种对意义的理解 . 剧谈 . 1989 (2/3)

[44] 唐　蒙　无题——关于对郑怀兴剧作的杂感 . 剧谈 .1989 (11)

[45] 王评章　论郑怀兴的创作 . 文艺研究 .1989 (2)

[46] 马建华　平中见奇，俗中有理——评郑怀兴新作《借新娘》. 福建戏剧 .1989 (6)

[47] 王评章　论郑怀兴的创作 . 文艺研究 .1989 (2)

[48] 陈　锦　悲歌一曲识前贤——读郑怀兴新作《要离与庆忌》. 剧谈 . 1990 (7/8)

[49] 安　葵　寻找突破的跋涉——试论郑怀兴的戏曲创作 . 文艺报 . 1990/12/29

[50] 景　延　他的灵感来自乡村——记青年剧作家郑怀兴 . 瞭望 . 1990 (52)

[51] 马建华　为笑一辩——郑怀兴喜剧简论 . 戏曲研究 . 第 35 辑 (1990.2)

[52] 查　昆　让这驾马车跑得更快——记本刊和福建省文化厅召开的郑怀兴剧作讨论会 . 新剧本 .1991 (1)

[53] 夏　放　纵横正有凌云笔，俯仰随人皆可听——郑怀兴剧
　　 陈　锦　作讨论会侧记 . 福建戏剧 .1991(1)

[54] 马　驰　斗牛剑气何郁结——《要离与庆忌》悲剧特征漫议 . 福建戏剧 .1991 (2)

[55] 金　芝　郑怀兴剧作的艺术个性 . 福建艺术 .1991 (4)

[56] 谭华孚　悲喜之结 . 剧谈 .1991 (2)

[57] 梁　倩　在低谷中寻觅奋进——记剧作家郑怀兴 . 中国戏剧 . 1991 (5)

[58] 郭汉城　《郑怀兴戏曲选》序 . 郑怀兴戏曲选 . 中国戏剧出版社 . 1992 年

[59] 王评章　自我挽救：死亡方式的营造——周颛、庆忌的悲剧意义 . 艺术论丛 . 第 8 辑 (1992)

[60] 陈　锦　留点宽厚与子孙——郑怀兴新作《长街轶事》观后 . 福建文化报 .1992/4/5 (创刊号)

[61] 林德基　代沟的"X 光机"——评郑怀兴现代新作《长街轶事》. 福建日报 .1992/5/10

[62] 陈国富　人鬼作逢《戏巫记》. 戏剧电影报 .1993 (2)

[63] 刘忠诚　论郑怀兴剧作的深层生成 . 戏曲研究 . 第 44 辑 (1993.3)

[64] 陈　锦　莆仙骄子，剧坛双杰——陈仁鉴、郑怀兴印象描述与比较.福建艺术.1993 (6)

[65] 林德基　一支钢笔写春秋——著名剧作家郑怀兴近影.剧谈.1993 (9)

[66] 朱小如　越剧《乔少爷造桥》散议.上海戏剧.1993 (6)

[67] 郑宜庸　爸爸的创作新空间.福建艺术.1994 (5)

[68] 王评章　郑怀兴创作的心理特点.艺术论丛.第14辑 (1995)

[69] 艾藻松　我观《神马赋》.人民日报.1996/4/11

[70] 陈　锦　欲正天下者先正自身——《乾佑山天书》评介.福建艺术.1996 (6)

[71] 杨鸿赴　三碗"烈酒"唤英魂——历史剧《乾佑山天书》高潮品析.福建文化报.1996/11/20

[72] 王评章　文人的失节——读剧札记.福建艺术.1996 (2)

[73] 潘真进　显示个性断裂层——读历史剧《乾佑山天书》.福建省第20届戏剧会演会刊莆田专刊.1996

[74] 陈金添　为严肃文艺耕耘.人民日报.1997/2/20

[75] 郑宜庸　试述郑怀兴戏曲的三个女性形象.福建艺术.1997 (2)

[76] 高　鸿　郑怀兴剧作的创新与追求.新剧本.1997 (3)

[77] 陈金添　为繁荣文艺辛勤耕耘.福建通讯.1997 (5)

[78] 陈　雷　刘湘如　林瑞武　新编历史剧《新亭泪》、现代戏《鸭子丑小传》评论.福建地方戏剧.福建人民出版社.1997年

[79] 林瑞武　百年沧桑和民族之魂的悲歌——评电视剧《林则徐》.福建艺术.1997 (3)

[80] 余青峰　剧坛名士郑怀兴.福建日报.1998/1/16

[81] 马建华　香魂一缕撼天地——评叶李娘.福建文化报.1998/11/30

[82] 扶　摇　士的人格嬗变的悲喜剧——评《乾佑山天书》的寇准形象.福建艺术.1998 (6)

[83] 陈 锦　欲正天下者，先正自身——新编历史剧《乾佑山天书》评介.福建艺术.1996 (6)

[84] 王评章　失节的寇准——觇《乾佑山天书》人民日报.1998/12/03 (10)

[85] 潘真进　艺术的责任者郑怀兴——访著名剧作家郑怀兴.湄洲日报·海外版.1999/1/20

[86] 安 葵　寇准的悲剧.文艺报.1999/1/7

[87] 周传家　引人深思，发人深省——观莆仙戏《乾佑山天书》.戏剧电影报(梨园周刊).1999/1/11

[88] 苏国荣　菩萨与酒瓮——评《乾佑山天书》.中国戏剧.1999 (1)

[89] 郑美清　放开肚皮吃饭，抖起精神读书——春节在著名剧作家郑怀兴家做客小记.福建日报.1999/3/1

[90] 颜长珂　谈《叶李娘》的改编.新剧本.1999 (3)

[91] 王一峰 王育生 编著　《新亭泪》赏析."新世纪百科知识金典"中外戏剧名篇赏析 2.重庆出版社.1999 年

[92] 章诒和　形式——艺术之主体——莆仙戏《叶李娘》观后.大舞台.1999 (2)

[93] 金 陌　昭君琵琶又弹新音——析汉剧《王昭君》的艺术得失.戏剧之家.1999 (5)

[94] 马建华　愧疚体验与心理刻画——郑怀兴创作心理散论.福建艺术.2000 (4)

[95] 刘南芳　作家与作品——郑怀兴先生作品导论.福建艺术论丛.第 19 辑 (2000)

[96] 马建华　文的自觉，美的追求——一种完美的历史剧观兼论郑怀兴的历史剧.剧本.2000 (10)

[97] 佳 钰　万古春山翠不尽——观新编历史剧《王昭君》.戏剧之家.2000 (3)

[98] 王少媛　一次心灵的净化——《叶李娘》的寓意.福建艺术.2000 (3)

[99] 刘世今　多才多思的剧作家郑怀兴.福建日报.2000/12/22

[100] 何玉人　论郑怀兴的戏曲创作.戏曲艺术.2001 (1)

[101] 郑清为　长觉风雷笔下生——著名剧作家郑怀兴散记.文艺报.2001/8/23

[102] 颜长珂　刘文峰　《新亭泪》（莆仙戏）（评述）.二十世纪中国文艺图文志·戏曲卷.沈阳出版社.2002 年

[103] 傅玲　郑怀兴　心灵好似大宇宙.新剧本.2002 (4)

[104] 陈韩星　在比较中找差距，于借鉴中求提高.陈韩星论文集.中国戏剧出版社.2002 年

[105] 叶之桦　婉儿的悲剧.福建日报.2002/10/19

[106] 安　葵　解读《上官婉儿》.剧本.2003 (5)

[107] 刘　祯　婉儿的形象探求.剧本.2003 (6)

[108] 王凡凡　浅斟低唱在盛世（八闽人杰之一）.新华网.2003/7/23

[109] 田润菁　理性的破碎与心灵的损毁.福建剧谈.2003 (4)

[110] 徐　蔚　蒋松源　经验的探讨与承传——《戏曲编剧理论与实践》读后.福建剧谈.2003(4)

[111] 马建华　戏路上的先行马车——著名剧作家郑怀兴散记.福建日报.2004/5/1

[112] 吴慧颖　求"圆"的希冀与惶惑.福建艺术.2003 (1)

[113] 安　葵　解读《上官婉儿》.剧本.2003 (5)

[114] 郑宜庸　双重表演的功力——谈吴晶晶演武则天.中国戏剧.2003 (7)

[115] 张　帆　华美与苍凉——郑怀兴《上官婉儿》中知识分子心态浅探.剧本.2003 (10)

[116] 陈炳聪　锻造都市品格的高甲戏——导演新编历史剧《上官婉儿》所引发的思考.福建艺术.2003 (6)

[117] 郑　全　亦神亦人愈动人——越剧《林默娘》的悲剧审美意义初探.中国戏剧.2004 (2)

[118] 赖玲珠　密叶因裁吐,新花逐蕙舒——从《上官婉儿》21次修改浅谈剧本修改的几点体悟.福建艺术.2004 (6)

[119] 林蔚文　新亭泪湿山间路——著名剧作家郑怀兴"福建当代作家、艺术家电视系列传记片文本".福建文艺界.2005 (1)

[120] 邱剑颖　倔硬持节傅青主——郑怀兴笔下的明清遗老.福建艺术.2005 (5)

[121] 庄清华　"士"气高蹈下的理想人生——论郑怀兴的戏曲历史剧.福建文艺界.2005 (5)

[122] 钟红英　创作是我的生命需要——记剧作家郑怀兴.福建剧谈.2005 (11)

[123] 王评章　新"录鬼簿"——郑怀兴,永远的戏剧性.中国戏剧出版社.2005年

[124] 王评章　读剧随记——《蓬山雪》《要离与庆忌》.永远的戏剧性.中国戏剧出版社.2005年

[125] 郑国贤　新亭酒醒鹤高飞.兰溪鼓韵——古雅幽深莆仙戏.海潮艺术摄影出版社,2005年

[126] 傅　翔　从慷慨悲歌到怜香惜玉——戏曲《潇湘春梦》解读.福建艺术.2005 (1)

[127] 庄清华　以"士"之精神构筑理想人生——简析郑怀兴的戏曲历史剧中的人物形象.剧本.2006 (3)

[128] 柯子铭　一出心灵冲突的现代喜剧——漫评《鸭子丑小传》求索之旅:八闽剧坛论稿.中国戏剧出版社.2006年

[129] 庄清华　神人之间:慈悲胸怀里的刚毅与深情——试析戏曲电视剧《妈祖》中的默娘形象.中华妈祖.2006 (5/6)

[130] 赵雪君　强烈的命定感与默娘的神性——致《妈祖》剧作者郑怀兴先生.中华妈祖.2006 (5/6)

[131] 余　勇　明妃千古奇，汉苑谱新曲（亦名《汉剧重新演绎〈王昭君〉》）. 长江日报 .2007/1/8

[132] 梁　枫　高雅新颖的《傅山进京》. 太原日报 .2007/1/15

[133] 安　葵　《郑怀兴剧作集》序 . 福建文艺界 .2007 (2)

[134] 张　星　回溯《傅山进京》的诞生 . 太原日报 .2007/7/9

[135] 孟恭才　弘扬傅山人文精神 . 建设特色文化名城——晋剧《傅山进京》的启示与思考 . 太原日报 .2007/7/9

[136] 谭志湘　傅山的另类演绎——晋剧《傅山进京》观后 . 光明日报 .2007/7/13

[137] 王蕴明　神通高洁，韵致儒雅——欣看谢涛主演《傅山进京》. 中国新闻 .2007/7/20. 中国戏剧 .2007 (8)

[138] 蔡欣欣　一生为客不为主 . 中国文化报 .2007/7/21. 中国戏剧 .2007 (8)

[139] 薛若琳　布衣与帝王的激烈碰撞——看新编晋剧《傅山进京》. 中国文化报 .2007/7/21. 中国戏剧 .2007 (8)

[140] 谭志湘　前朝遗老，另类傅山 . 中国戏剧 .2007 (8)

[141] 杨雪英　文人风骨的坚守 . 中国戏剧 .2007 (8)

[142] 宁沁萍　张志峰　专家把脉，打造中国戏苑精品——文化部、中国剧协《傅山进京》座谈会侧记 . 太原晚报 .2007/7/26

[143] 曲润海　傅山新演 . 太原晚报 .2007/7/26

[144] 王蕴明　女须生谢涛演傅山 . 人民日报 .2007/7/26

[145] 钟红英　郑怀兴：20 世纪福建文化名人 . 作家出版社 .2006 年

[146] 王　媛　一样的欢呼与掌声，不一样的傅山进京 . 山西经济日报 .2007/7/30

[147] 原　蔚　晋剧："进了京""中了举". 山西日报 .2007/7/31

[148] 徐大为　自觉认识民族精髓，科学传承优秀文化——关于《傅山进京》的几点思考 . 太原日报 .2007/8/8

[149] 李　遇　傅山传奇·影响篇：文化昆仑——傅山 . 山西晚报 .2007/8/ 12

[150] 胡国华　郑怀兴其人——历史长篇小说《血祭河山》序. 南方周末 .2007/8/23

[151] 刘厚生　一块闪闪发光的乌金——评晋剧《傅山进京》. 上海戏剧 .2007 (10)

[152] 宁沁萍　铿锵晋剧《傅山进京》是山西的名片. 太原晚报 .2007/11/10

[153] 欧阳汗青　今日几人识傅山. 新民晚报 .2007/11/12

[154] 陈燕勇　汉剧《王昭君》：穿越美的真谛. 戏剧之家 .2007 (3)

[155] 李金海　《傅山进京》与傅山其人. 三晋戏剧 .2007 (4)

[156] 陈维光　我看晋剧《傅山进京》. 三晋戏剧 .2007 (4)

[157] 蔡欣欣　文化表征，名士典范. 太原日报 .2007/07/16 (009)

[158] 安　葵　富有韵味的舞台形象. 文艺报 .2007/07/17 (004)

[159] 薛若琳　安　葵　蔡欣欣　范世康　新编晋剧《傅山进京》——献给傅山诞辰400周年. 中国文化报 .2007/07/21(003)

[160] 屈家桢　武喆涵　周楷雅　陈　路　孙雨彤　新编晋剧《傅山进京》——献给傅山诞辰400周年. 中国文化 .2007/07/21(003)

[161] 王宏伟　回肠荡气唱中原志士——观新编晋剧《傅山进京》. 中国文化报 .2007/08/14

[162] 胡国华　阅读郑怀兴其人. 南方周末 .2007/08/23

[163] 薛若琳　蔡欣欣　谭志湘　安　葵　王蕴明　杨雪英　鸿儒风范，文人气节——专家热论晋剧《傅山进京》. 中国戏剧 .2007(8)

[164] 方　月　仿汉调古韵赋新诗——新编抒情汉剧《王昭君》观后. 戏剧之家 .2007 (3)

[165] 晏　滔　白　帆　幻灭影于重光，宏旨纵贯古今——论晋剧《傅山进京》. 中关村 .2007(9)

[166] 龚　晏　曲尽人情，戏推物理——太原市实验晋剧院青年剧团《傅山进京》即将献演沪上. 上海戏剧. 2007 (10)

[167] 刘厚生　一块闪闪发光的乌金——评晋剧《傅山进京》. 上海戏剧. 2007 (10)

[168] 忆　斯　一场"和而不同"的文化交锋——沪上戏剧专家点评晋剧《傅山进京》. 上海戏剧. 2007 (12)

[169] 一　峰　从《新亭泪》到《傅山进京》——《傅山进京》观后. 剧本. 2007 (12)

[170] 张　帆　一场对弈却相知——浅谈晋剧《傅山进京》. 剧本. 2007 (12)

[171] 傅　谨　晋剧《傅山进京》和文人戏的新高度. 上海戏剧. 2008 (1)

[172] 齐致翔　山作须眉水作魂——解读谢涛和她饰演的傅山. 上海戏剧. 2008 (1)

[173] 谢凌云　看晋剧《傅山进京》杂感. "古代戏剧散曲戏曲研究"第十届中国戏剧节观剧记专辑. 国学论坛. 2008 年

[174] 康　靖　曲尽人情，戏推物理——从《傅山进京》看戏剧冲突与人物形象的关系. "古代戏剧散曲戏曲研究"第十届中国戏剧节观剧记专辑. 国学论坛. 2008 年

[175] 郑慧明　晋剧《傅山进京》的主题思想内蕴. 戏剧研究网. 2008/1/1

[176] 李海涛　浅析戏剧情节转折的模式与动力——以第十届中国戏剧节三个参展剧目为例. 戏剧研究网. 2008/1/1

[177] 陈维光　中原文脉的坚守——晋剧《傅山进京》学术研讨会纪要. 中国文化报. 文化传播网. 2008/1/27

[178] 薛若琳　《傅山进京》：晋剧文化品位的拓展与升华. 太原日报. 2008/1/31

[179] 庄清华　一场"独立"与"尊重"的戏剧演绎——评历史剧《傅山进京》. 戏剧文学. 2008 (3)

[180] 刘平清 徐大为　山西《傅山进京》一出新编晋剧几多思考.太原日报.2008/3/3

[181] 齐洪娜　真情挥洒,自筑清明世界——《傅山进京》观后有感.太原日报.2008/9/4

[182] 轩　蕾　肖物无心,志在笔先——浅谈《傅山进京》的编剧艺术.太原日报.2008/9/11

[183] 阮润学　大美的探寻——观汉剧《王昭君》所引发的联想戏剧之家.2008 (Z1)

[184] 朱彬博　舞台形象——傅山性格中的"暖格调".太原日报.2008/9/25

[185] 范丽庆　《傅山进京》:晋剧建设的新起点——中国戏曲学会会长薛若琳先生访谈.太原日报.2008/01/01

[186] 傅　谨　晋剧《傅山进京》与文人戏的新高度.上海戏剧.2008 (1)

[187] 傅　谨　戏曲萧条中的希望.文艺报.2008/01/24 (004)

[188] 谢　涛　傅山和我扮演的傅山.中国戏剧.2008 (3)

[189] 安　葵　寻找传统道德与当代精神的契合点——评郑怀兴的剧作.中国文化报.2008/03/26 (003)

[190] 苏　涵　精神的坚挺与无以回避的悲哀——评郑怀兴长篇历史小说《血祭河山》.文艺报.2008/04/17 (003)

[191] 季国平　拈花见笑,率性求真——看晋剧《傅山进京》.福建艺术.2008 (2)

[192] 万　素　博弈:传统文化人格对峙——晋剧《傅山进京》旨趣意会.艺苑.2008 (4)

[193] 阮润学　大美的探寻——观汉剧《王昭君》所引发的联想.戏剧之家.2008 (Z1)

[194] 孔莉萍 郭李方　"傅山已融化在我的血液里"——专访福建省剧协副主席郑怀兴.太原晚报.2008/12/21(A15)

[195] 王宏伟　我眼里的《傅山进京》.太原晚报.2008/12/25 (B35)

[196] 李建民　蛙声、责声——来自生命底蕴的悲剧.福建艺术.2009 (1)

[197] 安　葵　思想意蕴深，评剧味道足——看曾昭娟主演的《寄印传奇》.今晚报.2009/6/8

[198] 张斯直　我看《傅山进京》.山西新闻网·忻州站.2009/6/7

[199] 杨　蓉　"普罗米修斯盗火"与"精卫填海"——《榆树下的欲望》和《晋宫寒月》之比较.戏曲研究.2004 (1)

[200] 陈　锦　但使剧坛春常在，造次颠沛焉辞之.仙游文史资料第十六辑·莆仙戏专辑.2009 (10)

[201] 苏　涵　戏曲文学独立价值的艰难追寻——论福建剧作家郑怀兴.集美大学学报.2009 (12)

[202] 吴新苗　郑怀兴历史剧中的知识分子与女性.戏曲研究.2009 (3)

[203] 林晓芝　案头剧本走向舞台的新探索——论郑怀兴的《青蛙记》与《荷塘梦》.厦门广播电视大学学报.2009/12/01

[204] 张　帆　不为悦己者容，却为知己者死——高甲戏《乔女》.福建艺术.2009 (5)

[205] 庄清华　高甲戏《乔女》：一个残缺人格的成长历程.福建艺术.2009 (6)

[206] 郑传寅　发人深省，动人心魄——评剧《寄印传奇》印象 中国文化报 2010/7/9

[207] 常晓华　传奇·传情·见精神——评剧《寄印传奇》剧本琐议.剧作家.2010 (4)

[208] 王甲子　巧谋深思构佳局——晋剧《傅山进京》观后感.艺海.2010 (8)

[209] 傅　翔　曲尽人情，愈曲愈折——郑怀兴创作方法简论.福建艺术研究论集.中国戏剧出版社.2013年

[210] 傅　谨　公有公理，婆有婆理——戏情与戏理之十.剧本.2010 (4)

[211] 郑传寅　发人深省，动人心魄——评剧《寄印传奇》印象.中国文化报.2010/07/09 (2)

[212] 严森林　《傅山进京》耐人寻味.兰州日报.2010/08/04（R11）

[213] 吴晶晶　回归青衣行当——高甲新戏《乔女》内心戏丰富.厦门晚报.2009/10/12 (7)

[214] 王甲子　巧谋深思构佳局——晋剧《傅山进京》观后感.艺海.2010 (8)

[215] 史晓丽　"被"建构的戏剧性——由评剧《寄印传奇》的改编看戏剧性的缺失现象.大舞台.2010 (10)

[216] 徐晓萌　郑怀兴：感恩戏曲.光明日报.2011/1/5

[217] 刘　茜　坚守戏曲文学的独立价值.中国文化报.2011/1/5

[218] 李志远　（根据录音整理）史剧开拓人文品格.文艺报.2011/1/17

[219] 安　葵　历史剧是寻求与历史人物心灵的共振——浅议郑怀兴剧作.中国艺术报.2011/1/24

[220] 邓兴器　话说怀兴剧作对人的关注.中国戏剧.2011 (2)

[221] 苏　涵　奴儒与狂儒的戏剧解读.剧本.2011 (3)

[222] 郑传寅　戏曲文学品位的提升——郑怀兴剧作艺术成就管窥.福建艺术.2011 (2)

[223] 刘　祯　激情与想象——关于郑怀兴的历史剧创作.福建艺术.2011 (2)

[224] 谢雍君　人文品格，民间情怀——论郑怀兴的莆仙戏剧目创作.福建艺术.2011 (2)

[225] 何玉人　践行戏曲创作三十年——论著名剧作家郑怀兴的戏曲创作.当代戏剧.2011 (4)

[226] 安　葵　剧作家郑怀兴的成就.剧谈.2011 (5)

[227] 周育德　郑怀兴剧作的文化定位.剧谈.2011 (5)

[228] 李春喜　郑怀兴创作历程的分期、特点及其他.剧谈.2011 (5)

[229] 秦华生　三十年辛苦不寻常.剧谈.2011 (5)

[230] 曲润海　读郑怀兴剧作八记.剧谈.2011 (5)

[231] 陈维光　天边的彩虹——记《王昭君》《上官婉儿》中的昭君和婉儿的印象.剧谈.2011 (5)

[232] 蔡福军　徐渭的情感逻辑与四种死亡体验——评郑怀兴《青藤狂士》.剧谈.2011 (5)

[233] 汤晨光　伦理心理的迷误和人性认知的困境——论郑怀兴剧作《青蛙记》.剧谈.2011 (5)

[234] 朱恒夫　他专心于为文人和庶民写戏——论郑怀兴的戏曲剧本创作.剧谈.2011 (5)

[235] 汤晨光　生命与文化的双重寓言——论郑怀兴的剧作《神马赋》.福建文艺界.2011 (3)

[236] 李志远　怀绕千般忧患，兴作笔底春秋——郑怀兴剧作学术研讨会综述.戏曲研究.2011 (2)

[237] 邓兴器　话说怀兴剧作对人的关注.中国戏剧.2011 (2)

[238] 李小菊　倾注一腔孤愤写狂士，呼唤不拘一格容人才——评郑怀兴新作《青藤狂士》.福建艺术.2011 (2)

[239] 尹　雨　戴会林　浅谈戏曲闲笔——兼谈《傅山进京》闲笔.艺海.2011(6)

[240] 汤晨光　《神马赋》的心理呈现与叙事结构.艺海.2011 (11)

[241] 吴新斌　痴情换得笔底明珠——剧作家郑怀兴的坚守、坚持与突破.文艺报.2011/12/05 (4)

[242] 郭丽君　郑怀兴历史剧中女性形象的分析.艺苑.2012 (1)

[243] 陈韩星　郑怀兴历史剧的主要特色.广东文艺研究.2012 (1)

[244] 叶　萍　回归经典——新编汉剧《宇宙锋》观后感.艺坛.2012 (1)

[245] 郑树成　古不陈旧，新不离本——《宇宙锋》观后感.艺坛.2012 (1)

[246] 乔　寻　沿着经典的"足迹"前行——改编本《宇宙锋》的意义.艺坛.2012 (1)

[247] 张志全 一部权力欲望下的现代悲剧——新排全本汉剧《宇宙锋》观后. 艺坛 .2012 (1)

[248] 尹建民 红豆树下女儿红——看新编苏剧《红豆祭》有感. 剧影月报 . 2012 (1)

[249] 康颖宽 和而不同的清朗典雅. 中国文化报 .2012/7/3

[250] 陈建华 重塑戏曲的文学品格——论郑怀兴的戏曲创作. 人民日报 . 2012/7/24

[251] 李彩婷 一石激起千层浪——论郑怀兴《荷塘梦》的悲剧意蕴. 大众文艺·学术版 .2012 (17)

[252] 封 杰 宁夏京剧院打造"西部京剧"《萧关道》. 中国京剧 . 2012 (11)

[253] 尹建民 红豆树下女儿红——看新编苏剧《红豆祭》有感. 剧影月报 . 2012 (1)

[254] 江 东 沿着经典的"足迹"前行——新编历史剧《宇宙锋》的意义. 戏剧之家(上半月). 2012 (1)

[255] 江洪涛 苏剧《红豆祭》——值得关注的新戏. 中国演员 . 2012 (2)

[256] 吴新文 新的视角,经典创新——评高甲戏《昭君出塞》. 泉州文学 . 2012 (4)

[257] 金 红 万斛相思见风骨,苏剧新翻红豆篇——新编历史苏剧《红豆祭》观后. 中国戏剧 .2012 (5)

[258] 黄维钧 一生悲愁赋心曲——看新创现代锡剧《二泉映月·随心曲》. 中国戏剧 .2012 (8)

[259] 郑传寅 《寄印传奇》的思想与艺术特色. 文艺报 .2012/09/05 (5)

[260] 安 葵 《寄印传奇》意蕴深. 天津日报 .2012/10/18 (07)

[261] 郑传寅 《寄印传奇》人物刻画鲜明. 今晚报 .2012/10/31 (09)

[262] 宋闽旺 探访"三驾马车"的启示. 福建艺术 .2012 (5)

[263] 闫小杰 《傅山进京》:一部令人惋惜的正剧. 戏剧文学 . 2012 (10)

[264] 褚伯承　与"阿炳"的第三次亲密接触——锡剧《二泉映月·随心曲》. 上海戏剧 .2012 (12)

[265] 汤晨光　梦境、幻象与潜文本——论郑怀兴剧作《青蛙记》的心理叙事 . 剧谈 .2013 (6)

[266] 徐培成　惊赞汉剧《宇宙锋》. 中国文化报 . 十艺节专刊 . 汉剧《宇宙锋》专辑 .2013/10/09

[267] 江　靖　汉剧《宇宙锋》五大亮点 . 中国文化报 . 十艺节专刊 . 汉剧《宇宙锋》专辑 .2013/10/09

[268] 赓续华　《宇宙锋》是一把利剑 . 中国文化报 . 十艺节专刊 . 汉剧《宇宙锋》专辑 .2013/10/09

[269] 叶之桦　阿炳的月亮 . 中国戏剧 .2013 (12)

[270] 蔡福军　生命的选择与较量——评历史剧《要离与庆忌》. 福建艺术 .2013 (1)

[271] 林清华　从《青蛙记》到《荷塘蛙声》. 福建艺术 .2013 (1)

[272] 郭虹伶　学戏散记——从怀兴老师改编《宇宙锋》中得到的启示 . 福建艺术 .2013 (4)

[273] 陈　驰　戏里戏外话傅山——评晋剧《傅山进京》的思想艺术魅力 . 山西经济日报 .2013/08/14 (06)

[274] 张志全　权力欲望下的悲剧——新排全本汉剧《宇宙锋》观后 . 中国演员 .2013 (5)

[275] 薛若琳　成功的改编　精湛的表演——谈汉剧《宇宙锋》. 中国文化报 .2013/10/09 (005)

[276] 蔡　瑜　我在《二泉映月·随心曲》中塑造秦月的体会 . 剧影月报 .2013 (5)

[277] 陶　臣　《傅山进京》演出四百场的思与悟 . 中国文化报 . 2013/10/21 (003)

[278] 高　琪　苏剧《柳如是》让我跨出一大步 . 苏州日报 .2013/
　　　王　芳　11/08(C02)

[279] 潘心团　琼剧舞台上的"历代"海瑞.海南日报.2013/11/25

[280] 周　明　英雄末路叹奈何.福建艺术.2014 (1)

[281] 薛若琳　深刻而别致的清官形象——谈琼剧《海瑞》.中国戏剧.2014 (1)

[282] 周育德　说琼剧《海瑞》.中国戏剧.2014 (1)

[283] 崔　伟　一出具有浓郁现实感的优秀新编琼剧.中国戏剧.2014 (1)

[284] 安志强　琼剧《海瑞》的新视角.中国戏剧.2014 (1)

[285] 王蕴明　海瑞精神千古——观琼剧《海瑞》.中国戏剧.2014 (1)

[286] 蔡福军　让幻境撕裂人性走向真实——论《荷塘梦》《神马赋》《青藤狂士》.剧谈.2013 (12)

[287] 陈坤玉　从案头到舞台——看《寄印传奇》.剧谈.2013 (12)

[288] 汤晨光　预想的喜剧和不意的悲剧——论郑怀兴的《造桥记》.当代戏剧.2014 (3)

[289] 汤晨光　拜金世风的反讽镜像——论郑怀兴剧作《造桥记》.剧谈.2014 (6)

[290] 杨晓勤　历史剧创作的美学讲究——以新编历史剧《新亭泪》为例.闽西日报.2014/12/19

[291] 周锡山　史与诗结合的佳作 苏剧《柳如是》.上海戏剧.2014 (1)

[292] 秦　兴　期盼我们的苏剧能够走得更远——写在苏剧《柳如是》创演5周年.剧影月报 2014 (6)

[293] 朱　婕　苏剧《柳如是》的启发.中国演员.2014 (2)

[294] 王　馗　"料青山见我应如是"——苏剧《柳如是》的如是观.艺术评论.2014 (11)

[295] 安志强　琼剧《海瑞》的新视角.中国戏剧.2014 (1)

[296] 智联忠　苏剧《柳如是》：本色自然之佳作.中国艺术报.2014/02/14 (003)

[297] 孙丽萍　那醉人的一抹红——赏析苏剧《柳如是》.剧影月报.2014 (1)

[298] 康式昭　《二泉映月》是失恋奏鸣曲吗. 中国文化报 .2014/03/06 (003)

[299] 叶之桦　约个梅魂伴柳魂——评郑怀兴的历史剧《柳如是》. 剧本 .2014 (5)

[300] 安志强　没闹明白：读《〈二泉映月〉或为失恋奏鸣曲》. 中国戏剧 .2014 (5)

[301] 颜长珂　谈《叶李娘》的改编. 福建艺术 .2014 (5)

[302] 乔宗玉　《叶李娘》："理念戏"的成败. 北京日报 .2014/10/30（018）

[303] 郑宜庸　在保留传统中注入当代意识——莆仙戏《叶李娘》评析. 中国文化报 .2014/12/02 (003)

[304] 张志全　权力欲望下的悲剧——新排全本汉剧《宇宙锋》观后. 中国演员 .2013 (5)

[305] 叶之桦　恸哭的海瑞——郑怀兴及其历史剧创作. 中国戏剧 .2015 (4)

[306] 汤晨光　论《造桥记》中作者对剧中人物的分体寄居. 福建艺术 .2015 (3)

[307] 庄清华　从自觉的死亡到两难的困境. 福建艺术 .2015 (3)

[308] 吴国荣　为官应为民解忧. 太原日报 2015/9/24

[309] 徐恒杰　待民要宽，治吏当严——新编历史剧《于成龙》的启示. 农民日报 .2015/11/11

[310] 历史剧的新突破——太原市晋剧艺术研究院新编历史晋剧《于成龙》专家座谈会发言摘要. 中国文化报 .2015/11/6

[311] 道义与民心——太原市晋剧艺术研究院新编历史晋剧《于成龙》青年批评家座谈会发言摘要. 中国文化报 .2015/11/6

[312] 曹　颖　新编晋剧《于成龙》展现廉洁与担当. 工人日报 .2015/11/9

[313] 谭志湘　人物塑造最出彩——评晋剧《于成龙》. 人民日报 .2015/11/10

[314] 傅　谨　让现实照进历史. 人民日报 .2015.12.29

[315] 吴新苗　晋剧《于成龙》剧本文学谈.广东艺术.2015 (12)
[316] 李春喜　发现《失子记》——在经典留白处着墨.艺坛.2015 (5)
[317] 名家论说《失子记》——新编历史汉剧《失子记》观后感名家座谈摘要.艺坛.2015 (5)
[318] 庄清华　人本主义视角下的新人物——论《失子记》中的母亲形象.艺坛.2015 (5)
[319] 王子文　刍议《傅山进京》的表演心理体验.戏友.2015 (1)
[320] 叶之桦　赵氏之女——汉剧《宇宙锋》中的赵女形象.中国戏剧.2015 (5)
[321] 叶之桦　严寒落寞白雪里——晋剧《傅山进京》的艺术与思想.中国戏剧.2015 (8)
[322] 郑宜庸　人生的无解困境——莆仙戏《魂断鳌头》评析.当代戏剧.2015 (5)
[323] 王　馗　以"民"为本的好戏.光明日报.2015/11/14 (010)
[324] 王　笑　熠熠生辉的布衣廉吏.中国艺术报.2015/11/18 (004)
[325] 傅　谨　回到初心的晋剧《于成龙》.中国戏剧.2015 (11)
[326] 王　馗　历史，走进心灵——郑怀兴剧作的新境界.艺海.剧本专刊.2016
[327] 郑宜庸　在历史的缝隙中寻找——评新编近代剧《魂系京张》.大舞台.2016 (1)
[328] 智联忠　沙丘宫变，撼人心魂——评京剧新编历史剧《赵武灵王》.中国戏剧.2016 (4)
[329] 汤晨光　多维坐标上的郑怀兴戏剧创作.戏曲研究.第97辑 (2016)
[330] 庄清华　扑火飞蛾——悲凉而高贵的舞者.中国文化报.2016/ 07/04
[331] 郑宜庸　旧戏重排的双重意义——莆仙戏《魂断鳌头》观后感.中国文化报.2016/7/12

[332] 曹　颖　　人性的复杂与真实——观新编古代剧《魂断鳌头》有感.太原日报.2016/7/22

[333] 罗金满　一顶状元帽，一缕佳人魂.中国艺术时空.2016 (5)

[334] 陈　晶　　小县城里的大编剧.太原日报.2016/10/12

[335] 戴　平　　于成龙的三次喝酒.新民晚报.2016/11/12

[336] 孙海蛟　勿以刻薄曰钱柳——观苏剧《红豆祭》不尽之余味.美与时代·下旬刊.2012 (5)

[337] 黄　斌　　谈龙录——论晋剧《于成龙》的典范性.戏剧文学 2016 (12)

[338] 郑宜庸　在历史的缝隙中寻找——评新编近代剧《魂系京张》.大舞台.2016 (1)

[339] 庞亚婷　赏晋剧梨园风华.爱民尚义——晋剧《于成龙》赏析.名作欣赏.2016 (15)

[340] 杨晓勤　大爱之下的失子之痛——读郑怀兴新编历史剧《失子记》.福建艺术.2016 (3)

[341] 林珣如　笔端造化　艺苑奇观——莆仙戏《魂断鳌头》评析.中国文化报.2016/07/04 (004)

[342] 郑宜庸　英雄之非正常死亡——新编历史剧《赵武灵王》评析.当代戏剧.2016 (4)

[343] 王　馗　　小人物的大历史——《关中晓月》中的心灵与情怀.福建艺术.2016 (4)

[344] 郑宜庸　《魂断鳌头》：旧戏重排的双重意义.光明日报.2016/ 08/01 (015)

[345] 汤晨光　傅山抗命的两种理由及意义——论《傅山进京》.新世纪剧坛.2016 (4)

[346] 史晓丽　从文本到舞台——以《寄印》为例浅谈二度创作之"遗憾".当代戏剧.2016 (5)

[347] 郭士星　布衣亦可为国谋——新编晋剧《于成龙》观后.戏友.2016 (3)

[348] 庄清华　浅析郑怀兴的小戏创作.福建艺术.2016 (3)

[349] 庄清华　拙朴下的智慧与力量——论郑怀兴新编历史剧《于成龙》. 戏友 .2016 (3)

[350] 林珣如　戏曲《晋宫寒月》的文本解读 . 新世纪剧坛 .2016 (5)

[351] 谢　涛　走进人物内心才能解决"难题"——对晋剧《于成龙》人物塑造的心得与感悟 . 上海戏剧 .2016 (10)

[352] 端木复　好一个"布衣"于成龙！——观晋剧《于成龙》. 上海戏剧 .2016 (10)

[353] 吴　彬　人文关怀、历史真实和艺术表现的完美统一——晋剧《傅山进京》的文化意义与艺术价值 . 齐鲁艺苑 .2016 (5)

[354] 杨玉芹　"清官戏"的人性蕴涵和反思意识——观琼剧《海瑞》. 文艺报 .2016/10/31 (012)

[355] 王　媛　经典剧目是怎样炼成的——《傅山进京》十年成就晋剧当代经典剧目纪实 . 山西经济日报 .2016/05/31

[356] 刘旭东　意志和品格的较量——简评晋剧《傅山进京》. 繁荣 .2016/11/28 (4)

[357] 黄　斌　谈龙录——论晋剧《于成龙》的典范性 . 戏剧文学 .2016 (12)

[358] 高　新　浅谈《赵武灵王》. 中国京剧 .2017 (4)

[359] 智联忠　京腔京韵武灵王——福建省京剧院《赵武灵王》形象塑造分析 . 中国京剧 .2017 (4)

[360] 刘作玉　京剧《赵武灵王》导演阐述 . 中国京剧 .2017 (4)

[361] 陈　锦　入世的执着——郑怀兴笔下的林龙江形象 . 湄洲日报 .2017/4/24

[362] 何其曼　别样冼太别样娇——看新编历史剧《冼太夫人》. 广东艺术 .2017 (3)

[363] 李　阳　镜中幻象　世相剪影——试析郑怀兴剧作中的闲人闲笔 . 编剧学刊 .2017（一辑）

[364] 郭虹伶　品读《冼太夫人》. 广东艺术 .2017 (5)

[365] 王亚非　情感的纠结和痛苦的挣扎——浅析郑怀兴戏曲创作中的现代意识 . 戏曲艺术 .2017.8.15

[366] 叶之桦　嵇康的悲剧 . 福建艺术 .2017 (7)

[367] 曹　颖　有道者不孤——体会莆仙戏《林龙江》. 仙游今报 . 2017/11/22

[368] 智联忠 整理　响鼓还需重锤——众家评说京剧《赵武灵王》. 福建艺术 .2017 (8)

[369] 刘连群　俯仰进退皆为民——观晋剧《于成龙》. 中国戏剧 2016 (12)

[370] 陈云升　琼剧《海瑞》的突破价值 . 大舞台 .2017 (1)

[371] 李小菊　"圣旨到"的魔咒与"赐牌匾"的套路 . 中国文化报 . 2017/03/17 (003)

[372] 叶之桦　赵武灵王的悲剧——京剧《赵武灵王》主题与意义 . 中国戏剧 .2017 (3)

[373] 何玉人　憾英雄气短壮志难遂——新编历史京剧《赵武灵王》述评 . 文化月刊 .2017 (7)

[374] 陈晶晶　毁灭与重生：《海瑞》对当下清官类历史剧的新突破 . 新世纪剧坛 .2017 (2)

[375] 智联忠　《赵武灵王》：沙丘宫变，撼人心魂 . 中国文化报 . 2017/05/19 (5)

[376] 郑宜庸　悲剧的追问与反思——新编历史剧《赵武灵王》评析 . 光明日报 .2017/05/24 (12)

[377] 陈晶晶　政治道义的现代演绎——评京剧《赵武灵王》. 中国京剧 . 2017 (9)

[378] 吴多创　凸显人物行当形象　丰富地方击乐色彩——琼剧《海瑞》打击乐设计特点 . 黄河之声 .2017 (4)

[379] 吴　靓　思想蕴涵丰富深刻舞台呈现精准完美——评琼剧《海瑞》. 四川戏剧 .2017 (5)

[380] 苏　凤　从晋剧《于成龙》看戏曲演员"技"的重要性 . 中国艺术时空 .2017 (5)

[381] 曹　颖　文学史学展双翼，古事今情蕴匠心——郑怀兴历史剧作研究 . 戏友 .2017 (3)

[382] 李　阳　一曲荡气回肠的生命哀歌——郑怀兴新编历史剧《赵武灵王》中的悲剧人物刍议 . 福建艺术 .2017 (6)

[383] 马志强　张秋雅　风格迥异，各有千秋——晋剧《于成龙》与京剧《廉吏于成龙》之比较研究 . 戏剧之家 .2017(23)

[384] 高潇倩　创作的精诚与表演的风雅——谈晋剧《于成龙》的舞台呈现 . 戏友 .2017 (4)

[385] 王　芳　寻找历史缝隙中的精神光芒——著名编剧郑怀兴访谈录 . 映像 .2018 (1)

[386] 王　馗　古老秦腔的现代提升 . 光明日报 .2018/6/9

[387] 李　阳　试析新编历史剧《赵武灵王》的编剧技巧 . 广东艺术 . 2018 (3)

[388] 李小菊　从秦腔《关中晓月》看郑怀兴新编历史剧创作——文人情怀、文化情结、人文品格 . 文艺报 .2018/07/30

[389] 刘　平　布衣于成龙的创新之处 . 山西日报 .2018/8/1

[390] 赵亚君　士大夫语境里的《布衣于成龙》. 忻州日报 .2018/9/9

[391] 李小菊　慧眼仁心写国士 . 赋得倭乱万古忧 . 福建艺术 .2018 (11)

[392] 端木复　好一个"布衣"于成龙 . 戏友 .2018 (1)

[393] 李小菊　一曲《嵇康托孤》　尽显魏晋风流 . 福建艺术 .2018 (2)

[394] 李宗霖　历史磨难中的高贵人格——论莆仙戏《林龙江》的人物精神 . 艺苑 .2018 (2)

[395] 李小菊　是真名士自风流——评郑怀兴新作《嵇康托孤》. 中国戏剧 .2018 (4)

[396] 晋剧《布衣于成龙》与中国戏曲的创新性实践. 中国文化报. 2018/04/27 (003)

[397] 郭虹伶　美人荧荧若苕荣——试析《赵武灵王》中的吴娃形象. 福建艺术. 2018 (4)

[398] 乔燕冰　如果没有当代意识，戏曲怎么抓住今天的观众？. 中国艺术报. 2018/05/07 (003)

[399] 张西萍　心领神会，亦幻亦真——浅谈齐爱云在《关中晓月》中的表演. 当代戏剧. 2018 (4)

[400] 李小菊　为往圣继绝学，为史剧树楷模——评秦腔《关中晓月》兼论郑怀兴历史剧创作. 当代戏剧. 2018 (4)

[401] 徐　汀　浅谈"赵氏孤儿"中程婴夫人形象——以汉剧《失子记》(又名《程婴夫人》)为例. 戏剧之家. 2018 (20)

[402] 张　帆　救世莫如救心——读莆仙戏《林龙江》. 福建艺术. 2018 (6)

[403] 乔燕冰　京剧《赵武灵王》：以史为鉴，鉴什么？. 中国艺术报. 2018/09/10 (004)

[404] 何璐晴　晋剧《傅山进京》的艺术特点探析. 戏剧之家. 2018 (26)

[405] 林　静　基层剧团的"晓月初升"——秦腔《关中晓月》带来的地方戏曲创作启示. 中国艺术报. 2018/12/05

[406] 倪　娟　守护关学大儒，弘扬秦商文化——评秦腔新编历史剧《关中晓月》. 戏友. 2018 (S1)

[407] 何木辛　京剧《赵武灵王》：历史悲歌鉴今朝. 光明网. 2018/08/06

[408] 李小菊　革故鼎新浪潮裹挟下的幽微人性探究——评豫剧《北魏孝文帝》. 中国艺术报. 2018/09/05 (5)

[409] 余　歌　林龙江：道虽式微犹可为. 仙游今报. 2018/10/15 (5)

[410] 汪守德　对抗倭历史的独特观照与艺术表达——评高甲戏《浮海孤臣》. 福建艺术 .2018 (12)

[411] 郑国贤　在历史缝隙间慷慨悲歌——走出莆仙的郑怀兴和他的剧作 . 福建文艺界 .2019 (12)

[412] 顾钱江 郑良　古事今情写春秋 . 新华社通稿 .2019/2/17

[413] 风骨与情怀——众说郑怀兴 . 中华戏曲 .2019/5/28

[414] 何璐晴　晋剧《傅山进京》的艺术特点探析 . 戏剧之家 .2018 (26)

[415] 倪娟　守护关学大儒　弘扬秦商文化——评秦腔新编历史剧.《关中晓月》. 戏友 .2018 (S1)

[416] 汤晨光　是爱情悲剧，更是人性悲剧 . 艺海 .2019 (17)

[417] 王馗　秦腔《关中晓月》：古老秦腔的现代提升 . 中国文化报 .2019/8/5

[418] 武丹丹　天际飘来一朵云 . 中国戏剧 .2019 (9)

[419] 叶之桦　莆仙戏《林龙江》：戏文内外 . 福建艺术 .2019 (1)

[420] 李菁　武灵遗恨满沙丘，赵氏英名从此休——探析赵武灵王悲剧的必然性 . 新世纪剧坛 .2019 (2)

[421] 安葵　戏剧史坐标上的郑怀兴 . 福建日报 .2019/03/07 (16)

[422] 吴思敬　由晋剧《布衣于成龙》引发的几点思考 . 文艺报 .2019/04/01 (004)

[423] 汪守德　对抗倭历史的独特观照与艺术表达——评泉州市高甲戏传承中心的《浮海孤臣》. 中国戏剧 .2019 (4)

[424] 黄永志　识其人，造其像——浅谈饰演"林龙江"的二度创作感受 . 参花 (下).2019 (6)

[425] 黄永志　饰演莆仙戏《魂断鳌头》中王长卿的感悟 . 艺海 .2019 (7)

[426] 庄清华　私欲喧嚣中的孤独士声——评高甲戏《浮海孤臣》. 艺苑 .2019 (4)

[427] 王 馗　秦腔《关中晓月》：古老秦腔的现代提升.中国文化报.2019/08/05 (6)

[428] 叶之桦　圣母之心——琼剧《冼夫人》赏析.中国戏剧.2019 (9)

[429] 王 馗　梅花庾岭外，别是一山川——《冼夫人》中的林川媚印象.中国戏剧.2019 (9)

[430] 王 越　中国戏曲美学精神的现代性实践——以晋剧《傅山进京》《布衣于成龙》为例.中华美学精神与当代文艺创作——基于当代文艺创作的案例分析.中国文联出版社.2019 年

[431] 何彦武　新编秦腔历史剧《关中晓月》舞台艺术研究.艺术评鉴.2019 (18)

[432] 庄清华　从莆仙戏《林龙江》看乡土题材戏.戏友.2019 (5)

[433] 朱恒夫　新编戏曲剧目如何才能得到观众的喜爱——晋剧《傅山进京》的启示.文艺报.2019/11/22 (3)

[434] 李春喜　转身，我遇到了戏剧构作.剧本.2019 (11)

[435] 刘 平　丹心一片耀神州——看新编历史剧《浮海孤臣》有感.福建艺术.2019 (12)

[436] 俯瞰历史人文精神璀璨光束穿透舞台——中国评剧院历史剧《新亭泪》首演专家座谈会摘要.中国文化报.2020.1.22

[437] 赖玲珠　从《戏巫记》读郑怀兴先生其人其文.福建艺术.2020 (2)

[438] 景俊美　历史剧当注重人文意蕴的审美表达.中国文化报.2020/01/13 (003)

[439] 季国平　谢 涛：新晋剧，新境界.中国戏剧.2020 (1)

[440] 陈云升　忠实原著与现代表达的迷思——谈《赵氏孤儿》题材戏剧创作的三个问题.新世纪剧坛.2020 (1)

[441] 周 飞　精研者精妙，见力处见功——评秦腔《关中晓月》.艺术评论.2020 (2)

[442] 薛鹏举　女性自我觉醒和家国情怀特质——浅析高甲戏《昭君出塞》中王昭君形象.中国戏剧.2020 (2)

[443] 刘　平　史家贵在"实" 编剧贵在"戏"——从评剧《新亭泪》的演出兼谈历史剧创作 . 中国戏剧 .2020 (4)

[444] 吴　华　重编历史剧目《新亭泪》尽显家国情怀 . 中国艺术报 . 2020/01/03 (2)

[445] 王　馗　百年名义只如新——《新亭泪》的评剧新创 . 光明日报 . 2020/01/12 (12)

[446] 顾春芳　新亭弹一曲 酒醒鹤高飞——评剧《新亭泪》研讨 . 湄洲日报 . 2020/01/20 (B4)

[447] 顾春芳　"传心"史剧观及其历史阐释 . 戏曲研究 .2020 (1)

[448] 许元振　从"活态传承"到"文人原创"——郑怀兴剧作的内在悖论 . 四川戏剧 .2020 (3)

[449] 王蕴明　历史钩沉烛照时代之光——观评剧《新亭泪》. 文艺报 . 2020/04/13 (4)

[450] 万　素　探寻人类精神世界深处——历史剧《新亭泪》感悟三题 . 福建艺术 .2020 (8)

[451] 陈　杰　经典戏剧作品的现代价值——21 世纪戏剧舞台上的《赵氏孤儿》. 戏剧 (中央戏剧学院学报).2020 (5)

[452] 张　静　郑怀兴小戏创作浅谈 . 戏友 .2020 (5)

[453] 庞婧绮　傅山之道，一言以蔽之，自由而已——评晋剧《傅山进京》. 戏剧之家 .2020 (21)

[454] 梁芝榕　空间参与叙事延展"文人风骨"——谈晋剧电影《傅山进京》的艺术特色 . 大舞台 .2020 (5)

[455] 牛春梅　老故事出新意——评剧《新亭泪》老戏新演吸引年轻人 . 北京晚报 .2020/12/14 (16)

[456] 郑宜庸　从莆仙戏到评剧——《新亭泪》两个版本之剧本比较 . 台港文学选刊 .2020 年增刊

[457] 黄披星　跨越四十年的《新亭泪》. 长江日报 .2021/01/12 (011)

[458] 王　馗　看戏微录 (一). 戏剧文学 .2021 (1)

[459] 高　扬　品味评剧《新亭泪》. 中国演员 .2020 (9)

[460] 王小农　从素材到剧本——看莆仙戏《借新娘》. 湄洲日报（莆田新闻网）. 2021/02/01

[461] 王　馗　看戏微录（二）. 戏剧文学. 2021 (2)

[462] 乔宗玉　评剧《新亭泪》：乱世中的道义取舍. 中国艺术报. 2021/01/11 (2)

[463] 张青飞　历史缝隙中的现代精神光芒——评新编秦腔历史剧《关中晓月》. 民族艺林. 2021 (1)

[464] 王　馗　看戏微录（三）. 戏剧文学. 2021 (3)

[465] 张　泓　郑怀兴的选择——读新编历史剧《仙霞古道》. 福建艺术. 2021 (3)

[466] 汤晨光　重温莆仙戏经典《新亭泪》. 莆田晚报. 2021/04/12

[467] 赵嘉玮　《傅山进京》，一朵晋剧仙葩. 文化产业. 2021 (23)

[468] 张洪霞　现代化视野下的史剧评论标准——从晋剧《傅山进京》的一篇批评说起. 四川戏剧. 2021 (8)

[469] 杨惠玲　罗贯中：闪耀着人性光辉的文化英雄——评郑怀兴新编历史剧《仙霞古道》. 福建艺术. 2021 (10)

[470] 刘威利　京剧《青藤狂士》的舞台意韵. 中国京剧. 2021 (10)

[471] 高晨雨　浅论《失子记》对《赵氏孤儿》的继承与发展. 戏剧之家. 2021 (30)

[472] 陈　锦　为有人间真情在——郑怀兴新编古装剧《借新娘》评介. 莆田晚报. 2022/01/17

[473] 朱兆万　郑怀兴《借新娘》的喜剧意义探微. 艺苑. 2022 (3)

[474] 叶　莹　从《曹操与杨修》到《傅山进京》——编剧学视阈下摭论新编历史剧的创作笔法. 当代戏剧. 2022 (3)

[475] 庄清华　传承与超越——试论郑怀兴历史剧中的郊野空间与意象运用. 艺术评论. 2022 (7)

[476] 谢　娜　南戏北移老剧新貌——从《新亭泪》《目连之母》浅谈评剧剧目移植改编. 中国戏剧. 2022 (7)

[477] 张　茜　当代晋剧《傅山进京》多声发展之和声构成分析. 戏剧之家. 2022 (34)

[478] 李　阳　风景不殊山河异色——《新亭泪》创作发微. 戏曲研究. 2022 (4)

[479] 王　珍　人与人物之间——郑怀兴新剧《范文正公》文本读解. 影剧新作. 2023 (1)

[480] 叶之桦　木兰溪上的女神——郑怀兴《钱四娘》剧作的认识与欣赏. 福建艺术. 2022 (11)

[481] 杨晓勤　从啼笑皆非到一声长叹——漫谈郑怀兴喜剧印象. 福建艺术. 2022. (12)

[482] 庄清华　谭雪梅　李可欣　明代倭患的当代叙述：郑怀兴的四部戏曲作品探析. 四川戏剧. 2022. (12)

[483] 陈小妹　冯　佳　剧本《海瑞》之"魅". 戏剧之家. 2023(3)

[484] 徐阿兵　论历史剧的"文本性"——以四部《王昭君》的互文解读为中心. 戏剧艺术. 2023 (4)

[485] 王一峰　双骏今成千里马——邂逅魏明伦、郑怀兴. 大舞台. 2023 (6)

[486] 陈荣瑜　是非无定论，人生有困境——高甲戏《造桥记》创排有感. 戏剧之家. 2023 (32)

[487] 雷雨露　历史的"诗化"：郑怀兴历史剧的艺术实践与理论探源. 戏剧文学. 2023 (10)

[488] 吴新斌　用思想的灵光激活古老的题材——忆郑怀兴先生. 福建艺术. 2023 (12)

[489] 陈丽宇　越韵尹语谈"烟波". 福建艺术. 2023 (12)

[490] 叶之桦　乱世中的迷失与寻找《烟波迷月》中的人物解读与寓意. 福建艺术. 2023 (12)

[491] 林爱玲　郑怀兴：笔怀人生，兴之为戏. 福建日报. 2023/12/14 (06)

[492] 陈世豪　小事不小　闲人不闲 ——浅谈莆仙戏《叶李娘》中的两个乞丐及其他.莆田晚报.2024/01/29

[493] 王　辉　潜于生活而随心　遵从真实而不惑——评郑怀兴的戏曲现代戏创作.剧本.2024 (4)

[494] 陈仕杰　浅析郑怀兴戏曲剧作中人物的现代性特征.戏剧之家.2024 (7)

[495] 朱秀兰　能安心写戏是最大的幸福——郑怀兴访谈.戏与人生——莆仙戏艺术家口述史研究.人民出版社.2024

二、合集

1. 《风骨与情怀——郑怀兴剧作研究论文选》文化艺术出版社.2011年

[1]　郭汉城　历史剧创作及评论漫谈——在郑怀兴剧作学术研讨会上的讲话

[2]　刘　祯　激情与想象——关于郑怀兴的历史剧创作

[3]　范碧云　风骨与情怀——写在《郑怀兴剧作研究论文选》前

[4]　邓兴器　话说怀兴剧作对人的关注

[5]　曲润海　读郑怀兴的剧作八记

[6]　颜长珂　大深若浅　大雅若俗——郑怀兴的艺术探求

[7]　曲六乙　现代意识与主体意识

[8]　安葵剧　作家郑怀兴的成就

[9]　周育德　郑怀兴剧作的文化定位

[10]　李春喜　郑怀兴创作历程的分期、特点及其他

[11]　郑传寅　戏曲文学品位的提升——郑怀兴剧作艺术成就管窥

[12]　秦华生　三十年辛苦不寻常——郑怀兴戏曲创作漫议

[13]　吴新斌　郑怀兴的坚守、坚持和突破

[14]　王评章　郑怀兴论

[15]　苏　涵　奴儒与狂儒的戏剧解读——郑怀兴文人历史剧的思想价值

[16]	朱恒夫	专心于为文人和庶民写戏——论郑怀兴的戏曲剧本创作
[17]	马建华	文的自觉　美的追求——一种理想的史剧观兼论郑怀兴的历史剧
[18]	刘忠诚	论郑怀兴剧作的深层生成
[19]	田涧菁	郑怀兴剧作论
[20]	刘南芳	郑怀兴作品导论
[21]	何玉人	践行戏曲创作三十年——论著名剧作家郑怀兴的戏曲创作
[22]	谢雍君	人文品格　民间情怀——论郑怀兴莆仙戏剧目创作
[23]	张　静	读剧识小录——郑怀兴小戏作品杂谈
[24]	庄清华	从自觉的死亡到两难的困境——论郑怀兴剧作中的命运抉择
[25]	吴新苗	金针度人　本色写照——读《戏曲编剧理论与实践》
[26]	张　挺	浅谈莆仙戏传统艺术在现代戏中的运用——执导国家舞台精品资助剧目莆仙小戏《搭渡》随想
[27]	陈贻亮	历史兴亡的殷鉴——谈莆仙戏《新亭泪》
[28]	张永和	历史精神与现代意识的交融——喜看莆仙戏《新亭泪》
[29]	王一峰	从《新亭泪》到《傅山进京》——《傅山进京》观后
[30]	苏国荣	荒谬的，却是真实的——莆仙戏《鸭子丑小传》的喜剧意蕴
[31]	吴慧颖	时代的情绪与我们的困惘——实验小剧场歌仔戏《荷塘梦》观后
[32]	汤晨光	生命与文化的双重寓言——论郑怀兴的《神马赋》
[33]	陈锦戏	穷宇宙人生理——试论《神马赋》的主题意蕴
[34]	叶之桦	无奈的选择与痛苦——评郑怀兴的高甲戏《上官婉儿》
[35]	陈维光	天边的彩虹——《王昭君》《上官婉儿》中昭君和婉儿的印象

[36] 刘厚生　一块闪闪发光的乌金——评晋剧《傅山进京》

[37] 薛若琳　布衣与帝王的激烈碰撞

[38] 刘文峰　鲜活人物形象与历史厚重感的有机结合——从《傅山进京》看郑怀兴的历史剧创作

[39] 张　帆　不为悦己者容　却为知己者死——高甲戏《乔女》

[40] 李小菊　倾注一腔孤愤写狂士　呼唤不拘一格容人才
　　　　　　——评郑怀兴新作《青藤狂士》

[41] 郑怀兴　戏曲创作道路上的第三次加油——参加北京拙作研讨会感言

[42] 郑怀兴　戏曲历史剧创作三题

[43] 李志远　怀绕千般忧患　兴作笔底春秋——郑怀兴剧作学术研讨会综述

2. 《中原文脉的坚守》——晋剧《傅山进京》创作评论集.中国戏剧出版社.2008年

[1]　薛若琳　晋剧文化品位的拓展与升华——为《傅山进京》颁奖的思考

[2]　曲润海　郑怀兴笔下的傅山

[3]　郭士星　晋剧改革谱新篇——感受晋剧《傅山进京》

[4]　姚　欣　寻找历史与道德的契合点——简析《傅山进京》题材的剪裁问题

[5]　康式昭　晋剧《傅山进京》引发的思考

[6]　周育德　戏在情理中

[7]　窦明生　散谈晋剧《傅山进京》

[8]　齐致翔　文心雕龙，扭动乾坤——评谢涛演傅山

[9]　刘　祯　一场"和而不同"的智斗——评晋剧《傅山进京》

[10] 王　敏　闲云野鹤亦悲情——观晋剧《傅山进京》有感

[11] 钮　骠　青出于蓝的剧坛俊彦——赞谢涛饰演傅山

[12] 刘彦君　人物的诗意完成——晋剧《傅山进京》的形象内涵

[13] 安志强　"人保戏"与"戏保人"——看晋剧《傅山进京》

[14] 车文明　傅山形象的立体呈现——评晋剧《傅山进京》
[15] 黄维钧　观《傅山进京》所思所感
[16] 刘彦君　人物的诗意完成——晋剧《傅山进京》中的形象内涵
[17] 刘文枫　气壮五岳，量纳四海——评晋剧《傅山进京》
[18] 车文明　傅山形象的立体呈现——评晋剧《傅山进京》
[19] 黄维钧　观《傅山进京》所思所感
[20] 姜志涛　鸿儒风范　文人气节——谈谢涛在《傅山进京》中的表演
[21] 崔　伟　意蕴深邃气韵佳——浅谈谢涛在晋剧表演上的突破与贡献
[22] 万　素　博弈：传统文化人格对峙——晋剧《傅山进京》旨趣意会
[23] 李小菊　论晋剧《傅山进京》的叙事策略
[24] 王　馗　于无声处见天地心——浅评新编晋剧《傅山进京》
[25] 孙毓敏　"小人同而不和，君子和而不同"——观晋剧《傅山进京》有感
[26] 陆松龄　浅谈《傅山进京》的音乐与表演
[27] 戴英禄　姑苏观晋剧《傅山进京》

三、 学位论文

[1] 郝秀娟　郑怀兴剧作研究．首都师范大学硕士学位论文．2012
[2] 姜文娟　郑怀兴历史剧研究——以郑怀兴历史剧对人的关注为视角．福建师范大学硕士学位论文．2012
[3] 黄敏捷　青山见我应如是——王芳与新编历史剧《柳如是》．苏州大学硕士学位论文．2018
[4] 林珣如　历史与艺术——郑怀兴历史剧创作论．福建师范大学硕士学位论文，2018
[5] 高　璇　晋剧《傅山进京》艺术分析．天津音乐学院硕士学位论文．2019

[6] 赵 乐 郑怀兴剧作中"寇"的形象分析.福建师范大学硕士学位论文.2020
[7] 潘彦竹 郑怀兴剧作研究.中国艺术研究院硕士学位论文.2021

纪念篇

犹留几折戏
漫道一场空

郑怀兴自拟墓联

怀念怀兴

◎ 安 葵

得知怀兴先生去世的消息,非常悲痛!我们国家失去了一位杰出的剧作家,我失去了一位好朋友!

我与怀兴于1981年相识,至今已有40多年了,但大多是在看戏和开会时相见。怀兴曾邀我到他仙游家里看看,阴错阳差一直没有去成,怀兴到我家大概也只有两三次,但他的诚挚、淳朴给我老伴(她是医生,不是文艺界人)留下深刻印象,我告诉她怀兴去世,她感到很难过和痛惜。忘记从哪一年开始,每年春节前怀兴都给我寄来一盒水仙花。有一年,五六岁的外孙女到我家来,闻到水仙花的香味,说:"沁人心脾!"我们很惊讶她从哪里学到这个词,并且用得这么确切。后来每当水仙花开的时候,我们都会想起外孙女这句话。今天,我不由得又想到"沁人心脾"的水仙花,并联想到王冕的诗:"不要人夸好颜色,只留清气满乾坤。"

怀兴从不张扬,从不到处炫耀自己,但桃李无言,下自成蹊。怀兴去世后,我看到很多与他熟悉的和不熟悉的朋友都表示沉痛的哀悼,足见怀兴的为人和他的作品给人们留下的印象之深。怀兴曾说,他读英国作家毛姆的小说《乞丐》时,心灵受到震撼,"担心时间老人会把我所有的作品淘汰掉,那么我将在精神上沦为乞丐,一无所有!"说明他的写作,不是为了追求一时的轰动,而是要有长久的价值。怀兴的作品获得各种奖项是实至名归,我没有听到过怀兴为获奖而花过心思的事。此前已有多位专家和年轻

20世纪80年代与安葵

的学者写了多篇研究怀兴剧作的有分量的文章,我相信,今后还会有更多的学者把怀兴的作品作为研究当代戏剧的重要资源。历史不会忘记这位剧作家。

我写过多篇论怀兴作品的文章,但深感这些文章没有把怀兴作品的深刻内涵和价值表述出来,可是今天也写不出更多的文字了!只撰写了一副挽联:

以史为鉴与古人心灵呼应点点男儿泪
振兴有我为当代戏曲放歌煌煌国士心

这是我对怀兴的一个总体的认识。

怀兴写的多是历史剧,他说过,写《新亭泪》,与周伯仁同醉同醒一起歌哭。其实,他写其他历史剧时,也都与剧中的古人心灵呼应。许多正直的、耿介的古人,多是悲剧的结局,或者壮志未酬,怀兴为他们洒下同情之泪;有些古人,由于种种原因,违背了初衷，怀兴也为他们流下痛惜之泪。

但怀兴写历史剧并非只是发思古之幽情，而是紧密联系现实。要为新的时代作出奉献，必须继承弘扬宝贵的民族精神。怀兴的创作既是为了发挥历史的借鉴作用，同时也为了戏曲艺术的振兴。怀兴曾说："对我来说，此生已安身立命于戏曲，'造次必如是，颠沛必如是'，甘为戏曲作吐丝的蚕，燃血的烛！"他曾为改变莆仙戏的处境而大声疾呼，他为莆仙戏和全国许多剧种创作作品，为振兴戏曲作出了实实在在的贡献。怀兴心怀的是"国之大者"，他具有一颗国士之心！

多年赠我水仙花的人走了！我对老伴说，今年我要自己买几头，让"沁人心脾"的清气常驻心头，并以此表达对怀兴长久的怀念！

（安葵，中国艺术研究院戏曲研究所原所长、研究员、博士生导师）

郑怀兴剧作的文化定位

◎ 周育德

任何一位走向成熟的戏曲作家，都有资格被谈论其文化定位问题。郑怀兴先生的戏曲剧作已经是海内周知的文化产品，建立了属于自己的品牌，有自己的文化定位。我觉得郑怀兴50年来的戏曲创作游走于雅俗之间，最终向雅文化靠拢。这是时代发展的必然。

中国传统戏曲就总体而言是属于俗文化的品种，其基本属性是大众化，由大众所创造，为大众所欣赏。宋元南戏是如此，它们是那些不署名的书会才人所作。元杂剧虽然有众多的文化人参与，但仍保持着"真文学"的自然本色，不失其俗文化的品格。明清传奇的创作主体发生了转移，正统士大夫热心作剧，大量的文人传奇显露了雅文化的特色；加上昆曲的雅化，昆曲传奇便大体上挤进了雅文化的圈子。清代乱弹戏兴起后，戏曲文化又返璞归真，数以千万计的乱弹戏传统剧本回归到俗文学的原点，并且成了戏曲舞台的主流。

20世纪以来，由于新派文化人对戏曲改良的提倡，京戏、秦腔、川剧等剧种有了知识界的积极参与，剧本创作自然地与传统拉开了一定的距离，重新出现雅化的苗头。尤其是20世纪40年代以后，写戏成了政治思想指导下的一种知识分子自觉的文化行为，写出来的作品无论就人物论还是就语言论，与传统剧本相比都显示了鲜明的创作的自觉性、语言的规范性和思想的深刻性，其雅化的倾向是很明显的。

与周育德

　　新时期以来，由于思想的解放，我国知识界独立思考的人士越来越多。他们写剧本的时候，都想告诉人们一种思想，一种感悟；他们读了很多书，腹笥雄厚，学问很大，头脑又超人地灵活，常有过人的见解；他们有相当好的文学修养，驾驭语言的能力绝非传统的艺人可比。就戏曲艺术的受众而言，由于教育的逐渐普及，中华民族的文化水准空前地提升，对戏曲的文化品位有了越来越高的要求。凡此种种，决定了当代一些戏曲作家写出来的作品很自然地有别于传统的剧本，表现了一种对雅文化的追求。王仁杰、魏明伦、陈亚先、罗怀臻、郭启宏……一系列的优秀的剧作家，和他们写出的一系列优秀剧作，都体现了这种雅化的趋向。郑怀兴的剧作也不例外。

　　这种雅化的趋向，一是表现在题材选择的原创性。传统戏曲多取材于"说部"，即取材于历代累积型的小说、曲艺说唱，或原创或改编，演出的大都是历代人物故事，因此才有"唐三千、宋八百"之说。新时期以来的戏曲作家们，似乎已不满足于这些传统题材，他们要另辟蹊径。表现现代题材当然是需要全新的创造，就是表现历史题材也要搜寻新的文化矿脉。他们或从历史文献，或从文人杂说，开垦出的题材都不是前人使用过的，原创的意味特别明显。郑怀兴的《新亭泪》《晋宫寒月》《上官婉儿》《傅山进京》等，莫不如此。如此选材，是雅人之所为，文化水平不高的艺人是无法做到的。

二是文人式的人物出台。郑怀兴最成功的几部剧作的核心人物，差不多都是见诸史传的文人。在传统的地方戏里，很少见对文人和文人生活的成功描写。郑怀兴写的剧本属于地方戏为多。但是，出现在郑怀兴剧作中的人物却是传统地方戏里所罕见的。在郑怀兴的笔下，有着文人式的心理开掘与解读，有着文人性格复杂性的充分体现。《傅山进京》中对明君玄烨和高士傅山的刻画，在传统戏曲中是不曾见过的。傅山与玄烨萧寺论书的重要细节，可说是全剧的"戏眼"。如果没有对傅山书法的深入研究，如果没有对中国书法史上赵孟頫和董其昌的公允评价，如果没有对古代文人风骨的深刻理解，是很难以此来凸显傅山的特殊性格的。傅山的事迹见于历史文献，傅山的鲜明的个性早已为人们所熟知，但是传统的地方戏里不可能出现这样的傅山，也不可能出现这样的玄烨。必须理解古代的文人，必须参透古代文人的心理，才能成功地塑造出感人的人物形象。传统的地方戏的创作者们是做不到的，所以不可能写傅山。郑怀兴做到了，所以他写了傅山，而且成功了。

三是戏剧主题的人文思考。当代戏曲界像郑怀兴这样的剧作家，都是很有独立思想的，对社会和人生都有着认真而深刻的思考。他们的剧作无论是写现代题材还是写古代题材，都是要把自己的人生感悟通过人物和故事告诉观众，自觉地引导观众和自己一起思考。人道是"所有的历史都是当代史"，在叙述历史故事时，难免会有着对当代生活的联想。郑怀兴的剧作可贵的是，他在宣讲历史故事的时候，不比附，不影射，他能把读史的忧患意识自然地融化到人物的灵魂中去。有的剧作如《寄印传奇》，故事和人物不见于正史，甚至纯粹属于虚构，连地点也明说是"子虚县"，但是郑怀兴把那个侯文甫写得太复杂、太生动了，看过这样的戏，人们自然会对人生做出非同一般的思考。郑怀兴的有些剧作如《荷塘梦》，如《神马赋》，压根儿就是在做哲学的思考。那样的剧作，在传统的戏曲中是根本不可能出现的，当然也纯粹是雅人之所为。

四是语言的文学化。当代人看戏，美学选择已经与前人有别。当代观众尤其是青年观众看戏已经不再满足于听唱腔、看玩意儿，他们对戏词的要求远远高出于前人。见到字幕上经常出现的传统戏里习见的那种硬凑韵脚的水词儿，已经觉得很别扭。人们需要在看戏的过程中，接受文学性的语言享受。对剧本的要求不仅限于一个演出的纲要，而且要求有阅读般的享受。传统的乱弹戏的剧本，很难进入文学之林。当代的一些有成就的戏曲作家，文学修养都是不错的，他们的作品不仅可以呈现在舞台之上，而且可以作案头欣赏。这是戏曲文学的进步。郑怀兴的剧作，就语言而论大有可圈可点之处，他走的是雅俗共赏的路子，语言通俗而不失其文雅。

总而言之，我觉得郑怀兴的剧作尤其是其古代题材的剧作，趋雅的倾向是明显的。他的剧作为演员所喜爱，获奖多多，培养了人数众多的梅花奖艺术家；他的剧作也为越来越多的南北观众所喜爱，传播的空间非常大。他的创作欲望强，成就无可限量。

我还等着看怀兴的新戏，没想到他永远离开了我们，悼念怀兴先生！

（周育德，中国戏曲学院原院长、研究员）

与挚友怀兴交往的点滴回忆

◎ 温大勇

1982年,我大学中文系毕业,分配在人民教育出版社当编辑,先后参与过北京市小学思想品德课本和全国四年制中师语文教材的编写工作,因为关于戏剧的毕业论文被《中国现代文学研究丛刊》发表,1984年调动到专业更加对口一些的中国剧协《剧本》月刊。来年春末夏初,福建省举行第16届戏剧会演,编辑部派我与会。于是,我有幸结识了福建戏剧界的很多前辈、朋友,也跟郑怀兴建立起近40年的友情……

那届会演期间,我观摩了很多台戏,受益匪浅。6月3日,我看了鲤声剧团演出的莆仙戏《鸭子丑小传》,与作者郑怀兴交换了意见。怀兴虽与我同年,但因历史剧《新亭泪》荣获首届全国优秀剧本奖,已是知名剧作家,仍然非常诚挚地听取初入剧坛"小编"的"修改建议",这让我日后想起来都有些惭愧,不过也由此对我们的初次相见保留下温馨的记忆。

之前,福建有十几位中青年戏剧工作者自发组织了"武夷剧作社",我向省戏曲研究所要了剧作社成员名单,以便日后联系。社长郑怀兴在跟我介绍剧作社情况时,谈的多是其他作者和作品,特别肯定了戏研所尤其是陈贻亮老师对剧作社给予的巨大帮助——后来,我还不止一次听到怀兴深情地讲起福建老一辈剧作家陈仁鉴先生对他创作的启蒙,讲起《剧本》月刊老编辑们对他的帮助,可见他常怀感恩之心。

会演结束,回京后我向编辑部汇报了福建之行的所见所感,

2006年6月与温大勇、武丹丹在九鲤湖

推荐了从福州带回的剧本（尚未发表过的剧本），根据我的工作日记记录，共有《断鸿曲》（作者方朝晖）、《颠倒乾坤》（作者王景贤）、《秋风辞》（作者周长赋）和《鸭子丑小传》（作者郑怀兴），他们也都正好是剧作社成员。

《剧本》月刊1985年第7期刊发了我写的福建戏剧会演简讯和"武夷剧作社"的介绍——福建"武夷剧作社"、湖南"谷雨戏剧文学社"人才辈出，佳作不断，在很长一段时间内与《剧本》月刊一直保持着联系，对办刊支持很大，这当然也和两位社长郑怀兴、陈健秋的人格魅力密不可分。我很有幸，与怀兴、健秋老师以及两个剧社的众多剧作家成为朋友，见证了他们对中国新时期戏剧创作所作出的杰出贡献。

我和怀兴大概属于"君子之交"，其后的很长时间内，除了看戏、开会有可能遇到，或偶尔打个电话，个人之间基本没有走动，甚至都不曾把酒言欢：他不善饮，我也不嗜酒，但都把对方视作好友。我到编辑部工作后，就给自己立下一条"规矩"，作为文学刊物编辑，只看作品不看人，不搞私人关系，不愧对读者；

怀兴更是从来不为剧本的发表、演出、评奖四处请托，他生性不愿意麻烦人，自尊心也强。因此，我们的友情与交往简单、随性、舒适，身心俱无负担，性格上又都有些率真、耿直，互存好感、彼此敬重而已。怀兴逝世后，老朋友叶之桦曾告诉我说，"怀兴对你印象很好……他和你很投洽。"我知道怀兴和这位昔日的厦门文化领导非常投缘，他很信任"老叶"，"投洽"这个词挺形象，我也分明能够感受得到。

2006年6月，首届中国戏剧奖·曹禺剧本奖颁奖会在广州举行。散会后，我和同事李勇、武丹丹经厦门到了福建仙游，顺路去探望编辑部的老朋友郑怀兴。曾有过"科甲冠八闽"盛况的仙游是郑怀兴的家乡，他非常高兴地把客人迎到家中，郑重地介绍给每一位家人，兴致勃勃地带领着我们在文化底蕴深厚的小城中走街串巷，参访鲤声剧团，游览九鲤湖、湄洲岛……短短两天的相聚，我见证了怀兴对家乡和戏剧的热爱，对朋友的赤诚相待，也更加理解了这位成名后的剧作家为什么不愿意离开这方生养滋润他的土地。

不久，我把美好的仙游之行讲给北京剧作家李龙云，郑怀兴也"正式"发出了邀请。我不记得老友龙云是否践约，但我听他说过，在与郑怀兴几次接触之后，他认可了怀兴是个厚道实诚人——能让"眼里不揉沙子"的李龙云说出这番话，不容易。

这年11月初，全国戏剧剧本创作研讨会在浙江海宁召开，《剧本》月刊邀请了数十位剧作家、评论家帮助分析作品，郑怀兴也抽空到会，总共研讨了20多部剧本，与会者有50余人，那真是一次盛会。11月5日上午，会议接待方组织大家到盐官镇观潮，参观王国维故居。我和怀兴在先生故居外面留下了一张珍贵的合照——看上去，怀兴那时还很精神，我却有些发福了。

散会前夕，恰好是郑怀兴59岁生日，我们安排了蛋糕、鲜花，新老朋友一起点燃蜡烛，为他唱起"祝你生日快乐……"。怀兴后来回忆说，这是他过的"平生最隆重的一个生日"，便"不顾酒量浅，一个个敬，一回回干"。我记得，怀兴那天并没有醉，用他自己的话说是"微醺",红着脸,眼里闪着光,大家也都被他的真性情感动了。

2008年9月,第二届中国戏剧奖·曹禺剧本奖评奖揭晓,郑怀兴创作的晋剧《傅山进京》(在《剧本》月刊发表时名为《傅青主》)获奖。9日下午,在创作研讨会上,怀兴的发言有两点让我感慨良多。一是他30多年一直坚持生活在基层、为基层剧团写戏,主要写历史剧,但时代、社会的种种变迁让他的剧本越来越难搬上舞台,因而"倍感困惑、孤独";二是讲了他去为太原市实验晋剧团写戏的过程,是剧中主人公傅山先生的独立精神、伟大人格激发了他的创作热情,是梅花奖演员谢涛精湛的表演艺术使他产生了为她写戏的欲望,怀兴同时还对所有帮助过他的人表达了衷心谢意。会间,我和他曾谈起他的获奖感受,看得出怀兴还有更多未尽之言……大概也是从这一次跨省合作之后,怀兴的创作开始了一个新的阶段,天地更广阔。

怀兴的戏剧作品被许多人熟知,但有一台小剧场戏似乎没有引起应有重视,那就是厦门歌仔戏剧团演出的悲剧《荷塘梦》。我是2008年年底在厦门召开的全国戏剧剧本创作研讨会上看了此剧的,怀兴说是多年前旧作。扑朔迷离的《荷塘梦》有别于怀兴的"主流创作",在内容、形式上都具实验、探索意味。遗憾的是,因时间有限,研讨会对这个剧本和演出没能充分展开论证,其实怀兴是非常想多听一听专家朋友们的意见的……

2009年,我们俩都退休了。怀兴创作激情不减,他说过:"一旦写作化成了自己的生命需要,则不计功利,不患得失,如春蚕吐丝,到死方休。"我除了继续参与一些戏剧活动,"发挥余热",主要还是干点儿自己想做的事,并生发出与老友一起自驾远游的极大兴趣。虽然我们见面的机会相对少了,但仍彼此关心。我做了胃部手术后,怀兴让我再到仙游,他要陪着我好好聊一聊、走一走。我知道他的身体也渐不如前,写作又紧张,便没有去打扰。我还应邀看过怀兴的几个新戏,我在微信朋友圈里炫的旅游照片下面也不时会发现怀兴的点赞,这都让我感到温暖。

有两次难得的小范围聚会我记忆尤深：2018年夏天，叶之桦请进京办事的怀兴夫妇、陪同的女婿和我在她北京家中餐叙，我们聊得非常开心，下午分手时怀兴还拿出两瓶好酒送给我——这是头一次。2019年9月，我到太原参加谢涛从艺40周年原创剧目展演暨表演艺术研讨会，本以为会见到怀兴，意外听说怀兴因病没能到会，急去电问候，方得知他是血糖没控制好、轻微脑梗，遵医嘱不敢出远门；怀兴怕我为他担心，又发过来一张照片，说是昨日厦大请他讲课，叶之桦从国外赶回来参加座谈，还一起约定12月底北京再聚——12月28日，中国评剧院成功首演了重编的《新亭泪》，怀兴事前几次问我是否接到邀请。我看了演出，参加了研讨会，我们夫妇还请怀兴夫妇与他二女婿在酒店附近一家日本料理店聚餐，叶之桦因刚刚出京未能见面。忘不了的是，怀兴又给我带来两瓶白酒，虽然此时的他只能勉强抿上两口红酒为老友助兴。很遗憾，我们这两次"相会"谈兴大发，却忘记了拍照留念，不承想怀兴自2019年12月31日离京后，我和他就再也没有见过面……

之后，新冠疫情突发，大家被隔离，生活受到很大干扰，其后断断续续、时起时落的疫情也影响到人们的正常工作与交往。幸亏通过微信，老朋友可以不时问候，道声平安，相互鼓励；我们还会交流一些信息，议论些社会现象，看法也是难得的一致。

疫情期间，我把一本旧作整理出来，又写了几篇回忆文章，先后发在了公众号上，得到怀兴的关注和认可。我的话剧剧本《汉将李陵》先是发表，后在2022年由北京文化艺术基金资助，于五一期间在京公演。怀兴虽未能看戏，仍为我高兴，他打不开我给他发过去的演出视频，就认真看了剧本和创作谈，写下热情洋溢的观后感，顺便不忘直率地提出两点修改建议。我不知道他这时的身体状况已越来越差，看电脑愈发吃力，事后很懊悔给他增加担负，使他平白耗费精力。

2023年7月，身在海外的叶之桦在微信中告诉我，怀兴中风了，特别想去见见他；她还说，怀兴不能看手机，不能用手机，说话、行动不便,情绪低落。我同样为怀兴担忧,马上要打个电话安慰他,但又实在不知道该怎么说,因为我很清楚,假若不能够继续创作对怀兴来说意味着什么!就这样,我们竟没有再联系……

怀兴挚友,我会想念你!但愿你在天国不会感到困惑,你更不会孤独,因为有这么多朋友、观众记住了你,为你祈福呢!

(温大勇,《剧本》杂志社原主编、编审,享受国务院政府特殊津贴)

中国当代戏曲的一座高峰

◎ 王 馗

郑怀兴先生是一位伟大的剧作家。

人的伟大，有的是山登绝顶我为峰，有的是平地巍然起一峰。从文化传承的角度而言，郑先生无疑拥有第一种伟大。无论是从陈仁鉴先生开创莆仙戏悲喜剧创作传统的层楼再上，还是戏曲艺术从古典向现代的因时拓展，他都是为当代戏曲创作的持续峰值标定了时代高度的剧作家。从个人创造的角度而言，郑先生当然具备了第二种伟大。无论从新时期率先开拓到积40年始终致力的历史剧创作，还是他戏不分大小、剧不论悲喜、格不必雅俗都能文心独擅的艺术质地，他都是用个人创造为现代戏曲确立了文化品格的剧作家。他把生命融化在戏曲中，半个世纪致力于戏曲创作，唯其一事，旁无他骛。身心恪守的生命密度让他的人、他的戏，有了无人企及的定力，这是他的高度所在。他从不自我标高，也不借助众星捧月，没有经营和投机，没有苟且与委曲，而是率真任性，大气天真。他终生守定在仙游一隅，始终扎根在莆田乡土生活，不为时俗纠缠，不慕现实功利，沉潜得深不见底，这更是他的高度所在。

郑怀兴先生是当代戏曲的一座高峰。他的高度，是这半个世纪里让人回首而能对时代（不仅仅是对他和他的剧作）肃然起敬、景行行止的高度，是这半个世纪里保持了创作理想（不仅仅是写一部戏、创一个题材）而能让人勇猛前行、保持创作初心的高度。

我最初见到郑先生，是23年前第一次在莆田调查目连戏时。

2020年与王馗共同参加中国评剧院建院65周年演出季·《新亭泪》访谈

莆仙戏学者陈纪联先生带我到仙游拜访莆仙戏音乐家谢宝燊先生，在当时鲤声剧团门前遇到郑先生，简单地招呼问询后便离开。陈先生特意和我提到他不离仙游的坚定，那时正好王少媛成为莆仙戏第一位梅花奖获得者，我因为喜欢《叶李娘》而理解了郑先生守护莆仙古剧的执着。因着这些先生们以及当时接触到的莆仙戏艺术家们对我的帮助，我深刻地感触到了这个剧种的独特美。特别是随后跟着叶明生先生、日本庆应义塾大学野村伸一先生等一起调查莆仙木偶戏，在戏场里巧遇另一位守在乡村的剧作家郑文金先生，我通过他们的深扎乡土，更加感动于古老而丰厚的莆仙文化传统对于剧作家人生操守的养护。

2015年，我和戏曲研究所的师生们一起，再次来到莆田调研，郑怀兴先生和众多莆仙戏老专家对剧种发展表达的深切忧虑，让我看到了他作为剧作家的另一个生命侧面：他对莆仙戏生存发展空间的捍卫和呼吁，是一个剧作家为养护他的文化根本所做的最好回馈。之后便有他更多的莆仙戏作品，在北京看，在福建看，在相关省市看，总能看到郑先生为莆仙戏站台的良苦用心。他用自己的戏曲创作与剧种达成的依存关系，让他成了莆仙戏的重要形象代言，而他为每个剧种进行史剧创作时，同样秉持着这份热情，他成功的创作同样成为这些剧种及其代表性剧院团的形象代言。

在这些年来与郑先生创作相关的研讨会议上，我和郑先生有了更多直接联系。特别是苏剧《柳如是》首次进京演出后，因为撰写剧评，我和他有了更加密切的交往。他常把自己刚刚完成的作品发送给我，希望提出意见。例如那部命运波折的《关中晓月》，我俩在邮件中反复讨论，每次把意见送出后，在次日就能收到他重新修订的剧本，我再提，他再改，如此反复有八九封，相关意见有几千字。后来何红星老师第一次和我见面，说已经认识我很久，原来郑先生把我的意见都给过他看。而李春熹老师也同样和我说过类似的话。后来才知道他们都是这部剧的主创和策划，郑先生肯定听取了更多人的意见，根据意见随时调整修订剧本，审慎严谨而虚怀若谷的精神风范可见一斑。之后搬上舞台的多部作品，他总是在完成初稿后，第一时间和我分享，我一次次地看到他的谦虚和精严。他在历史的缝隙间，从文献记录的字词里，发现历史题材的戏剧性，将真实历史升华成戏曲场面和人物形象，是消耗了多少心血在其中啊。呕心沥血，应该是他的创作常态。

郑先生是戏剧界的大作家，从改革开放后创作《新亭泪》而名噪剧坛开始，数十年来坚持不懈地进行创作，特别是《傅山进京》以后的很多作品是命题委约而作。与众多剧作家不同的是，他把艺术独立作为写作的前提，甚至为了保持鲜活的作品不被现实功利所改造，不要稿费而宁愿敝帚自珍。就像《关中晓月》一剧项目经费没法落实时，郑先生以没有任何报酬而倾心创作，致有齐爱云老师排演不出也要将戏供起来的誓言。这样的操守让郑先生的作品，始终拥有艺术独立而不可亵玩的品格，始终拥有文学恪遵人学的尊严，始终拥有作家殚精竭虑的文心智慧。他笔下的人物和故事，总是在历史真实中，借助在梦境或者虚幻间的虚笔处理，存留着独属于当下、独属于作家自己的个性立场。我曾经将他的创作，与郭启宏先生"传神"史剧对照，称其为"写心"史剧，郭老重幻设，郑老重虚构，趣味迥异，结构各异。

事实上，在郑先生无一字无出处的创作中，他的"心"更存在于他所发现并创造的人物形象中，几乎所有的重要形象都能看到他自己的影子，不论是正写，还是侧描；不论是仕宦文人，还是平民仕女，都能看到把自己投照在历史和作品中，他的个性在人物身上张扬，他的自省在事件中抉择。特别是通过大量的文化群体，他用自己独立遗世的那份高贵，与文化传统中君子士夫的完美人格相互接通，在人与历史、自己与文化的彼此感应中，完成了历史题材的创作。这种交融让他的戏曲在历史凝重中，闪耀着当今时代和他自己的光彩，将文化、历史真正转化成了烛照今天乃至未来的艺术和智慧。这是众多剧作家共同践行的艺术理想，但在郑先生半个世纪不懈地坚守中做到了独树一帜。

在戏曲界悼念郑老的文字里，林瑞武老师提到郑先生的离去与在患病后忧心无力创作的心态相关。这让我想到了陈寅恪先生对王国维先生的评价："凡一种文化值衰落之时，为此文化所化之人，必感苦痛，其表现此文化之程量愈宏，则其受之苦痛愈甚"。郑怀兴先生毕生化身于戏曲创作的事业中，他对于戏曲传承创造的文化荷载无疑是超过他人。从王国维先生到郑怀兴先生，其生命都浸润在了他们一心投入的文化里，把生命与文化艺术做到了真正合一而无法分离的状态，而文化艺术一日千里地蜕变，恪守其中的人岂能不悲壮而至生死相随。郑先生的创作大多是史剧，这些作品里都有着人性伟大的悲怆和壮美，正与这种悲壮的历史与文化的投入密切相关。

至今记得在福州演出《林龙江》后，我与郑先生以及他众多的年轻学生、仰慕者和鲤声剧团的艺术家一起座谈。那个晚上，所有的人坦率地交流，没有任何功利的束缚，没有疲倦，大家围坐在郑怀兴先生周围，在思想、文学、艺术中兴奋地表达着各自的感受，那才是面对戏曲艺术本该有的评论和鉴赏的方式。可惜，这样的研讨机会再也不会有了。

（王馗，中国艺术研究院戏曲研究所所长、中国戏曲学会会长、研究员、博士生导师）

用思想的灵光激活古老的题材

——忆郑怀兴先生

◎ 吴新斌

2023年12月13日上午，在赶赴成都的途中惊悉怀兴先生病重危在旦夕，我非常意外。我知道几个月前他中风了，但经过住院治疗有逐渐好转迹象。就在前些天，我还探问过他的最新近况，得到的消息还是比较平稳之类的。那天我一路上默默为他祈祷，希望能转危为安。然而航班一落地，手机一开机，"郑老师走了"，好几条类似消息一一涌来，随即击碎了我的幻想。再看看微信朋友圈，怀兴先生仙逝的消息已然刷屏，一片悲凉顿时袭上心头。

细数起来，我和怀兴先生相识已经28年了。我在福建剧协工作期间，他就一直十分支持剧协和我本人开展工作，在长期的交往中，我们结下深厚的友谊。我崇敬他的不仅是才情，更重要的是他的人品和格局。我接触过他的许多戏剧作品，普遍十分耐看、经看，有的让我看过多次还想再看，且每次观看都有新感觉、新收获。应当说，无论从他身上，还是从他作品上，我都学到不少，悟到不少。

一

他身上有一种非常独特的内在气质，有一种率直、天真，甚至还有一种永远不变的童心和可爱。他有时又像一个不合时宜、不愿随波逐流的"倔老头"，不轻易"就范"、不轻易迁就，从不盲从，有时甚至"一意孤行"。他刻画的"傅山"身上的某些性格特点，在他身上似乎也有。他有艺术良知，有较强烈的忧患、担当意识，有自古以来中国士大夫所崇尚的可贵品格、高贵精神、独立人格，使其忧国忧民，心志高远，不仅"独善其身"，还要"兼济天下"。有"宁折不屈"的大丈夫气概、气节和作为一介文人的风骨。他有丰富的精神世界，又不失布衣情怀。他迷恋民间，迷恋乡野，迷恋世俗，但心里始终怀念艺术。心灵坚守着一块净土，仿佛有一种遥远而亲切的美丽在诱惑着他，让他欲罢不能。他不喜繁华而深居简出，住在远离经济大潮的小县城靠边的客山下。他喜欢过一种每天粗茶淡饭、闲适散淡、快乐读书、快乐写戏的生活。有一年春节前，他自书谐趣十足的春联一对："放开肚皮吃饭，抖起精神读书。"他是寂寞人读寂寞书，平常人写不平常戏、精彩戏。上述这些情况多多少少影响着他的作品、风格、品格、特点、个性和审美价值取向等。

他将戏剧创作视为生活、生命之中不可少的一部分。除了写戏，他心无旁骛，别无他求。至少可以说，没有什么比写戏更能让他感兴趣，让他为其奉献一生，终其一生而不后悔。他是"写"戏而不是"编"戏。他不是为写戏而写戏，更不会为钱而写戏，他写戏往往是"为兴所驱""兴之所至"。他写历史剧，通过塑造历史人物的艺术典型，去探索人类心灵的奥秘，从中认识生命的价值；他写历史剧，用思想的灵光激活古老的题材，引起观众对历史和人生的思考；他写历史剧，是借历史酒杯，浇胸中块垒；他写历史剧，重在昭示当下，"为今天发言"。创作欲望和冲动往往是不可抑制的。他的情感是蜂拥而出的，他的激情是一发不可收拾的。因此，他的戏是写出来的，是生活中酿出的甘醇，是心中的诗与歌，是心灵流淌出来的灵感之泉，是思维闪烁着灵性之光的思想火花，是骨子里的东西。

他在戏曲创作方面，有艺术上独特的贡献。尤其他的历史剧，被业界公认有历史性贡献。早在20世纪80年代之初，他就因创作《新亭泪》《晋宫寒月》等而成为"传神史剧"的代表性剧作家之一，引起剧坛广泛瞩目。他的《新亭泪》以强烈的思想震撼力和创新精神、当代意识，开史剧创作勇于突破的先河，形成了一座一般创作者难以逾越的峰峦。20多年之后，他的创作激情、势头不减当年，"井喷"再现，奇峰再起。他的《傅山进京》等剧目又再度受到剧坛的广泛好评，形成他创作的第二个高峰期。特别难得的是，他赚取了非常多观众热烈的掌声，但戏还是高格调、高品位的，丝毫没有迁就和迎合观众，更没有"媚俗"两字可言。

他的作品有好几种类型，有多样性、多面性的特点。总体上偏多于一种大气、大义、正气、浩气、荡气回肠的东西，在内容的深层寄托他对人文情怀和生命精神价值的追寻。有诗情的哲理思辨、思想的灵光闪现，又有可感、可意会、可耐人寻味的艺术形象。深入浅出，亦庄亦谐，雅俗得当。他有很高的悟性，能较早地注意使自己的戏曲文学力求拥有"本色""当行""传神""写意"等审美特性。

二

"成名"难，"守名"更难。从写历史剧成名的当年到现在，已经过去40余年。在这漫长的岁月里，他比未成名的剧作者肯定多了种种压力，但他顶住了。尽管他也有过思想斗争的心路历程，但他能够及时地说服自己，最终走出自己（我感觉这一点，是成熟剧作家的标志之一）。在生活上，他亦经受了市场经济下的多种诱惑多种考验。在艺术上，作品不媚俗，不降格，不为单一的戏剧"观赏性"而改变创作主张，不为评奖、稿酬等名利所困、所左右。有一回，他的一部新戏在某个赛事中失利，此戏所在剧团颇为在意，但他不以为然。他的心里始终不改初衷，宁相信艺术的本身的东西，艺术本真、纯真的东西，而不是随一时"风气"而轻易改变。仿佛只有纯真圣洁的艺术之神才能唤起他的创作热情。

他的创作之路，贵在坚守，坚守戏曲阵地，坚守艺术品格，坚守精神家园；贵在敢于坚持，保持自己，但又不至僵化和故步自封，而是表现出虚怀若谷的君子胸怀。

安葵先生在《郑怀兴剧作选》的那篇序里，客观精到地概括了怀兴先生创作的三个阶段。我有一种联想，就是怀兴先生身上有一种非常难得的执着精神。搞艺术成功很少，失败很多，一个剧作家，一辈子能留下一两件经得起历史检验、时间淘洗的作品，就非常了不起。虽然怀兴先生已有多部剧作属于这类作品，但他照样能忘记过去而不断挑战自己，永不满足地寻求突破和超越。

近年来，怀兴先生在创作中注重剧本思想性、文学性的同时，也强调戏剧性故事的编织和完善，强调对"戏曲化"的追求或深化，探索着种种既有传统性也有创新性的舞台艺术形式。我想这是怀兴先生的突破之一。

《新亭泪》和《傅山进京》都是怀兴先生颇具代表性的历史剧佳作。两剧都有积极的深刻的思想主题，尤其能对当时或当下带来振聋发聩的思想启迪意义，格调高，思想性、文学性强，也都"向内转"，摆脱叙事局限，走向心灵情感的自由书写、抒发，注重历史精神与现实的、人生的共通共鸣，还有很多方方面面的相同点。但较之《新亭泪》，《傅山进京》写得更加集中、凝练、简约，更有"传神""写意"的精神，更加"本色当行"，更有演员表演的空间。因此更有戏剧性、戏曲性、舞台性、愉悦性的内容和形式，更有剧诗的"神韵""意境"生成的可能，更有属于戏曲审美意趣的产生。他的这部剧作为表演奠定了扎实的基础，经好演员承载和精彩演绎，凸显表演艺术的主体地位，多了在舞台上流传的可能，以及在剧场产生心灵回响的可能。这是戏曲文学和表演艺术"双美"的理想状态。怀兴先生说，我在写傅山，傅山也在悄悄地改变我。这种改变不是被动地改变，而是自己心中先有了这方面的意识和准备，厚积薄发后的体认、改变。这是自我心灵与傅山思想、傅山的"曲尽人情"自然碰撞激发的思想火花。该戏真可谓做到"曲尽人情"。他把戏写得如此曲折好看，如此气韵生动，充满机趣，戏剧性尤其内在戏剧性强，好看、经看、耐看，但又不乏思想性和文学性，这种变化也是难能可贵的。这反映了剧作家善于驾驭、处理各种题材，善于尊重观众又引领观众，坚持走适合自己的路子，又善于听取接纳各方意见，也善于尊重"作为演出艺术的戏曲"的规律，在一定高度的层次上回归、还原戏曲本体之美。戏曲是最需要打磨的，戏曲界有"十年磨一剑"之说。戏曲创作客观上需要剧作家某种坚持，也需要某些磨合，甚至寻求某些突破。

在处理历史真实与艺术真实的关系问题上，以及"史实"与"艺术"虚构的问题上，怀兴先生早在20世纪80年代，就以生动鲜活的创作实践回答或引发了理论界思考的问题、话题。如果说《新亭泪》比较侧重于讲究"大实而小虚"的原则，即大事不虚、小事不拘，大的历史史实是相对准确的，或者是比较接近历史本来面目的，或者说是符合特定历史氛围、历史精神和本质的，而小的情节、细节等在不破坏历史真实和艺术真实的关系这一前提下，可以允许作者自由想象和发挥。尽管《傅山进京》戏里也有"大实而小虚"的原则，如傅山"拒不殿试""拒不谢恩"等都是有史有据的，属于"大实"。但《傅山进京》并不局限于此。它最精彩的部分恰恰更倾向于用一种"大虚而小实"的方式方法，如皇帝玄烨借太后生病，要请傅山入宫诊治，却被傅山"依发辨症"，以及皇帝玄烨与大文人傅山"雪夜论字"就是"大事虚"。而这两人对书法的同好，论书论人的观念都有出处，傅山也确是医学家等这又是毫无争议的"小实"。还有如第一场傅山唱词中所说的到红土沟与姚大哥看戏、喝酒等小情节，历史上真有其事。对此，参与制作和担任艺术指导《傅山进京》的李春喜在《新艺术语境下的历史剧创作》一文中有切身的体会和独到的见解。

"文无定法"，写戏无"公式"，历史剧的写法多种多样。有时完全可以通过大处着眼，小处着手，通过局部的或细节的真实，来反映特定人物关系和所处特定历史情境、背景下的个体的心理发展轨迹的真实可信度，来刻画具有鲜明个性的独特的人物形象。

历史剧作者自我的人生感受一旦接通了历史和现实、今人和古人可以沟通关联的思想、心灵、情感的脉络，就完全可以在尊重基本史实之上，在注意传达历史精神、本质基础上凭想象力大胆进行艺术虚构和自由创造，强调独特的发现和历史对今天的启示，像郭启宏所言"传历史之神""传人物之神""传作者之神"。《傅山进京》的出现，表明了怀兴先生的历史剧写作经过一段时间的辗转反侧抑或徘徊，业已进入了更加得心应手的自由境界，艺术上有了新的飞跃、新的气象，可以说臻于妙境。

"大实而小虚"和"大虚而小实"，这两种手法都是历史剧创作实践中得出的宝贵经验。其本质都讲求特定历史氛围下人物心理发展的合理性和人物心灵、性格的真实可信性，以最佳的效果来传递历史精神、意蕴和人物神韵，寄寓人文关怀，倾注人生哲思，同时注重的还有人性的揭示、思想的烛照等。但往往都不去直接地、具体地、再现性地描述大的历史史实、背景，而是注重"虚实结合""虚实相宜"，最终实现"艺术真实"。也许，这样做还能增添一些可看性，但这与片面追求收视率的大量影视剧创作所惯用的"戏说"手法不同，或者说有着根本区别。这是创作者根据不同的题材，不同的审美价值取向采取不同的艺术处理方法的必然选择，反映了严肃的艺术家认真的艺术创作精神。我个人由此想到的是，《傅山进京》等剧出现的"大虚而小实"的艺术处理，可以视作是对新时期以来的历史剧创作手法的一种丰富和拓展，抑或历史剧艺术上的一种创新或突破。

三

怀兴先生的作品既有阳春白雪，也有紧接地气的人间烟火。究其原因，最根本的是他时刻把心贴近百姓，时刻想着观众。诚如他所言，"写地方戏，首先是为这个地方的人民服务"。

我们从怀兴先生剧作中可以读到深层的人文意蕴，让人们寻觅到"意高在别处"的戏剧诗意，洞察社会与人生,触摸精神深处，唤起追求真理的热情，更让我想到了有思想深度的剧作家对于福建戏剧再创辉煌的重要性。比起过去一些年代，当下福建戏剧创作总体上缺失戏剧精神力度，剧作思想锋芒的消退及其内涵、深度、空间的拓展均存在局限，能寻求历史、文化和现实的穿透力，能深刻触及当代思想神经的剧作家并不多见。

学习传承怀兴先生的思想境界、情操情怀、剧作理念、艺术精髓，深化对"一剧之本"的认识，加强剧作家队伍建设，培养造就出有思想、有底蕴、具创造力的新一代剧作大家，催生更多兼具思想性、文学性和舞台性、戏曲性的戏曲剧作，在这个基础之上继续提升表演、导演、作曲、舞美等二度创作水平，无疑是推动"新闽派"戏剧向着应有高度攀登的时代需要。

四

忘不了我和他的最后一次握手。

那是2023年8月11日下午，我和几位同事一道去莆田探望他时的一幕情景。其时他大病初愈，行动不便，几乎说不出话。当我一坐下，他一边握着我的手，一边听着我们和他家属的寒暄，就这样持续了好长一段时间。这次的握手，我感到一如往常的亲切，却又有不同寻常的特别。那时候，清癯简静的他，依旧慈眉善目，纯真如孩童，一脸可爱相，就是眉宇间微微透露出一丝伤感。我料想他是因为一时写不了戏而伤感，当时就有意地安慰他、鼓励他。数月之后才知，那天我们相见时的握手情景，定格竟成最后的绝版，定格竟成难忘的瞬间。

（吴新斌，福建省文化和旅游厅党组成员、副厅长，中国戏剧家协会理事，福建省文联副主席，福建省戏剧家协会主席）

在戏剧创造中达到最高的自由

——缅怀怀兴先生和他的史剧贡献

◎ 顾春芳

晋剧《傅山进京》让我记住了郑怀兴的名字。

对于艺术家而言,作品是最好的名片,也是他所有生活、经历、学养、智慧、人格与境界的显影。我因为怀兴先生的戏,而对他心生敬意;也因为他的人,对他的剧作艺术的高度更加深信不疑。

戏剧家本质上是诗人,诗是他们的观察方式和思维方式。记得怀兴先生第一次联系我,不是请我开研讨会,也不是看了我的学术论文,而是读了我的诗集《四月的沉醉》。记得2018年6月的一天,我读到怀兴先生的来信,他说读了我的诗,非常喜欢。虽然自己写的是戏,但是从小喜欢诗,也曾请人刻过一枚闲章——"童心醉眼"。他说写戏,离不开诗,离不开哲思。诗心与哲思,我觉得他一语道出了剧作艺术的奥秘。我曾遇到过不少剧作家,但如此开门见山、言简意赅地触及艺理的交流并不多见。

没有诗心,绝不可能写出杰作,而缺乏哲思,也不可能创作出深刻的艺术。诗的最高境界不仅是语言层面的,更是心灵和境界层面的。他说一个剧作家应该要走自己的路,写自己的诗,成就自己的心。戏剧是诗,诗不是拼凑出来的,好的诗都是才思泉涌,喷吐而出的。我读他的剧作的感觉就是浑然天成,不是一个个"似曾相识的情节"拼凑出来的,而是伴随着人物心灵的发展,从历史的深处生长出来的,读来令人感到气韵生动、气贯长虹。正如他的名字"怀兴",他认为写戏,要"为兴所驱,要有激情"。我在他的《新亭泪》《傅山进京》《海瑞》《于成龙》《赵武灵王》以及他当时新创作的《嵇康托孤》等剧本中，均感受到了那种严谨的结构，巧妙的冲突，充盈的诗情以及思想的张力。

2019年春天，我向他发出了"戏剧戏曲学系列讲座"的邀请函，他欣然应允。他说自己为了安心写作，已经辞掉了好几个讲座，但在北京大学的讲座他一定会来。很快他就发来了讲座的提要，内容主要是通过回顾个人几十年的创作历程，谈史剧的创作，核心内容基于四点：史实、古事与今情、史实与虚构、意境。

筹备北大讲座的前夕，他说国家京剧院正在筹备排演他写的《嵇康托孤》，由张建国出演嵇康，初步定在年底首演。他说自己从小就特别喜欢《世说新语》中的那些魏晋人物，他认为这是中国历史上最美的一群人。他把刚完成的戏寄给我，希望我提提意见。他说之所以写这个戏，是因为随着阅历的加深，对嵇康的了解比从前更进了一步。嵇康表面上隐逸避世，但他还有济世的情怀，临刑托孤可以写出他内心的复杂。作为曹魏宗室的女婿，他怎么可能与司马氏合作，怎么可以协助司马氏去篡夺曹魏政权呢？他的退隐是无奈的。山涛曾举荐嵇康出来做官，嵇康一怒之下，写信跟他绝交了。但临刑之际，他还是把儿子托付于他，还把他的儿子培养成了晋室的忠臣，可见嵇康的复杂性，并不是以前人们所理解的那么单一。他说这个戏表现在那种黑暗时代人与人之间的关系，嵇康的刚直、山涛的宽厚、钟会的狡诈，想让人们从中领会到魏晋风度。我想，这个戏正是怀兴先生"为兴所驱"而写的。

但是，他说自己的重要作品，几乎每一部都要历经难以想象的磨难。《关中晓月》面世的时候遭到过冷遇，但后来几年的演出，所到之处一片叫好。据说张树勇导演向张建国先生推荐了《嵇康托孤》，国家京剧院很快就立项了。但后来这个戏在排练期间遇到了许多困难和阻力，主演张建国急得都生病失声了，原定请专家看首演的计划也取消了，这个戏的演出也是一波三折。经过了这些事，他告诉我现在的他"只是一心想如何把戏写得更好，别的都不在意。一个戏自吹或请人吹，都是炫耀一时的泡影。唯有靠作品去经得时间的检验，那是时间老人的权利，作者自己也无能为力"。

在北京大学的讲座紧锣密鼓筹备的过程中，我组织北京大学京昆社在讲座前举办了一个"郑怀兴史剧展演"。我想在他的27部戏中选择3部进行放映，这27部戏大部分都是史剧，也有新编的古代戏和两个现代戏，但究竟放哪3部一时举棋不定，最后由怀兴先生给同学们选了《傅山进京》《赵武灵王》和《关中晓月》。他说傅山和康熙、商英和慈禧这两场戏的对比比较有意思，《赵武灵王》写于《北魏孝文帝》之前，这两部戏是姊妹篇，《北魏孝文帝》写的是胡人汉化，《赵武灵王》反过来，写的是汉人胡服骑射，向胡人学习，以使赵国强大起来。北大的展映非常成功，原来对史剧不了解，或者没有机会走进剧院的同学都纷纷表示，这3部戏非常好看，扣人心弦，发人深省。

2019年4月20日上午9点，《郑怀兴漫谈历史剧创作》的学术座谈会在北京大学燕南园56号北京大学美学与美育研究中心顺利召开。当天的与会嘉宾有北京大学哲学系资深教授、美学家叶朗先生，上海戏剧学院原副院长、戏剧教育家张仲年先生，梅兰芳纪念馆的馆长、戏剧学者刘祯教授，中国艺术研究院戏曲研究所戏剧学者王馗教授以及著名导演查明哲，著名编剧李宝群、冯俐等戏剧专家，还有不少青年戏剧评论家和优秀编剧。笔者作为会议的主持人，见证了怀兴先生既有智慧又富于激情的脱稿演讲，给与会者留下了深刻而美好的印象。

他说自己从小听祖父讲历史故事，喜欢读历史小说，如《三国演义》《东周列国志》等。高中时代常读的书是《历史研究》，20世纪70年代读王夫之的《读通鉴论》，1981年偶然写的《新亭泪》大获成功，自此他将自己写戏的重点放在史剧创作上。他说38年来，对历史戏的创作最深的体会是，不管是自选的题材，还是命题作文，一定对所要写的题材、人物产生浓烈的兴趣，唯有兴趣才能进入到如痴如醉的状态。写历史戏要有史识，史识就是"究天地之际，通古今之变"，要对历史存有敬畏之心，不能歪曲历史、厚诬古人。写史剧需要"开万古之心胸"，对历史和人物要入乎其中，又要出乎其外，让史识之光激活史料。写好史剧，需要把"今情"，也就是时代精神注入历史题材，从古人身上发现今人的影子，才能引起今人的情感共鸣。他说编历史剧与写历史教科书不同。编剧离不开史家提供的史实，但更要在此基础上发挥丰富的艺术想象力。史家重"事"，编剧重"人"；史家重"史"，编剧重"戏"；史家重"实"，编剧重"心"；史家重"理"，编剧重"情"；史家重"直"，编剧重"曲"，也就是用傅山所说的："曲尽人情，愈曲愈折；戏推物理，越戏越真。"戏是虚构的，但情是真实的，他说自己笔下的人物的见解，句句有来历，笔笔有出处，都不是随意杜撰的。最后，他动情地说："我认为没有20世纪80年代的改革开放，我不可能写出这20多部历史戏。我是在十年浩劫当中开始自学写戏，如果继续在"文革"那种禁锢的氛围当中创作，我只能写出配合宣传的演出材料。只有后来的解放思想，才能有艺术的创造。我非常怀念那个年代，我现在还要继续以改革开放的精神来对待写作。"

这次研讨会围绕史剧创作，学者们进行了深入的探讨和交流，大家一致肯定郑怀兴先生在史剧创作领域的卓越贡献，他秉持对历史真实的聚焦，诚挚地呈现着他炽热的本心，他的人格与作品人物同样流露着士夫之气，他的许多作品必将成为这个时代的经典。我在当天发言中谈了几点想法：一、怀兴先生的史剧观念和创作，慧眼看时代，妙笔写人生。他的史剧创作始终思考时代的大问题，既回答了以往关于历史剧悬而未决的难题，也带来了史剧理论富于结论性的思考；二、郑怀兴史剧的美学意义在于"极高明而道中庸"。极高明而道中庸，不是折中主义，不是左右逢源，而是一种深刻的历史观和人情事理的通达；三、史剧观坚持儒家思想的正统，借由历史人物的故事和命运实现自我的超越；四、为心写戏，传心入戏。窥看和把握历史的"真实"，寻出浩如烟海的史料中的"真戏"。这需要剧作家具备深厚的学养和器识，需有胸罗宇宙、思接千古的才情作为支撑，这是很多历史剧作者所不具备的。想象历史的可能性，就是从心出发，从心所欲而不逾矩。唯其如此，才能独辟蹊径，不与人同；才能古为今用，古今融通，发时代新声；才能以史实为基点，寻找新的思想高度。以心印史，传心入戏，不是把当代人的思想感情强加于古人，而是指在历史剧的创作中，作者应该找到人心中最普遍的真实情感和体验，寻找到作者的情感与历史人物情感的契合点。

会后第二天，我的手机上传来怀兴先生写给我的短信，短信是这样写的："4月20日是我人生中最重要的一天。上午在燕南园讲课，下午在冶春饭店与中国评剧院侯红协商《新亭泪》，晚上在梅兰芳大剧院看《嵇康托孤》的彩排。我感受到了您为我带来的红运，微信难以表达我不尽的感激之情。"

研讨会之后，我以《以心印史，传心入戏——郑怀兴"传心"史剧观及其历史阐释》写了万字的论文，后来在中国艺术研究院《戏曲研究》全文刊出。我以为怀兴先生的史剧创作呈现了从边缘影响中心的力量。他为人极为谦虚，总说自己生活在南方的小地方，是"乡村野叟"。我想正是这种边缘性，才能够躲避一个功利驱动和裹挟下的时代风暴。从历史的演变和文化的发展来看，很多时候文化的转型，都是从边缘影响中心。文化的中心不是空间性的，而是人文性的，文化的中心在人心和经典中。当一个人坐拥百代经书，与圣贤对话，胸罗宇宙、思接千古，达到"天地与我并生，万物与我合一"的境界的时候，我们能说这个人和他的创作在时代的边缘吗？僻居一隅的郑怀兴先生，每以高质量的戏剧问世，我认为都是深挖细研、厚积薄发、匠心独运之作，令我们深为感佩。因此他饮誉剧坛，备受推崇不足为奇，也是理所当然的。戏剧是诗，诗是最有力的修辞！哲学和历史学无法鼓动整个国家，诗人（剧作家）则可以将哲学家的思考转化成动人心魄的艺术形象。历史剧的意义和价值是史学研究所不能取代的，唯有史剧诗人才能使整个民族的心灵激荡澎湃。

为心灵而写戏包含两个层面，一为角色的心，一为作者的心。

唯有深怀悲悯之心才能洞见每一个历史人物心灵的黑洞和精神的困境，才能设身处地体验常人所难以体验到的伟人和凡人同样的甘苦，才能与角色神交，与角色谈心，与他一起歌，一起哭，一起笑，一起醉，一起经历沉浮和生死。每写一个人物，就是用自己的灵魂召唤角色的灵魂，把自己的灵魂注入那些个尘封在历史典籍中的空洞的名字，赋予他死而复生的气息，和他一起再经历一次历史的轮回和残酷，再确证一次作为人的经验、无奈、恐惧、伤痛、悔恨以及全部的意义。从而达到"我度角色，角色度我"的境界，达到李渔所说的"授经生花之笔，假以蕴绣之肠"的境界。唯有"因情生戏"，才能"以心印史"；唯有"因戏见心"，才能"传心入戏"，即借由戏剧感悟角色的心灵，又将自我的真情注入角色的心灵。才能捕捉和把握到历史中真实的人性，人性中呈现的真实。史实要真，想象要妙。想象历史的可能性，就是从心出发，从心所欲而不逾矩。唯其如此，才能独辟蹊径，不与人同；才能古为今用，古今融通，发时代新声；才能以史实为基点，寻找新的思想高度，才能开好半假半真局面，做出大开大合文章。

2019年5月，郑怀兴先生听说我荣获"张世英美学哲学奖"，特别来信向我道贺。他说自己前不久读了我写的《诗意地栖居是人生最高的追求》一文，赞同我说的"审美意识给人以自由"。在我看来，真正的艺术就是超越功利，追求诗意人生！审美意识的根本特点就在于"超越性"。这是一种不受限制的自由，一种最大的自由，即进入天人合一的"忘我之境"。艺术创造中的审美意识是超越性的，它能激发人从有限的感性现实上升到无限的超感性的理性世界，从而达到一种超越有限的自由。在此境界中，人就超越了限制自己的外物，从而回到了自己的精神家园。

怀兴先生不止一次告诉我，对他来说最幸福的事情就是写戏。他说："写戏的快乐，充满着整个创作过程。一个题材就是一个新世界，一个人物——不管是真实的历史人物，或是由某个素材与我心灵感而有孕诞生出来的人物，都是一个活生生的生命。"年轻时写一个剧本往往一气呵成，初稿的完成绝不会超过十天，这是他对自己的要求，也是创作激情使然。他说他写戏都不签合同，写出来满意剧院就拿去排，写出来剧院不满意，责任就归自己，他从不予以计较。他说要保持自己剧作家的尊严，绝不陷入一些庸俗的事务中。

但是2020年后，他的视力越来越差，看书和写作越来越感到困难，后来我才知道他患上了青光眼。他在电话里告诉我他正在写《灵乌赋》，苏昆给他发了两个选题，一是白居易，一是范仲淹。他说自己原本都不想写，但是范仲淹的题材还是触动了他。他说世人一般只知范仲淹的《岳阳楼记》，不知他《灵乌赋》，《灵乌赋》最感动他的就是宁鸣而死，不默而生，而正是这两个向度构成了范仲淹的人格，而这也是中华民族最优秀的精神传统。他说写戏很顺利，但因为写的是昆曲，而不是地方戏，所以要按照昆曲的唱腔格式改唱词，这是比较困难的。他还希望等昆曲唱词弄好了，再向我请教。

2020年5月我把北京大学阎步克先生的讲义和史著寄给他，希望对他的创作有些帮助。收到我寄去的材料后，他来信表示感谢，并告诉了我一件奇异的事情。他说有天午睡的时候梦见了一个"微"字，醒来后对这个字的印象非常清晰，但不理解这个"微"字究竟是何意。当他看阎步克先生的史著，读到"某微氏家族，从周武王到夷王，中间将近两百年，一共七代皆为官宦"一句，似若有所悟。不料这竟是我们最后一次通话。

怀兴先生因"微"字而悟，给我留下深刻的印象。或许"见微知著"正是一位史剧作家最重要的天赋，也是毕生工作的核心。《诗经》有"遵彼微行"之句，微行就是小径。戏剧或许在很多人眼中是小技，戏剧家当然走的是寂寞的小径，但正是通过这条寂寞的小径，心灵依然可以证得大的智慧和德行。这些都是我事后想的，但从此再也没有机会告诉郑怀兴先生了，原来他做的是一个好梦。

而在我看来，如此胸怀天下，情系苍生的怀兴先生，他现在终于可以重新获得一双清澈澄明的眼睛，去会一会那些他笔下的历史人物。怀兴先生一生从未离开故乡仙游县，一生在热爱的戏剧中做精神上的"仙游"，而此刻的他终于可以超越痛苦，仙游天外，回到他所向往的自由之境。《傅山进京》中，他想象了一个大雪纷飞的情境，康熙微服私访，与傅山品茶论字。此刻，我们也仿佛看见在一个干干净净、纤尘不染的境界中，怀兴先生与他所仰慕的先贤谈笑风生，乐得其道。

（顾春芳，北京大学艺术学院教授、博士生导师，教育部长江学者特聘教授）

遥祭"此生只为编剧而活"的郑怀兴老师

◎ 刘慧芬

谨以本文纪念一位在戏曲编剧领域中拥有丰富与优秀创作成果的大师——郑怀兴老师。艺术创作者全心全意地投入与对理想的追求，郑怀兴老师一生的行谊，可作为自我勉励的楷模！我自然无法与老师的成就相提并论，但可以说明一件事，就是近来我为自己的作品演出，不辞腰椎受损，仍愿南来北往地奔波于道途之中，只是因为作品的产生几乎也是作者以个人生命幻化的"另类生命"。剧中人的一字一句、一言一行、一人一事，无不"斤斤计较"，反复琢磨。创作者的心血难与人言！怀兴老师发下宏愿：此生只为编剧而活！如此纯粹的生命目标，怀兴老师竟然百分之百做到了。赞叹之余，我是自愧弗如。这样的艺术家，值得我们缅怀。近来因为身体不适，较少写长文，今日因秀莺老师发来一张照片，触动记忆，将此文发在此处，以表追思之情！

2023年12月13日，大陆知名剧作家郑怀兴老师因病逝世。戏曲界又少了一位创作量丰沛的剧作家，更少了一位编剧专业上值得学习的楷模前辈，心中不觉万分遗憾与黯然。

想起我与怀兴老师之间的往还，始初只是耳闻老师在戏曲编剧上的杰出成就与笔耕不辍的创作热诚；自从认识老师后，对于老师在戏曲艺术的执着与清高的人品，让我心中惊叹不已！这样的人格特质，今世已不多见！

虽然我与老师的互动，多年来并不热络，但结缘颇早，（约在2001年或2002年）我初至台湾国光剧团剧本编修委员会任职，负责剧本行政与剧本编修创作工作，恰逢福建省文化厅举办"新时期福建戏剧创作研讨会"与"王仁杰剧作研讨会"，因与工作内容相关，我也向剧团申请参加这两个研讨会。得到剧团的允准，我怀着兴奋的学习心情，启程参加盛会。会中除了怀兴老师外，我也认识了当时知名的剧作家王仁杰、郭启宏等大家，一睹名家风采，欣喜非常。

我为这次的研讨会撰写一篇《从戏剧冲突的线性结构探讨新时期福建"宫廷历史剧"的特征》论文，选择"狭义"的历史剧定位，以与政治发生关联的历史人物与事迹为准，以《新时期福建戏剧文学大系历史剧卷》自1979年至1998年间，获得剧作奖的18本新编历史剧为讨论对象。采取"主题式"的分析法，专注于不同剧作中的冲突结构，经个别分析排比异同，整理归纳后，为戏曲剧本的创作，展示冲突形式的变化，归纳出历史剧的冲突法则。

怀兴老师的一篇著名剧作《新亭泪》便在我分析的剧作之中。在撰写论文时，尚未与老师有互动，纯粹"以戏论戏"。面对文稿，我心中暗暗猜想，这位作者定是一位胸怀宽广、品格清高的文士。作品风格与当代戏曲喜以个人欲望严重冲突的戏剧事件大异其趣，结尾处安排周伯仁的自我牺牲，处处显示知识分子面对良知的挣扎与道德的选择，显示的是剧作者个人的理想情怀。一股清风透过文辞迎面扑来。在物欲横流的当今之世，大部分的剧本，处处标榜着黑暗、邪恶、恐惧、纠缠、挣扎、痛苦等种种负面人心人性的挖掘与描述时，这篇作品显示了与众不同的风格。（详见拙作：《〈新亭泪〉情节冲突的线性结构分析》）

怀着忐忑的心情，我发表完这篇论文，因同行的沈惠如与吴秀莺两位老师，在1999年创办"台北市现代戏曲协会"主办的编导研习班，邀请老师访台进行授课，与大家亦师亦友，相处融洽，借着到福建开会，老师便热情地邀约大伙到他福建仙游老家盘桓数日，由老师充当导游，带领大家领略仙游的山水名胜。我沾了沈、吴两位老师的光，一同到老师家叨扰，游览当地的美丽风光外，更有机会近距离接触怀兴老师，印证我阅读他的戏文时，给我的印象是否一致？

俗话说得好，"文如其人"，但在怀兴老师身上，似乎有着"矛盾中的统一"。老师的身材瘦小，但双目炯炯有神，想象中，他应该非常严肃，但实际上他又笑口常开，双颊上的酒窝不时地跳动着，令人倍感亲切！他说话节奏略快，可又带着点结巴，句句话语都透着肺腑真诚，自然流露出一股拙朴与天真的神情。我心中断定，只有这样诚恳的心，才能在文墨中追求心灵上至高的理想。自信于我的印证，在老师人格特质中，找到合理的答案。

我们三人住在老师家中的二楼，抵达后，中午喝了一点小酒，躺在一张古老木床上，睡了个深沉舒服的午觉。醒来后，老师带着我们参观他四楼的宽敞明亮的书房，那是他辛勤笔耕的天地，衬着窗外的蓝天白云，屋内的窗明几净，流动着一股宁静祥和之气。想象中，坐在这书桌前写作，该是行云流水般舒畅无碍。我唯一一次到仙游旅行，便是在怀兴老师的导游下进行的。时日久远，记忆不复清晰，似乎看了当地有名的寺庙开元寺、老师经常合作的鲤声剧场、夜间户外的野台戏、古老巷弄间的穿梭寻访……时间很快，在笑语声中，我们结束了仙游的探访，师母准备了一桌丰盛的海产大餐为我们送行。我记得饭桌上摆满了鱼、虾、蟹等美食。老师与师母热忱地招呼大家用餐，给我夹了两只大螃蟹，我瞪着螃蟹不知如何是好，因为，我最不擅吃螃蟹，可是老师的盛情怎好违逆？硬着头皮，我乖乖地把两只螃蟹啃得乱七八糟，以回报老师与师母的热忱招待！

仙游之行，是我与怀兴老师最温馨互动的唯一记忆。返回台北后，在忙碌的职场上团团打转，我与老师依旧不常联系，只是透过秀莺老师频繁地发布老师的讯息，辗转得知老师的近况，也顺带帮我问候老师安好。老师依旧发表新作、与师生讨论剧情、与剧团研究创作，更不断地荣获剧本创作大奖！岁月静好，老师平稳地走在人生的平衡木上，没有什么可阻碍他的剧本创作事业。我虽与老师缘浅，但在剧本创作领域中有着相似的创作思考与工作经验，对于老师的创作思维，颇能直觉式的感受，老师享受着此生带来的使命，走在无尽头的创作道路之上。

直到今年5月，得知老师生病，他的心情沮丧，多次痛哭流涕，担心无法再度编剧了。他说，此生只为编剧而活！我心中为老师的深沉哀伤暗暗担心。2023年12月13日，老师走完一生的剧本创作之路！老师并未食言，他此生真的只为编剧而来。50多部丰硕作品，是他努力耕耘的成果。带着此生的心血，老师踏上永恒的"仙游"之路，名留当代戏曲文学史上，让后人永远追思与敬佩！因有幸曾经亲身领略老师的风采，谨以此短文，遥祭一代戏剧宗师在我心中留下的美好回忆。

（刘慧芬，台湾中国文化大学中国戏剧系教授）

怀念郑怀兴

◎ 汤晨光

2023年12月13日，我收到一则不啻晴天霹雳的信息：郑老师走了！郑老师就是剧作家郑怀兴，但怎么就走了？！在不到一个月之前，我还看到他在西安疗养结束前后的照片，虽然面容清癯，神情略显乏力，但看上去不像是有严重的病痛。转来照片的朋友还转述说，郑老师已从西安回到福建，精神挺好的。他的身体不是正在康复中吗，怎么会如此遽然脆断？但事实就是事实，在最初的惊恐和迷乱之后，我决定赴仙游郑家吊唁，并向郑怀兴做最后的告别。

两天后的夜晚我到达仙游县城，并在第二天清晨把一捧鲜花献至郑怀兴的灵前，这一天是12月16日。花是我亲自到花店挑选的。我几乎是不假思索就谢绝了线上订花的建议，因为拿着他人代选之物送给郑怀兴是不可想象的，只有亲手精选每一朵花才能使自己稍感心安。但在献花上香之后，身处设在郑家一楼的灵堂，在郑怀兴的遗照和灵柩前，在身穿重孝的守灵孝子近旁，在灵堂播放的佛乐声中，我找不到真实感。14年前，即2009年的初冬，我就来过这里，并在此叨扰达十天之久。如今，除了客厅墙上还挂着郑家三女儿所绘制的大幅妈祖像外，一切都变得如此陌生和飘忽不定！在那十天时间里我和郑怀兴夫妇朝夕相处，无时不享受着他们的周到和亲切，如今女主人神情哀戚地坐在客厅左手的房间里，那个总是双目含笑的男主人呢？

郑怀兴和夫人有下午后半晌到村后的山上散步的习惯，这座

2012年与汤晨光、郭虹玲在河南济源

小山名叫"九战尾"。我在郑家做客期间是每次都要一起去的，一路上都是完全随意的闲聊。数次的午后郊游给我的仙游之行打上了难以磨灭的印记。在此刻空茫残破的心境中，当年漫步山路的情景一经闪现。就像听到了从14年前传来的一声悠长的呼唤，我顿生重返当年的渴望，即刻就想循声前往，仿佛郑怀兴还在山路上等我，我必须马上赴约一样。于是，在灵堂停留片刻之后，我就在郑怀兴的学生小赖的陪同下出了门。

2023年12月16日的上午，仙游县城又开始下雨。我们在细雨中走上的山路已经不是当年的山路。那时这里是一处草创的公园，如今已经修造完成，山顶矗立起巨大的妈祖石像，稍低处石铺地面的平台上则雄踞着一座高大的佛殿，这些都是当年所没有的。对我来说，此地可谓物人俱非，昔日情景已失去依托，无可追寻了。虽然如此，我那段放在两年前连做梦也想不到的经历还是隐约浮现在眼前。那一年，即2009年，中国戏剧节在厦门举行，我如约前往看戏。记得除了魏海敏和裴艳玲的两场，其他戏都没有错过。那些天，有戏时和郑怀兴一同看戏，没戏时跟郑怀兴参加各种活动，天天吃他请或跟着他吃请。我们还和石家庄的一位导演同游鼓浪屿,并留下珍贵的合影。但是,全部剧目才看到一半,郑怀兴就对我说:不要看了,到我家去!这本是事先安排的一项行程,只是没料到这么快。郑怀兴本就不很热心看戏,余下的戏也不是好到非看不可,对我来说,提前游览那个有神仙漫游的县境及郑怀兴在榜头镇的老屋也许是更好的选择。于是乎,由其作企业家的小女儿和女婿开车护送,我们就在晚饭后向仙游出发了。十天过后,我在仙游的活动结束,郑怀兴又找车把我送回厦门的高崎机场。

不仅是这次活动,连我结识郑怀兴也和中国戏剧节直接相关。上推两年的2007年,内心积累的不良情绪使我生出出门散心的念头,又听说中国戏剧节正在苏州举行,我不由得心生奇想:何不去苏州看戏?经打听,联系上了湖南剧协派出的戏剧节代表,更巧的是这位代表因事正要返湘,我就及时地接替了她的看戏资格。我到苏州那一天,戏剧节可能已经进行了近一半,似乎我第一场戏看的就是《傅山进京》,由晋剧名角谢涛主演。直到那时,我还不知道有谢涛,对编剧郑怀兴也没有什么印象,只是被精彩的演出迷倒。演出的效果难以尽述,只记得在谢幕结束后自己迷迷糊糊地从座位上站起来时,看到许多观众还挤在台前不愿离去。在返回位于十全街的酒店的大巴上,各省剧协的代表们也是议论纷纷。第二天早饭时,人们还在回味昨晚的演出。听我也参与赞赏,同桌的一位女士就说,剧中的傅山就是编剧郑怀兴自己,并问我是否愿意认识作者?自然是愿意。我这才知道,这位女士是厦门主管戏剧的文化局副局长叶之桦。

戏剧节结束后不久,郑怀兴就打来了电话。当时都谈了些什么,事后是毫无印象了。又过了不知多长时间,应该是2008年栀子花开的时节,郑怀兴受邀来长沙参加湖南一个剧本的讨论会,他打电话来说要见一下。我很快就在河东某酒店的客房见到了这位当代戏剧的巨匠。我的第一印象是他相当洋气,长长的大中分将饱满的前额衬托出来,目光深邃而喜悦,说话急切而用力。谈话时我坐在沙发里,他就站在写字台边,在我实在听不懂的时候,他就在便签上写出来。谈话的内容虽然已淡忘殆尽，但想来无非是关于他的家庭、经历及创作的问答，因为那时我已有意要研究他的作品。这次会面可谓相谈甚欢，彼此的接纳和信任也一步到位，此后的交往也就很密集而愉快了。

至少在16年交往的前半段，有关郑怀兴的重要活动我都获邀参与。2010年冬天中国艺术研究院和福建省文联在北京举办"郑怀兴剧作学术讨论会"。会上不仅得瞻中国戏剧研究界巍巍诸公的风采，也大体上了解了郑怀兴研究的现状和历史；会下则被郑怀兴预约参加来年的另一场活动。2011年9月国际戏剧家协会在厦门举行第33届代表大会，会上计划展演十数台中国剧作，其中就有郑怀兴的《青蛙记》，演出时改名《荷塘蛙声》。由于各国代表都可能只勉强看得懂英文，演出也就需要打中英双语字幕，我被要求担任该剧本的英文翻译。对于这项委托我的第一反应是推辞，我提醒郑怀兴说，厦门可是有一所名牌大学，厦大可是有英语系的！但郑怀兴坚持，他说英语系教授不见得懂戏剧。不得已，我只能接受任务。为此任务，2011年的夏天我还到厦门歌仔戏剧团住了多日，以协助彩排时的字幕制作。

《荷塘蛙声》是一部伦理心理剧，可谓难懂，1986年发表以后少见评论，鲤声剧团虽然当年就予排演，但难称成功。这次演出的观众主体是外国人，郑怀兴担心外国代表理解起来有困难，就嘱我写一篇评析文章，以帮助代表们克服可能出现的理解障碍。我遵命写出论文，并请我弟弟（他是十卷本《克尔凯郭尔文集》第一卷《论反讽概念》的汉译者）将其译成英文。由于正式演出时我并没有去看戏，剧团是否将论文的英文稿印发给不懂中文的各国代表，我不得而知。但事后郑怀兴转告我，《荷塘蛙声》是引起代表们兴趣的唯一剧目，有人在讨论会上说，他没有想到中国会出现这样的伦理剧。他们想得出的中国戏剧是不是只是《白毛女》《红色娘子军》那样的戏吗？我曾对郑怀兴说过，你的戏是给世界看的，看来这些世界观众还真看进去了。我说，这说明你的戏质量是最高的，郑怀兴说，这都是因为你翻译得好。

这虽然是聊天时随口说出的客气话，但其实至少从我这方面说，不过是重复了一个简单的事实。由于受到《傅山进京》的惊动，我从苏州回长沙后就去找郑怀兴的剧本来看，所幸学校图书馆还真有收藏，那就是郑怀兴剧本的第一个结集《郑怀兴戏曲选》，当郑怀兴电话中说他手中已无书因此很遗憾的时候，我已经看完多个剧本了。初读郑剧我的印象是很强烈的，也试图分辨这种感受的缘由，但苦于找不到适当的语言去表达。他的剧本和我习见的中国剧本大不相同，仿佛来自另一个世界。我当时甚至想，要是国外的大批评家看到这些戏就好了，可以看他们怎么说。但这显然不切实际，并且即使有人看到也不能保证他就写得好。我就是在这样无把握的情况下开始研究郑怀兴的，写作的过程也充满了艰难。有一次我曾向他报告：糟糕，我丧失写作能力了！所幸我写出的第一篇评论就得到他的认可，后续的文章也多能得到他的鼓励。郑怀兴后来甚至说认识我是他的幸运，说我给中国的戏剧评论吹进了一股清风。我相信他的话出自真心，并且所言也是实情。若是要披寻此番表述的内在根由，那可能是我的某些论析意外地印证了他的自我认知，甚或是深化了他对自己的理解吧。而我确实来自戏剧圈外，加上"少无适俗韵"，和行内的批评家可能确实有所不同。

我的郑剧研究文字体量并不大，且多集中于其20世纪80年代的几部我称之为"传奇剧"的作品上，这是因为我的直感告诉我这些作品最为奇妙，最值得言说而言说者尚寡。这一研究对象的偏重也算是当时我的郑剧研究的特点吧。郑怀兴在戏剧上的巨大声誉得自其历史剧创作，尤其是《新亭泪》。当《新亭泪》横空出世的时候，甚至惊动了曹禺、吴祖光这样的前辈剧作家，他们亲笔写信给郑怀兴，褒奖其创作成就。戏剧界惊奇于历史剧还可以这么写，还可以写得这样有艺术魅力，虽然真正强有力的论证并不多见。郑怀兴对史剧也有自己的一套理论，他受邀演讲多是讲自己的历史剧创作和他的史剧观。戏剧界对郑怀兴历史剧的评价我并无异议，我的意见发生在其历史剧和传奇剧之间。我看到，无论是艺术上的精妙独到还是思想上的深邃恣肆，其传奇剧都是更耀眼的，成就更大。如果一定要排位，其惊艳剧坛的历史剧则只能屈居次位。我的些许浅见之所以一再让郑怀兴感到惊喜，可能就是因为我做了某种补缺的工作，使其幽深的艺术世界的某些局部得到一定的呈现而已。而对我对其传奇剧和历史剧相对关系的看法，郑怀兴在其新版的《戏曲编剧理论与实践》中说这是我的"一家之言"。而对体现这一观点的《郑怀兴戏剧全集》的《序》，郑怀兴表示"喜欢"。

2016年，郑怀兴剧作的第三次结集提上日程。当听到"这次你来作序"的嘱托时，我真是惶恐之至！我说我哪有资格？我做不了！他说你最合适！并说前两个剧集的序也要收进来。我对这一指派之所以不敢应承，一是因为前两次结集都由顶流名家作序，我作序此书很感违和！二是我还没有做好对郑剧进行整体论断的准备，这可是全集啊。不错，我是透露过我的研究思路，即在世界戏剧的背景上评说和定位郑怀兴的创作，我想借此确定郑怀兴在世界戏剧上的地位。但这只是一个大体的思路，实行起来困难还很多。既然要在世界背景上看取郑怀兴，那么对世界公认的几大戏剧家要有相当深入的理解，但当时我还未能完全做到。但是任务紧迫，不容我慢工细活地作基础性准备，而不得不勉为其难，仓促上阵。话说回来，接受任务时虽忐忑彷徨，但具体的写作还是贯彻了原定的思路，即在世界戏剧史和中国戏剧双重背景上论述郑剧的特性和成就，我认定这样可以在很大程度上避免论说的随意性而得出基本稳妥的结论。至于实际上做到了何种程度，我是不敢自信的。这篇序郑怀兴过目后除了指出一处资料不准确外，只简单地说"喜欢"。

戏剧界晚辈都称郑怀兴"郑老师"，只有领导和平辈好友才直呼其名"怀兴"。"老师"似乎是几十年来文化界的通用尊称，而称郑怀兴"老师"者不少人的确是受过郑怀兴的指导教诲的，传达的是一种师徒关系。我也喊郑怀兴"郑老师"，但我真的没有向郑老师请教过如何写戏。因为一开始的关系定位就不是师生，而主要是一个文学教师和一个剧作家的关系，所以对郑怀兴夫人我也不像他的学生一样称"师母"，而是称"林老师"。在郑老师和林老师面前虽不以学生自居，却不耽搁从两位老师处获取人生的教益。在郑怀兴的追悼告别式上，由仙游县领导致悼词，悼词在列举了郑怀兴的诸多美德之后，有"堪称完人"的总评。这并非溢美之词，而是切实之论。这样的人格，教我如何不学他？又教我怎能不怀念？

郑怀兴的性格是朴拙和睿智的奇妙结合，这赋予他一种独特的魅力和优势。郑怀兴对人没有城府，即使对初识之人也能予以真诚信任，甚至推心置腹，真是应了"君子坦荡荡"的古话。在"防人哲学"的信奉者看来，这样做难免显得不够谨慎和过于天真。这虽然是其秉性使然，也不能排除背后有其理性思考和价值立场。郑怀兴剧作中有一类中老年男性人物，他们备受颠沛摔打，世事洞明而又愤世嫉俗。这类人物最容易被看作作者本人的写照。这种智慧超群深谙人性的人，行事不可能是莽撞和盲目的。因此郑怀兴率真热诚的态度就只能是来自其内心需要，是他真性情的释放，同时也是他对理想的人际互动的有意识的实践。另外，郑怀兴不止一次对我提起有人说他傻，此时他似乎显得既烦恼又困惑。这是他的转述，而我多次亲耳听到的评价却是"郑老师是天才"。"天才"显然是就其创作才华而言的，而"傻"呢？想来此"傻"就是"大智若愚"的"愚"，是天才人物的某种单纯气质给人的观感，更可能是就他在争名夺利上表现出的迟钝和无所谓而言的，总之他身上的一种独特性是被人用这个字概括了。

郑怀兴恬淡而热心，好交友，重友情，关心朋友。我和他这都是"首相"，都属鼠，但我小他一轮，可能与此有关吧，我更多的是处于友情的接收端。如果我有一段时间没有讯息，他就会来信询问。即使在他染疫初愈的情况下，听说我生病，他还要来信表示很不放心。听说他身体不好我说我来看望你，他说先不要来，还有疫情，路上危险。虽然我一直有意无意地试图和郑老师保持一个恭敬的距离，但在过去的16年中，郑怀兴一直都是我最亲密的朋友。在艰危困顿的岁月里，是郑怀兴的友谊给了我最温暖有力的心理支援。要说幸运，偶遇郑怀兴才是我的一大幸运，而这一切都在2023年的12月13日戛然而止，我被无情地打回了16年前。我四顾茫然，深感永失挚友的不幸。然而，这16年的记忆是不会泯灭的，它将永远珍藏我心。在未来的日子里，除了用这珍贵的记忆温暖勉励自己，还要继续并完成对其著作的研究，以告慰郑怀兴的在天之灵。它也将是两人多年对话的一个延续，只是今后的对话成了我一个人的单向独语，再也听不到郑怀兴的应答了。

（汤晨光，湖南师范大学教授、文学博士）

痛悼怀兴兄

◎ 唐　蒙

12月13日，傍晚时分，窗外飘着雪花。在我班的同学群中，老三告诉我怀兴去世的信息。我一下子蒙了，连忙给我的学生王景贤、陈欣欣打电话，确认了信息的真实性，悲从心来。

我默默地坐在沙发上，抽烟喝茶。多少往事涌上心头。我和怀兴将近半个世纪的交往，心中都有彼此，这是最难得的净友！

我1976年9月13日到福州。之后，分配到福建话剧团任编剧，副团长王冶让我领了800元，到福建各地去转一转，算是采风。

我第一站就到了仙游。在仙游观看了一出小戏的演出。这出小戏的演出让我受到震撼。从剧本到表演到舞台布景都是一流的，都很难想象是一个小县城的演出。当天晚上还是第二天，怀兴来找我，说县里对这个戏有两种不同观点，褒贬不一。我对这个戏很欣赏，也和县里的一些人说了我的看法。之后，怀兴又写了新剧。他把剧本送到省群众艺术馆。我知道后，让他带着剧本一起拜见了陈贻亮老师。陈贻亮老师看了他的剧本，非常欣赏。从此，怀兴和省戏剧研究所有了联系，之后一马平川。

20世纪80年代，他的剧本中已经很自觉地运用了西方哲学和文学的一些元素。所以说，他是把中国的传统文化和西方文化对接得，或融合得最好的一位剧作家。为此，我也给他的剧本写过评论。我的文章得到他的认可，我也很开心。作为朋友，心神相通是最关键，也是最重要的。

这期间我也去过他家，到过他的书房聊天。他看过的古书，远远地超过我，西方的书籍也看了很多。可以说是学贯中西、博古通今的人。他的思考、他的学识、他的通达、他的坦诚都值得我心悦诚服。

6年前他来北京，约我见面。我看他瘦了很多。问了他才知道他有糖尿病。当初我不以为然，因为我母亲也有糖尿病。该病如果控制得好，基本上不会出大问题。当初，我应该提醒他糖尿病并发症的凶险，现在想起，悔之晚了！

后来因为一部电视剧，我和陈欣欣等人一起去了仙游。他请我们吃了一次午餐，临走时还送了很多新鲜的桂圆。没想到这一次见面，竟成为我们的永别。

今年年初我去福州，听说他因为糖尿病导致中风。在福州医院治疗，我正准备去探望时，听说他已经回老家了。之后，我准备去仙游，第一想看看他，第二也想去一下仙游的九鲤湖。我的先祖唐伯虎当年去过九鲤湖。原想约我学生小耿开车去的，可小耿在厦门，此行也就取消。一个没有完成的愿望，成为我余生的遗憾。怀兴在病重期间，我没有去探望他一眼，恨哉痛哉！

我已是73岁的老人，对生死已经淡薄。怀兴先我而去，悲痛是难以诉说的。我们相知相亲，是因为我们都是为了一个目标而活着的人。人生的意义在哪里？宗教和哲学都在企图回答这个问题。其实很简单，怀兴的作品，已经包含了他生命的全部意义。

天妒英才，怀兴的生命戛然而止。他的作品永存世间。

怀兴兄，你一路走好。我们的因缘会在下辈子再相续！

（唐蒙，中广联编剧委员会副秘书长）

和怀兴最后的谈话

◎ 叶之桦

2023年的秋天，我去西安看望中风后的怀兴兄，他在那里做针灸治疗。在西安的4天，我每天上午到怀兴那儿坐一坐，和他说说话，他的记忆力和语言功能还没有完全恢复，只能说出一些片段的词来表达自己。他的夫人燕英坐在他身边，帮助说完他含在嘴里的话。

第一天我走进客厅的时候，他认出了我，但是说不出我的名字来。燕英嫂对他说："叶之桦来了。"怀兴点点头，他无声地动动嘴唇，眼睛红了。我被他的样子怔住了，眼睛也红了，含笑和他们夫妻寒暄，说些宽慰的话。怀兴的情绪很激动，在他夫人的暗示下，我和丽平告辞了。第二天我走进门的时候，他喊出了我的名字："你是叶之桦。"他为自己的记忆力和语言能力的进步显得很高兴，他显然很想和我说话。我就问他："你想说什么？你问我说好不好？"他很快回答一个字："好。"然后他费力地说："波，迷月。"我猜到了他想说的是"烟波迷月"，他想知道福建芳华越剧院首演《烟波迷月》的情况。我刚刚在福州应剧院邀请看了这台戏。一谈起戏来，他全神贯注，记忆和思维明显在回来。他开始能回应，说出一两个短句了。

《烟波迷月》是郑怀兴在2021年疫情的时候，在仙游家中闭门读书，有感而发写的一出戏。这是他生前上演的最后一出新戏。这出戏写得扑朔迷离，情感纠结复杂，他很想知道剧院的演出情况和演出效果。我赞叹道："好，非常好！我没想到你在晚年，视力模糊到看不清了，还能写戏，还能写得这么好。这出戏很适合福建芳华越剧院，她们演得很好。我认为这是福建芳华越剧院创作剧目中最好的一台戏。看完戏，我很激动，想了很多，第二天就去了剧团，和主演聊这台戏，后来宜庸也来了，我们聊了可能有5个小时吧。可惜，编剧不在，导演不在。我看到演员们对这出戏很投入，我完全相信她们会越演越好的。"听了我的话，怀兴高兴起来。

第三次到他那里去，我问他，想说什么？他说，上官婉儿。我和刘丽平去咸阳找到了上官婉儿的墓地，想看墓室里出土的墓志"大唐故昭容上官氏铭"（上官婉儿墓志铭是2013年考古勘测中发现的，原件已经收藏在陕西省考古博物馆。）墓志铭原文几年前我已经在网络上看到了，当时很惊讶也很惊喜，原来上官婉儿在武则天时代是个这么了不起的人物，原来太平公主和上官婉儿在初唐政治危机中起到了这么大的作用。没想到官方撰写的唐史有意掩盖了真实历史，编了一些谎言。我和郑怀兴谈论过此事，有着许多感慨。此时此刻，怀兴想谈的是高甲戏《上官婉儿》改编为京剧《月照初唐》的事。湖北京剧院一位青年编剧提出要改编这个剧本，这是前一年的事。怀兴和我在微信中、在电话中兴致勃勃地谈剧本的修改，我提出上官婉儿墓志铭的出土是件大事，揭开了历史真相，洗清了婉儿的污名，修改本中应该体现这一点。2022年12月26日凌晨，怀兴发给我《月照初唐》的修改稿，他在微信中写道："这次京剧本的改编我几乎没动笔，都是这位合作者按我说的改，她是艺术研究院戏曲所毛小雨的研究生，现在湖北京剧院任编剧，是她提议要这个剧本，为了培养年轻编剧，我就让她改，我把关，我认为要出现上官仪的幽灵，祖孙交流，更有深度。"

《上官婉儿》是我和怀兴经常谈论的话题，这出戏是我委托郑怀兴为厦门市高甲戏剧团创作的。那是在2000年秋天，我对上官婉儿和武则天的宫廷秘史非常感兴趣，想请这位著名的历史剧作家为我们写戏。原先郑怀兴给我推荐的是他的另外一个剧本，可我们剧团当时是女演员比较强，那个本子主角是两个男演员，不合适。郑怀兴对这样的"命题作文"有些为难，于是我给他抱来一大摞有关历史资料，试图对他有所帮助。可是这害了这个大编剧，他说他写得很苦。那段时间我们来来去去打了不少电话，我还从厦门跑去了他在仙游的家。我谈历史，他谈戏；我有感而发，他也有感而发。我和他的兴奋点不在一起。他说他不能那么写，他不是谈政治，不想写帝位的争斗。好吧，我说，你想怎么写就怎么写，我不是编剧，我说得不对，你就不要听。郑怀兴对上官婉儿的命运感兴趣。导演、舞美、音乐和演员表现得非常出色，演出效果出乎意料的好，皆大欢喜。我们和主创人员、高甲戏剧团一起度过那些日子，一起经历的创作欢乐，却永远难忘，我们结下的友谊，很诚挚。郑怀兴人品的正直，不迎合、不讨巧、不在乎名利得失，给我们大家留下了很深刻的印象。第二年我们又一起参加了福建戏剧代表团出访俄罗斯，拜会了俄罗斯联邦剧协和圣彼得堡剧协。他作为中国历史剧作家和俄罗斯当代女剧作家进行了对话。在这次旅行中，他快乐幽默，真诚质朴的性格让我们所有的人都喜欢他，我们看了很多戏，也说了很多戏，一路说，一路笑。在这以后，我就关注郑怀兴的历史剧创作。我们之间的谈话多了起来，话题总是离不开戏。

我写过两篇关于《上官婉儿》的评论，一篇是《婉儿的悲剧》，一篇是《婉儿的无奈》。这两篇文章都是我对剧本的解读，也是我和怀兴谈戏的结果。郑怀兴的剧作有深刻的思想性。他的作品寓意复杂，值得你反复去想，也吸引你反复去想。他的历史剧总是有感而发的，也总是为了现实而写的。郑怀兴说，他写戏是为了剧团，但是戏中必须要有思想，有自己的想法和感触。

这次我和怀兴谈《上官婉儿》，主要是谈我对这个剧本价值和意义的看法。我认为这出戏应当列入郑怀兴戏剧代表作之列，同时我希望这出戏能够保留下来，被不同的剧种改编演出。我也希望年轻一代戏剧理论研究者能关注这个作品，我很遗憾学院毕业的专家、学者很难有机会看到现场的演出。

2023年9月叶之桦前往西安探望

关于《上官婉儿》在郑怀兴剧作中的分类，我把它归入历史剧悲剧，或者直接分类为悲剧。我和怀兴在2022年讨论的重要话题，是郑怀兴剧作的分类和代表作。原先研究者仅仅分为历史剧和心理剧，我认为不够。他的剧作中应该被重视的还有悲剧（从历史剧和心理剧中划出来）、喜剧、神话剧（民间故事剧）和小戏。我认为他最优秀的作品是悲剧。代表作是四大悲剧，《上官婉儿》《赵武灵王》《海瑞》和《烟波迷月》，还可以加上《浮海孤臣》这样就是五部。郑怀兴同意把悲剧从历史剧和心理剧的分类中单列出来。他说不过琼剧《海瑞》的男主角比较年轻，打磨一番更成熟。他将同意《烟波迷月》列入悲剧。如果说他的四大悲剧，应该把《新亭泪》放在首位。我和郑怀兴还讨论了他的喜剧代表作《借新娘》和讽刺喜剧《造桥记》。他说到神话剧（民间故事剧）代表作有《冼夫人》《钱四娘》《林龙江》，他还特别提到了《林默娘》。他说这些戏在民间很受观众喜欢，是地方剧团的"吃饭戏"。他说，他写神话剧不是写神，而是写人，把神写成人。这些神原先也是人，他们受到民间的崇拜而成为神。要尊重乡间民俗，因为民间剧团主要是在民俗节日中演出。2022年我和怀兴谈得比较多的话题，还是他最近几年的剧本创作和上演的作品。今天我特别遗憾和心痛的是这些话题未能说完，以后再也没机会说了。

大病未痊愈的怀兴，情绪很波动，家人说他常失眠，难以入睡，有时会闹脾气、会哭。他为什么哭呢？我不敢问。但是我和他告别的那一刻，他哭了。那一刻他的样子，我难以忘怀。怀兴为什么哭呢？我一再寻思，想起他在2023年春天，他对我说的话："我不能写了，没有用了。"他的话很悲哀，我的劝说很无力。

怀兴过世的第二天我赶去仙游吊唁，他的弟子小白（赵乐）告诉我，他病倒的时候，问陪侍的小白（赵乐）："叶之桦在哪里？"我听到这话，顿时泪崩。如今我常常想到他，怀兴，你在哪儿呢？

郑怀兴离我们远去了，再也见不到了。他活在他的剧作里。他的身影和他的情感、他的话在那里。

最后我特别想说的是，晚年的郑怀兴的剧本创作进入一个新的高峰期，最后这几年他写的几个戏特别好。他仿佛是一个大作曲家，一篇又一篇史诗般的交响乐作品接连出现，那是"英雄"，那是"田园"，那是"命运"，那是"悲怆"……

（叶之桦，中国戏曲学会理事）

漫忆郑怀兴

◎ 林瑞武

好些年了，每年除夕那一天，我总要给"躲"在仙游老家的怀兴挂一个电话，既是给他拜年，也是借机和他聊聊天。今年除夕那一天，我自然又想到这件事，但这个电话却再也挂不了了，不由得一阵酸楚涌上心头……

我和怀兴相识于40年前，那时，我还是省艺校编剧大专班三年级学生，给我们上课的著名戏剧专家陈贻亮老师在课堂上介绍了郑怀兴，介绍了他创作的新编历史剧《新亭泪》和现代戏《遗珠记》，说他的才华在《新亭泪》剧本中像泉水一样喷发出来（大意）。后来，还请进京领取全国优秀剧本奖归来的郑怀兴和周长赋、姚清水到我们班介绍创作经验。我由此认识了他。除记得他那时整整齐齐地穿着一套崭新的灰色中山装，神情有些腼腆，说起话来有些口吃外，也没留下太深的印象。真正让我激动，对他产生敬佩之情的还是在阅读了他写的《新亭泪》的剧本后。当时我就感觉：写得太好了，不但思想内涵深厚，很有哲理意蕴，人物形象鲜活丰富，而且极有文采和诗意，整个剧本读来感觉就像一首激越豪迈、慷慨悲沉、韵味无穷的长诗。陈贻亮老师曾在课堂上给我们介绍过当代戏曲理论泰斗张庚先生的"剧诗说"，认为戏曲乃是舞台演出的诗——剧诗，而怀兴的《新亭泪》我以为就是"剧诗"的典范之作。后来，我到中国艺术研究院张庚、郭汉城先生主持的戏曲理论研究班学习两年，对张庚先生的"剧诗说"有了更深入的认识与了解，但也始终认为怀兴的《新亭泪》

等剧作是"剧诗"中真正承袭中国古典文人戏曲传统,又融入当代思想和审美意识的经典之作。偏爱文人戏曲的我在后来的戏曲剧本创作中,也是把《新亭泪》等作品作为自己努力的标杆来看待的。

也是在省艺校编剧班毕业那一年,我还有幸观赏了怀兴的另一部重要作品《晋宫寒月》。他在剧中为历史上被贬斥为"祸水"的女性写"心灵之传",描写被晋献公掠夺为姜的骊戎女子骊姬因仇恨与占有欲扭曲了人性,变成为阴险毒辣的复仇狂,后在太子申生善良品行的感召下,逐渐恢复了人性。作品描写人物心灵与构筑戏剧情节都很精彩,且洋溢着怀兴温厚的人文情怀。但作品上演后却引起一些争议。我和同班同学陈欣欣都很欣赏这部作品,激动之中,在陈贻亮老师的指导下,合写了一篇剧评《试析历史剧〈晋宫寒月〉》,发表在《福建戏剧》上参与争议。或许就因我们在这篇文章中显露的思想艺术观念与怀兴的思想艺术观念产生了一定的共频互振吧,在次年,即1985年初,当怀兴首倡成立武夷剧作社,欲集合福建的一批剧作者和戏剧研究者共同进行戏剧探索时,也邀请初出校门、在戏剧创作与研究方面尚未有建树的我俩参加,使我们也成为武夷剧作社的创始社员,并能够在剧作社同人构筑的良好的艺术交流与探讨氛围中汲取营养与动力,进步成长。

我于1987年从中国艺术研究院毕业回到原单位福建省戏曲研究所(省艺术研究院的前身)工作后,因主要从事全省戏剧创作的组织与辅导工作,自己也专注于当代戏剧研究,尤其是当代福建戏剧的研究,郑怀兴的创作必定是我要重点关注研究的对象,所以他的作品,不论有否搬演,我几乎都看过。因而大致可以看出他创作步履的阶段性及其特点。第一阶段是20世纪80年代。这时期表现出怀兴创作的思想与艺术审美观念是很开放、很前沿的。与改革开放以来文学创作与理论发展的主流相同步。先是在历史与现实的双向观照中,在自己亲身经历的"文革"劫难的记忆与反思中寻找题材,从事创作。但不止于对历史和现实的批判

与周长赋、林瑞武

与反思，而是超然之上，把自己对历史人生、人性善恶、宇宙大化的哲理性与诗性的思考渗入其间。《新亭泪》《晋宫寒月》等便是这类作品。后又把笔触转向对民族传统文化心理结构中负面的因素、对个体人性与人格中残缺与不完善，从而导致人的悲剧命运的方面进行反省与揭示，《鸭子丑小传》《青蛙记》《神马赋》等当属这类作品。在这类作品的创作中，怀兴借鉴了在改革开放时代大环境中从国外引进的现代心理学、哲学、美学的研究成果，也借鉴了象征、隐喻、意识流等现代文学、戏剧的创作手法和技巧。第二阶段是20世纪80年代末之后。此时商品经济大潮席卷神州大地，戏曲等传统艺术面临生存危机。但此时的怀兴没有被这波潮流影响与裹挟，依然执着地以自己固有的精神价值观和艺术审美观在古代人的心灵世界中巡游，寻觅既富有历史文化价值，包括批判反省价值，又富有人文精神与人性价值，能和自己心灵沟通的东西。《要离与庆忌》《红豆祭》《乾佑山天书》等当属这类作品。对莆仙戏优秀传统剧目《叶李娘》整理改编，则更鲜明地表现怀兴对传统戏曲在时代困境中传承与发展的关切与支持。

此后多年怀兴的创作，无论是为本省还是外省的剧种剧团写的戏，如《傅山进京》《寄印传奇》《海瑞》《灵乌赋》《嵇康托孤》《赵武灵王》《烟波迷月》等，都表现了对怀兴上述精神价值观与艺术审美观的坚守与弘扬。

所以，在我的心目中，郑怀兴是这样一位剧作家：他拥有深刻的思想和深厚的文史修养以及敏锐的诗性与戏剧性感觉，对传统戏曲的诗性本质与美学特征也有深刻的认识，但又能敞开身心，拥抱接纳改革开放时代带来的文学和戏剧发展的新观念新思维，不辞吸收借鉴现当代文学和戏剧的手法与技巧，吸收借鉴现代哲学、美学和心理学的研究成果来丰富自己的创作手法和技巧，并将其融入自己的创作实践，甚至不怕还有些生涩与不适。但最终把这一切都融化与沉淀于他对中国当代戏曲所应具有的思想文化内涵和艺术审美品格的体认与创造。对社会历史人生乃至天地自然的思考与反省，对中国传统文人和士大夫忧国忧民，"修齐治平"人生理想与精神品格的承袭与弘扬，以温厚的人文情怀和生命意识对天下苍生生存状态的关切，对人性的透析揭示与提升，是他创作思想观念、创作艺术追求，甚至创作风格的底色。他是传统的，但又是现代的。

怀兴的为人品性刚正不阿，疾恶如仇。因有这种品行和上述创作思想艺术观念，所以，当他创作的一个历史剧作品的人物和思想在某地遭到某个地方官员的误读曲解，定要其修改时，他宁可作品不上演也拒不修改。而当他的另一部历史剧作品要在某省的一个剧团上演时，得知原准备扮演女主角的一位很有才华的年轻演员受到当地有影响人物的压制排挤时，义愤填膺，当即向剧团表示，如不让该演员出任主角，他便收回剧本，使得该年轻演员最终能在剧中扮演主角。而该演员也不负众望，在舞台上成功地扮演了剧中的主要人物，大放光彩。她也知恩图报，春节期间，特地千里迢迢跑到仙游怀兴家，给他拜年。当他告知我这件事时，我笑着说因为你是名扬天下的大编剧，"客大"所以敢"欺店"啊，他说这是他路见不平，拔刀相助，和他是否大编剧无关。也因为他的这种为人品性和创作思想艺术观念，他对创作题材的选择性是很强的，省内外院团请他写戏，一定是自己喜欢和想写的题材才会去写。不喜欢的题材，尤其是那些功利性很强的题材，决不会为了赚稿酬而去写。对那些他喜欢写的戏，甚至会对院团负责人说，不用和他先签协议，也不必先说好要给他多少稿酬，等他先拿出作品看，喜欢就拿去，稿酬随便给，不喜欢也没关系。他甚至也会以他这种题材选择理念看待我们这些朋友的创作。得知我在写某个戏后，他尚未看到我是怎么写的，便直截了当地说这题材没意思，叫我别浪费时间和精力。他常对我说，面对纷乱浑浊的世事，无能为力也应保有自己的气节与清白，不能同流合污，更不能助纣为虐。而对中国传统的一些为人行事准则，如诚信与大义，他在创作和评判作品中也是恪守与坚持的。所以有人说他身上保留有中国传统的"士"的精神，这是有道理的。

我和怀兴交往40多年从未断过联系，但回想起来其间也没有多少特别曲折动人的故事与情景。较深刻的记忆就是有一次去他仙游老家看他，在享用了他夫人做的丰盛而又有莆仙特色的晚餐后，在他家自建的多层住宅的楼顶露台上对着浩瀚星空喝茶畅聊，谈历史、谈人生、谈戏剧创作，一直谈到夜半更深也不想停下去睡觉。他平时说话是有些口吃的，但那天晚上可能是特别兴奋又喝了点酒吧，他的说话还是比较顺畅流利的，表达了许多深刻睿智的见解。那一刻情景使我想起他在《新亭泪》中周伯仁通过与渔父的对话，表达自己对历史人生与天地自然的看法与见解。我以为那戏中的周伯仁其实就像他自己，或者说他的心灵早已与戏中周伯仁的心灵默契共振，融为一体了。

我和他的交往更多的就是隔一段时间就会想给他打个电话和他聊聊天，或发个微信和他交流一下。而他有什么特别高兴或郁闷的事也会打电话或发微信和我聊聊。他从仙游老家来福州时，也多会打电话或单独邀我，或叫几个朋友一起吃个饭聊聊。聊的话题很广泛，也无禁忌，可以说无话不聊，但聊最多的还是关于戏。尤其是关于他自己创作或准备创作的戏。在2000年前后，当我从先前主要搞戏剧研究与评论转为兼搞剧本创作后，我写的戏多会在初稿一出来就发给他，向他请教。而他总是很快便看完剧本，不超过第二天便给我回复，给我提出很中肯的意见，还会帮我出一些修改提升的点子。例如《银筝断》，这个剧本在我酝酿阶段，和他聊起题材故事，当我聊到戊戌变法失败，六君子之一的林旭被慈禧太后下令杀害，遗体被运回福州，暂时寄放在金鸡山地藏寺，却被当地保守势力和愚昧乡民用烧红的铁条戳棺戮尸，我让他的爱妻沈鹊应在场不顾一切护卫丈夫遗体的戏剧情景时，原先一直静静地听我讲述的怀兴竟突然兴奋地一拍桌子起身叫好，要我马上写。而后还几次询问我剧本写作进程，催我尽快写出。而看到我的剧本初稿后，他不但就剧本人物描写与情节结构的优缺点发表意见，还帮我出了个很好的点子：在变法情势面临险恶时，让林旭想办法把在他身边的爱妻沈鹊应骗回老家，以表现夫妻情深。我觉得他的点子很好，便有了剧中林旭让沈鹊应从北京赶回江宁，给他父亲送信，请张之洞帮忙对变法危局进行斡旋挽救，其实是将他支使回家，避开险境的情节。又如《解忧公主》，他读后肯定这出戏写得恢宏大气又很有西域风情，肯定汉室公主刘解忧虽然和来自匈奴的乌兰同为乌孙王为王妃，且屡遭到乌兰的挑衅甚至陷害，但并未把戏写成这些年屏幕和舞台上常见的污浊的宫斗剧，而是写解忧公主最终以宽厚仁爱的胸怀感动了乌兰，认为这样写才如一股清流涤荡人心。但也指出戏的第一场写解忧公主在风雨中率众人抢救被匈奴人破坏的伊犁河大坝的戏剧情景不好，有当年样板戏人物的影子，要我一定要改掉，我觉得他说的很有道理，便改掉了。他写的剧本也常发给我征求意见，对我提的一些他认为有道理的意见也很虚心接受。直至他此生最后创作的剧本《烟波迷月》，他在第一次征求了我的意见，接受了我的一些意见后很快又将改过的一稿发给我再次征求意见。全无一点大家不可屈尊的意识。

回想起我此生和怀兴的交往，和他待在一起时间最长的还是2013年4月间的淮安之行。那次我俩刚好都在江苏盐城开戏剧创作会议，淮安市有个剧团想请怀兴帮助写个戏，团长特地赶到盐城请怀兴会后去淮安走走。怀兴热忱地邀我同往，我便也去了。在淮安待了两天，我们形影不离，承主人的热情接待、陪同，一边参观游览淮安的自然风物与历史文化景观，品尝地道的淮扬菜，一边听主人讲淮安的创作题材。怀兴或许还未对那些题材产生兴趣吧，都只听没表态，可当看到我对主人说的某个题材颇感兴趣时，当即向主人推荐让我去写，并一再诚挚地向主人介绍我的"创作实力"。可我心里很明白，人家就是冲着怀兴的大名和实力而邀请他来创作剧本的，让我来写，人家哪能愿意与放心？所以尽管主人也很客气地表示希望我和怀兴都写，我还是婉言谢绝了。然而，在那两天里我觉得更惬意的还是结束了一天的参观访问后回到宾馆，我俩就一杯清茶，敞开心怀，继续畅谈聊天的时间。可聊来聊去，怀兴的主要话题还是戏。那时他正为苏州昆曲团写《红豆祭》，所以关于这个戏他聊了许多，也征求我的意见。

所以，怀兴在我的心目中还是这样一位剧作家：他是真正把他的戏剧创作作为自己在人世间无可替换的生存方式、生存意义所在来看待的，是他人生的精神支柱和信仰。他是以赤子之心全身心热爱与投入于戏剧创作的一个纯粹的剧作家。所以他得病后，因为忧惧从此不能再写戏而痛苦与烦躁不安，甚至于接近精神崩溃。而病情反复，最后离去，当与此有直接关系。这也是我和他的女儿——深爱与了解他的至亲亲人交流后共同的看法。即他是为戏而生，也是为戏而死的。

对人，尤其是对于朋友，怀兴是极为真诚，绝无矫作伪饰，而能倾心对待的。我认定他是我此生为数不多的最好的朋友之一。愿他在天国安息，如有来生，还愿与他相遇相交。

（林瑞武，福建省艺术研究院原副院长、一级编剧）

犹留几折戏　漫道一场空

◎ 陈欣欣

和怀兴最后相见的情景永远定格在我的脑海中。那时，他大面积脑梗死被抢救过来，转到离福州市区很远的一家康复医院治疗。我和林瑞武、马建华老师赶去看他。他虽然恢复得不错，但还不能说话，他静静地坐在沙发上听着燕英嫂子向我们介绍情况。后来，嫂子对我说："怀兴常常说，欣欣就像他的妹妹！"我情难自禁，对着他喊："我就是你的妹妹，你就是我的亲哥！"他闻言竟突然如孩子一样放声地哭了……

第一次听到郑怀兴这个名字，缘于父母的一次争吵。我的父亲陈贻亮生前对福建省戏剧创作做出巨大贡献。父亲曾经是右派，"文革"中受尽磨难，后来，父亲担任福建戏曲研究所副所长，主持全省戏剧创作工作。母亲反对他再搞戏，母亲说："为了戏你都快把家给毁了！"一次，父亲又要到地县辅导剧本创作，母亲坚决不让他去，但父亲却如一头犟牛，摔门而出！事后父亲解释道：仙游有个才华横溢的年轻编剧叫郑怀兴，他的剧本争议很大，必须去支持他。那部有争议的剧本就是获得1980年福建省现代戏会演剧本一等奖的《遗珠记》。此后，父亲经常眉飞色舞地将郑怀兴挂在嘴边，怀兴也成了我家的常客。

1981年为了培养福建编剧后继人才，省文化局在省艺术学校成立了编剧大专班，我成了这个班的旁听生。编剧班师资力量不足，父亲便带着戏研所的辅导团队加入编剧班写作课的授课工作中，并带着学生直接融入福建戏剧创作的各种活动中，使我们能

与陈贻亮、陈欣欣

在全省的戏剧创作中汲取养分。不久，郑怀兴的《新亭泪》横空出世，轰动全国戏曲界，也看得我目瞪口呆！这部戏与传统戏曲的写法完全不一样，它有一种力量撼动着我的心。《新亭泪》《状元与乞丐》《魂断燕山》获得全国第一届曹禺戏剧文学奖，三位编剧到北京领奖回来，立即就来到我们编剧班谈他们的创作感想，听得我们如痴如醉。后来，福建又有一大批剧本获得曹禺戏剧文学奖，在学写戏的起步之际，正是这些优秀的剧本滋养着我，我反复阅读这些剧本，注视着这些剧作家如何用生命在素材上耕耘，聆听着他们发出的每一声灵魂呼喊，感受着他们深邃的思考……

郑怀兴的剧作当然是我最关注的。我爱听他谈有关创作的问题，每回听说他来福州了，便呼朋唤友追到他的住处。但那时的怀兴很腼腆，不爱说话，他总说他"土"，说话又结巴，谈不出什么名堂。有人终于想出办法，只要灌他几杯酒，郑怀兴就判若两人，变得激情四溢，说话也不结巴了。听他滔滔不绝地谈古论今，是我最自卑的时刻，他才大我4岁啊，怎么就能博古通今，想得那么深，那么远？他让我望尘莫及！一次酒酣耳热之际，怀兴突

1986年12月在杭州西湖，与周长赋、王顺镇、王景贤、姚清水、陈欣欣等

然指着我严肃地说："你和你哥哥将来如果不孝顺贻亮老师，我饶不了你们！"我愣愣地望着他，从那一刻起，在我心中他就成了我的兄长。

年轻时曾有机会和郑怀兴、周长赋、王仁杰等剧作家一起出差，每一次都收获满满。每到一个大城市，怀兴他们第一个要去的地方就是新华书店。我像跟屁虫似的，他们买什么书，我也买什么书。跟着他们读了几本书后，我便狂热起来，整天和人讨论第三次浪潮，讨论奥尼尔、迪伦马特，好像自己什么都懂，看每一部戏都横挑鼻子竖挑眼，甚至开始大胆地质疑郑怀兴的剧本。

郑怀兴在《新亭泪》之后写了一本现代戏《故乡月》，那时王评章先生刚从厦门大学毕业，才二十几岁，他带着我和伍经纬（曹禺剧作奖《金魁星》的编剧）到宾馆和怀兴谈意见。我和伍经纬还是编剧班的旁听生，就敢对着已蜚声全国的郑怀兴口无遮拦，唇枪舌剑，怀兴默默地、认真地听着，一副虚怀若谷的样子。后来，他放弃了《故乡月》，再后来，他写出了《鸭子丑小传》。当《鸭子丑小传》获得第三届曹禺剧本奖时，我比郑怀兴更兴奋，到处吹牛:"要不是我们毙了《故乡月》,哪有《鸭子丑小传》?"从那以后,我终生坚持对每部戏每部剧本说真话,哪怕有时会引起非议、误会,也无所谓。有过这样的经历,我坚信在艺术上坚持说真话,才是对创作者最大的爱护和尊重。

  1985年,武夷剧作社成立了,郑怀兴是当然的社长人选。剧社成立那天,社长必须发言,怀兴本来就口吃,面对大场面,他越紧张越使劲越说不出话,脸涨得通红,发抖的手握着的几张稿纸簌簌发响,那声音被麦克风放大,笑得我们前仰后翻。即便如此窘迫,他依然结结巴巴,豪情万丈地代表十八个倡议成立剧社的中青年编剧喊出"要创立一个有福建特色的戏曲文学新流派"!那真是个激情燃烧的年代,那时的我们如此狂热,如此自信,如此目空一切!事实证明,这个"戏曲文学新流派"从未形成,因为每个编剧都有自己的艺术个性,都有自己独特的艺术追求,不可能形成某个"派"。但武夷剧作社却令我终生难忘,当年每次开会都犹如上战场,不论是已成大家的郑怀兴、周长赋、王仁杰还是无名小卒的剧本,我们都敢开足火力,畅所欲言,各种不同的观点都可以无所顾忌地进行争辩、交锋,在这样开放自由的环境里,我们不断进步。而作为武夷剧作社的创始人和老社长的郑怀兴,也以他杰出的艺术成就和人格力量,铸造了武夷剧作社的精神。

  从《寄印》《傅山进京》起,很多剧种都上演了郑怀兴的剧本,郑怀兴不再只属于福建,他走向了全国。随着他创作的剧本数量不断增多,产生的影响不断扩大,他得到的赞誉也越来越多。尽管他已成为中国天花板级的编剧,我依然只想当他忠心耿耿的小妹。每次他来谈新的剧本构思或发来新创作的剧本,我总是提出很多犀利、尖锐的意见。记得看了《青藤狂士》的初稿,我非常不满意,福建省艺术研究院年轻的研究员张帆亦有同感,那时怀兴正住在福州二女儿家中,我们俩商量后立即找上门,对着他长枪短炮一阵扫射,我们感到他的创作状态不佳,劝他不要急着写,先休息一段。他并没有休息,只是过了许久,又发来了修改稿,我欣喜地打电话告诉他，这一稿有了大突破。后来他到福州开会时，特地来谢我，说是我逼得他对剧本重新进行思考。当然，我的犀利和尖锐有时也让他受不了，他会跟我争辩道，某某人说他写得很好。我也毫不留情地反驳，他不懂！有一两次我甚至让他乘兴而来败兴而归。于是我也开始反思：我是不是对郑怀兴太狠了？世界上任何一个伟大的艺术家也不可能每部作品都是杰作，我为什么要这样逼他？随着岁月的流逝，他日渐衰老，我的心也软了，对他的火力也渐渐减弱。

我和怀兴曾有过一次合作，有家电视台请怀兴去写一部反映改革开放30年的电视剧，怀兴邀我合作。我们在广州租了一套单元房，我和怀兴碰戏写戏，燕英嫂子为我们做饭做菜。虽然我们是改革开放的亲历者，但当一大堆材料摆在眼前，让我们从宏观的角度真切地感受到中国改革开放之艰难时，仍不禁心潮澎湃！我们每天工作十几个小时，我们发现彼此的艺术感觉如此默契，总能互相碰撞出好戏。而面对着中国这一段重要历史，我们共同的感受是：改革开放的意义，不仅仅是办几个厂，修几条路，建几座桥，更重要的是人的改变，人的成长，人的自立！这部《风帆起珠江》电视剧本初稿写出后，引起了争议，有的领导说非常精彩，可以立即拍摄，但电视剧中心的负责人却说剧本缺少情爱等商业元素，可看性不够，只能先付我们50%的稿酬。郑怀兴拍案而起说："这么严肃的题材，怎么能走商业化的路子？"怀兴问我怎么办，我回答三个字："听你的！"于是，我们第二天就打道回府，连那50%的稿酬也不要了！那份稿酬在当年相当可观，但道不同不相为谋，书生意气，挥挥衣袖不带走一片云彩！

庆祝改革开放40年时，北京有家影视公司筹拍一部反映福建改革开放的电视剧，有人给这家公司看了《风帆起珠江》剧本，这家公司打听到郑怀兴正在北京，便由怀兴的好友带着追去找他，一定要他担任这部新的电视剧的编剧，他们认为《风帆起珠江》中很多好的人物性格、细节都可以移植到这部新作品中。郑怀兴不便拉下脸推辞，就说："这件事要由陈欣欣决定。"他马上打电话跟我说了此事，我骂道："你怎么把球踢给我了？"他为自己的滑头而得意，呵呵地笑个不停。他叮嘱我：我们要爱惜自己的羽毛，改革开放是中国极其重要的一段历史，我们不能随大流简单化、宣传化、功利化地去写这段历史，我们一定要坚持自己的看法！几天后，制片公司一大班人追到福州找我，我干脆地回绝了。但对方软磨硬缠，他们说选定我们是非常认真的，公司曾邀请全国许多金牌制片和《人民日报》等大报的记者关门三天，认真地读剧本并进行打分，才作出决定的。我好奇地问：那你们给了多少分？制片方说大家一致认为《风帆起珠江》的人物性格、细节、台词的功力，至少在85分以上。后来这家公司拉着我再追到仙游，他们答应让我们按自己对这段历史的解读写剧本，并开出巨额的稿酬。过了几天，突然又传来换编剧的消息，也许是我们的坚持不合时宜吧？怀兴很阿Q地对我说，这部没拍成的《风帆起珠江》，我们才是胜利者，我们经受了名利的诱惑，坚持了自己的艺术追求。

几十年来，我跟着郑怀兴学写戏也学做人。我记住了他说过的很多话。他说："我写戏从不讲价钱，陈仁鉴先生当年因为要写戏被打成反革命，现在我能写戏已经很知足，还谈什么钱？""写戏钱要得多，压力也更多。"我女儿的婚事曾受到亲友的反对，女婿母亲早逝，父亲又成了家，他是跟着80多岁的奶奶生活的，亲友们说，怎么能让女儿一出嫁就侍候老人？怀兴却对我说："不要听别人的，这世上大多数人都是错的，侍候老人是福气。"

郑怀兴是剧作家，也是思想家。他的思想能穿越古今，能洞察人世的忧患。但他却有鲜为人知的极落后、保守的观念。他排斥西医，身患糖尿病十几年，坚决不吃西药，宁可相信民间的土方。我请求他要监测血糖值，要每年做体检，他却总是不屑一顾。几年前开会时，我发现他精神萎靡不振，叮嘱他回去一定要查一查血糖。过了些日子，他来电话说他的血糖竟高达19点，住院时医生说，由于糖尿病引起的并发症，他患有严重的青光眼，如果继续看电脑手机，很快会双目失明。他说得很平静，我心里却响起一声惊雷！王评章说，"写作是他生命中的生命""他是被写作追逐的作家""他是穿上写作的红舞鞋的人，真正属于意味复杂的'春蚕到死丝方尽，蜡炬成灰泪始乾'的那一类人"。如果不能再看书、再写作，他怎么办？我劝道："不要再写了，你已经著作等身，也该歇一歇了！"他一一应允，可我明白他根本做不到！果然此后他又冒着双目失明的危险，写出遗作《烟波迷月》。

"犹留几折戏，漫道一场空"，是怀兴生前为自己题的墓联。他告诉我要买墓地是十几年前的事，这对联应是那时就写好的。"死去元知万事空"，郑怀兴却不认可这种说法，他认为能留下几折戏，他的人生就不"空"，就有价值！这墓联也是郑怀兴的人生追求，他就是为了能留下几折戏来到人间的。他终于实现了人生追求，为这个世界创作了大量的戏剧作品，那些戏中处处留下了他的身影，他的爱与恨，留下了这个时代文人的傲骨，文人的尊严，文人的高贵！

怀兴怀兴，你乘兴而来，尽兴而归，生命完美，此生无憾！

（陈欣欣，福建京剧院一级编剧）

追忆俄罗斯之行

◎ 曾学文

2002年福建省戏剧家代表团俄罗斯之行，是一次跨文化戏剧交流且充满"俄罗斯历史文化情结"之旅。由福建省文化厅副厅长范碧云为团长，郑怀兴老师及厦门市文化局副局长叶之桦、厦门大学教授陈世雄、厦门市台湾艺术研究所曾学文、黄汉忠六人组成的代表团，于12月初赴俄罗斯进行了为期十天的戏剧参访交流。

原来出行的计划是在美丽的秋天，但因为手续的延宕，耽搁到了冬季才得以成行，出发时俄罗斯的气温已下降至零下十八摄氏度，虽然天气寒冷，但一望无垠的白雪，倒是给了较少见雪的福建人不小的惊喜。出机场时大伙全副武装，而最引起大家乐呵的是郑老师戴着一顶灰色有两个护耳的帽子，像极了京剧《林海雪原》中的"栾平"，笑得他有点不好意思，赶忙解释是女儿看天气预报，出行前赶紧上街帮他买的，可见女儿对郑老师的贴心。

白雪铺盖的天地间，让我们真正体会美妙的俄罗斯冬雪。去普希金公园参观时，皇村中学的人工湖早已覆盖厚厚的一层积雪。那雪白的世界是南方人梦寐以求的仙境。虽然已非普希金诗中所描写的波光闪耀的季节，不见清荫的树木，不见肥沃的湖畔，不见天鹅在游荡，但洁净的白雪，把美丽的皇村映衬得更加清丽辉煌。我们小心翼翼地走在冰湖上，清脆的"吱吱"踩雪声，像温柔的细语，像摩挲肌肤的舒畅。远望四周，槲树林已是一片黝黑的筋骨，在白雪的映照下，愈发显得苍劲有力。那枝身缀上的白雪，仿如木刻的阴阳相间，又如中国山水画中黑墨点缀白纸间的雪中林片。

六人当中除了我，郑老师、范碧云、叶之桦、陈世雄、黄汉忠都是20世纪40年代出生，是受苏联影响的一代人，他们仿佛回到意气风发的青年时代，一路所谈论的话题都离不开俄罗斯文学。走在普希金求学的地方，他们仿佛走进了普希金世界，和普希金《皇村回忆》一道咏叹着：美好的感情与往日的欢乐的守护者啊／哦／你啊／榭树林的歌者早就熟悉的保佑神……在那儿／我的童年和最初的青春融合在一起／在那儿／由于受到大自然和幻想的抚养／我认识了诗歌、欢乐与宁静……站在宁静、一尘不染而让人心动的白雪湖心，望着身后辉煌的叶卡捷琳娜宫，让我们真正体会到文学的影响力。

冬季的俄罗斯不仅是冰雪的世界，而且是五彩缤纷华贵服饰的天地。汽车行驶在莫斯科和圣彼得堡的大街上，窗外飞雪纷纷，从视线而过的男男女女，是寒冷天气里一道美丽的风景线。五颜六色的冬装，各式各样的帽子，展示的是俄罗斯人的气质。陪同的翻译告诉我们，俄罗斯人的吃比较随便，但穿着非常讲究，很注重公众场合的形象。特别是走进剧院里脱去大衣的俄罗斯女郎，有如秋天的飞蝶，各式各样得体的服饰，淡妆浓抹的脸蛋，清香扑鼻的香水，迎面向你扑来，真是美不胜收。俄罗斯人习惯于从容地走进剧院，在咖啡厅里品尝一杯香浓的咖啡，然后"很淑女、很绅士"地走进观众厅。几千人的大剧院，每一场演出都座无虚席。寒冷的俄罗斯，是一个艺术享受的季节，各种高水平的芭蕾舞、歌剧、话剧、民族歌舞、音乐会纷纷登场演出。爱好艺术又有艺术品位的俄罗斯人，贵族般争奇斗艳地穿着各种晚礼服，早早地进入剧院，享受艺术，享受人生。

这是一个崇尚艺术、享受艺术、热爱艺术的国度。这里曾孕育令世界崇敬的文学巨匠、艺术巨人，这里的人民始终把他们的艺术家当作他们民族的骄傲。不管风云如何变幻，风雪之中一座座文学家、艺术家的雕塑，永远伫立在俄罗斯的大街和广场上。

2002年俄罗斯行

而让我们惊奇的是，在快速的现代化变迁中，在我们感伤信息时代冲击艺术的时候，俄罗斯的剧院依然人头攒动。我们和潮涌般的观众一起观摩了话剧《钦差大臣》、歌剧《图兰朵》、芭蕾舞《堂吉诃德》《魔笛》、电影音乐会、马戏团表演。当每一场演出拥有几千名观众，每一个精彩表演掌声雷动，每次谢幕长达十几分钟的时候，你会为观众拥戴艺术而感动流泪。而当看到每一种艺术形式的演出，都有许多幼儿、中小学生在家长或老师的带领下前来观看时，你会为这个民族感到骄傲。俄罗斯对艺术的热爱是从小培养而来，在博物馆、美术馆、艺术馆，你会看到老师带着学生前来欣赏观看并细心讲解，不长的俄罗斯历史就在博物馆中让学生永远铭记。陪同的翻译告诉我们，俄罗斯的小学，二年级要上芭蕾课，以培养小孩的艺术气质。课文中读到历史名剧或名篇，就要带学生去看戏剧演出。学校的历史课不是在教室里读文本，而是到博物馆或美术馆中进行。期末考试采用的方式，是让小孩谈观看博物馆和艺术表演的感受。面对这样一群在用自己的眼睛去了解自己民族的文化和历史，我们受到了深刻的启发。

在阳光穿透窗户的正午时刻，我们在莫斯科与俄罗斯联邦戏剧家协会的戏剧家进行了座谈。俄罗斯联邦戏剧家协会主席、著名艺术家卡列尔京，在百忙中抽出时间接见全体参访人员。在座谈会上，俄罗斯联邦戏剧家协会新闻处处长、戏剧评论家向我们介绍了俄罗斯联邦戏剧家协会的基本情况：俄戏剧家协会是全俄戏剧家、导演、演员、评论家的联络机构和组织，在全俄分设74个分支机构，这些分支机构把各地的戏剧信息和戏剧情况包括上演的剧目、剧目的内容、各地的戏剧活动，汇集到总会。总会及时地了解各地的戏剧情况，以及出现的问题，通过期刊、活动等形式传递给各地。加入戏剧家协会的人必须是受过专业教育、从事工作5年，经会员介绍才可加入。会员每年要交会费。协会经常举办各种专业讨论和评论、沙龙。苏联解体后俄罗斯发生了较大的变化，剧协在苏联时期由国家拨款，有自己的疗养所，戏剧家的养老问题全部包揽，苏联解体后要靠自己去想办法解决。还好，协会的影响比较大，一切活动都得到俄文化部的支持，另外，协会也在苏联时期继承了一些房产，解决了一部分经费问题。俄罗斯各地戏院的经费来源情况不一，有些地方政府重视艺术，就会给剧院资助，有些则完全靠自己想办法。目前剧院都以挣钱为主，一些有名的导演和演员自己组办剧团。因为经费来之不易，许多剧院怕演砸，为保险起见，在选择剧目上偏向于古典。谈到这个问题时，俄罗斯戏剧家的表情变得严肃了。他们忧虑，缺乏创新意识，是一个危险的倾向。戏剧如果没有创新，社会就会倒退，所以剧协很重视这个问题，经常举办学术研讨会，把新出现的有实验性的剧本，提供给各地剧院，目的就是要推广。当黑头发黄皮肤与金发碧眼的戏剧家面对面地交流，我们发现，相隔万里，却同样在思考一个创新的问题。这是艺术共通的问题，不管东方、西方都不可回避。

在圣彼得堡戏剧家分会的座谈会上，圣彼得堡剧协很高兴地接待了第一个到访的中国戏剧家代表团，详细地介绍俄罗斯正在发生的一切变化，戏剧面临的危机，各种不满情绪反映到戏剧上面来，但要反映变革中的社会，戏剧不如小说，难度较大。当我们向对方介绍郑怀兴老师是中国著名的剧作家，其历史剧创作在中国非常有影响时，在座的俄罗斯女剧作家、《青春禁忌游戏》编剧突然问郑老师：你写历史剧的目的是为了历史还是现实？大家静了下来，转头望着郑老师。平常本就不太说话的郑老师，人一多说话更为紧张，他从口中挤出了四个字"后面那个"。虽然只有四个字，却清晰地表达了他的历史剧创作理念：为现实而写历史，历史既为当代，贯通古今。俄罗斯的戏剧与西方不同，它思考的方面更多的是社会，而非个人，但现在也开始受弗洛伊德的影响，性和个人的东西开始多了。短暂的交流，彼此加深了理解，双方的探讨，由戏剧扩大到各自的历史、文化、意识和精神等方面。剧协负责人还带领我们参观了剧协的办公大楼及小型剧场，介绍了圣彼得堡剧协的"实验车间"。"实验车间"是一个培养年轻剧作者的基地，经常开办创作会，邀请剧作家讲课，训练年轻剧作者，许多成名的剧作家就是从这个实验车间走向剧坛。

离开俄罗斯的前一天，我们乘坐汽车一路向心中的神殿——俄罗斯文学巨人托尔斯泰的故居奔去。阳光透过树林给晶莹的白雪洒下一片金辉，平坦如原的旷野，让我们不知哪是天哪是地，浑然一片白的世界。乘坐四个多小时的汽车，到了托尔斯泰故居，望眼是一片美丽的白桦树林。白桦树是俄罗斯的象征，在阳光的照射下，白桦树林愈发显得挺拔高洁。只见郑老师抚摸着白桦树，仰头望着笔直的白桦树，暖暖的阳光照在他的脸上，他恬然地享受阳光和白桦树林中的俄罗斯冬雪。

（曾学文，福建省文联副主席、福建省戏剧家协会副主席，一级编剧）

我和郑怀兴老师的戏缘

◎ 谢 涛

一、我和郑老师的初次相识

王国维先生曾讲过人生与成就事业的三个阶段,其中我印象最深的是第三个阶段:"众里寻他千百度,蓦然回首,那人却在灯火阑珊处。"这句词也可以形容我与郑怀兴老师相识的感受。1997年在我获得中国戏剧梅花奖和后来获得文华奖以后,好几年由于没有新的剧目,在演戏过程中会产生一些"老戏老演、老演老戏"的困惑,如何能有新的创作呈现在舞台上,以回报观众,尤其是要有适合现代审美要求的剧目。

在这期间我也在找一些创作素材,也有很多人为我推荐了很多的编剧。时间到了2005年,编剧赵爱斌老师向我推荐了郑怀兴老师,有趣的是赵老师当时与郑老师也素不认识,是看过郑老师的莆仙戏《乾佑山天书》等作品后极为赞赏,于是大力推荐。我感慨当时的自己真是孤陋寡闻,对20世纪80年代的戏曲编剧界"三驾马车"之一的郑怀兴老师几乎是陌生的,之后才了解他创作的《新亭泪》等代表剧目。经赵爱斌老师推荐之后,我爱人陶臣就打电话联系。记得当时费了很多周折,因为郑老师竟然没有手机,也不坐班,担任福建省文联副主席等职务的他,大多时间都是住在仙游县老家,给我一种"只在此山中,云深不知处"的感觉。好不容易托人联系,陶臣终于和郑老师联系上了,于是把我演出的碟片晋剧《丁果仙》和《范进中举》提供给他,他看了之后很快回复："感觉这个演员不错，我愿意为她写戏。"然后他问，你们想写什么戏呢？我们就提供了一系列山西历史文化名人的史料。郑老师便从这里面选取了两位，一位是介子推，另一位就是傅山。郑老师比较倾向于傅山这个人物，而我们也因为2007年是傅山老先生诞辰400年，也想找一个契合点，于是后来就选定了傅山。就是这样一个背景下郑老师为我写戏，至今我仍然记得特别清楚。

二、合作创排《傅山进京》

之前我们给他寄了很多书，最终选定傅山之后郑老师就来山西采风，当时我们的环境和条件都很简陋。记得提供的一辆桑塔纳汽车空调还坏掉了，郑老师是在很热的天气来的，不能吹空调，一路很辛苦。当时是白海滨团长（当时是办公室主任）陪着，他回来讲，车上没有空调让郑老师受罪了，但郑老师不计较这些，一路沿着晋南一带采风，虽然辛苦却很开心。在很短的时间采风之后，他就回福建开始创作。很快便拿出了《傅山进京》的初稿，最早叫《傅青主》。这个本子一拿到的时候，我眼前一亮，觉得这个剧本无论从高度、深度、思想性等方面看都是现象级的作品，我的感觉就像凿石见玉、淘沙见金一般兴奋不已。同时，又一触即发的忐忑不安，以我已经积累的二十多年的晋剧表演经验，似乎还是寻找不到可以借鉴的抓手，很担心自己承担不起这份重任，又觉得遇到一个很珍贵的东西不可错过。后来又经过很多波折，这个戏放了一段时间，当我们准备开排的时候，经费却很紧张。郑老师就象征性地拿了3.7万元的稿酬，就把这个本子给了我们，他更期待剧本的演出效果。记得2006年夏天，我们团下乡演出时定下了石玉昆导演担任导演、李春喜老师担任艺术指导，他们两位和郑老师一起陪着我们下乡，其间抽时间和我们讨论本子，说这个戏的走向，现在想起来还历历在目。

之后就是我们开始舞台呈现的创作，从2006年年底开始，而真正下排练场排练不到两个月。在剧本的基础上，导演石玉昆在舞台呈现上匠心独具，节奏明快，扣人心弦，进一步提升了舞台张力。2007年1月6日《傅山进京》首演。这个戏一立在舞台上，就得到了大批观众、专家、领导的认可，都觉得当时的山西能推出这样一出好戏实在难得。期间也有一些不同的声音，我记得郑老师很执拗，其实他是一个很善于听取别人意见并转换为己用的人，但这一次他却很坚持，在他的身上仿佛看到很多傅山的影子。戏如其人、文如其人，倔强却很质朴，就像傅老先生宁拙勿巧的那种个性，随着这出戏的进一步地推出，那些不同的声音后来就自然消散了。

这出戏推出以后，有一次郑老师很认真地跟我讲："谢涛，我要谢谢你！"我当时很惊诧，内心觉得要感谢也应该是我感谢郑老师，他怎么要感谢我？然后他接着说："曾经在一段时间，我都很迷茫，我觉得我是不是不适应写剧本了，或者我是不是不适应写这种历史题材的作品了？我再一次写出《傅山进京》，你们把它做得这么好，谢谢你！"我很惭愧，连说："没有，没有，真的是应该感谢郑老师！谢谢郑老师为我们写出这么好的戏，让我们的晋剧能够推出去。"之后更长时间，我慢慢更加体会到这个戏的重要性，它的价值所在。

三、《于成龙》的再次合作

我和郑老师再一次合作就是创作晋剧《于成龙》。这次合作有一个背景，就是当时的山西正面临塌方式腐败的问题，我们想推一个山西的一代廉吏的题材。于成龙不仅在山西是一代廉吏，在中国历史上也是一个非常有名的清廉的人物。当时我第一个想到的就是郑老师，想请他来编剧，也是由陶臣打去电话，没想到郑老师直接就拒绝了。他说："我不做那种应景作文。"还说关于于成龙的电视剧、舞台剧等题材已有很多，不想去重复一些东西了。虽然郑老师电话里拒绝了，但是他还是查找了相关创作素材。

当陶臣和范世康部长（时任太原市委宣传部部长）为了表达我们的诚意专程赶到福建时，他就直接讲，如果要写，他就写于成龙在湖北被贬以后的一段故事。于是，我们有了《于成龙》再一次的合作。我们请曹其敬导演担任总导演，导演徐春兰担任导演。

和《傅山进京》的合作相同的是，这两次合作啃的都是硬骨头。不同的是，各有难度，而且关于于成龙，更要拿出一个全新的人物，全新的故事，全新的作品。曹其敬总导演总体把控，且进一步提升了剧目的品质，她提出："人物在哪儿啊？就在剧本情境里，每一句话、每一句唱都代表了一层意思，看似是对具体事件的态度，那都是自身理想、信念追求的行动表达。"

回顾两次合作，都是郑老师带着我，带着我们的团队，带着晋剧，走向全国，让更多的人通过《傅山进京》和《于成龙》认识谢涛，认识晋剧，认识太原市晋剧艺术研究院这个团队。从这个意义上讲我们很感恩郑老师，感谢他创作出好的剧本能够带着我们走了这么远。

四、演出郑老师作品的体会

这么多年来演出郑老师的作品，我有一个最深的体会就是老师的文本文化底蕴深厚，整个故事和戏的整体结构独具匠心。《傅山进京》全国巡演我们曾到北大演出，《于成龙》全国巡演，两部戏都有一大批年轻的学生、年轻的粉丝，他们来自天南海北，不约而同地来追我们的戏。他们未必对这些历史典故或其中的廉政文化了解多少，甚至他们有些人对自己的家乡戏都不太熟悉，但是他们这么来追晋剧，追《于成龙》、追《傅山进京》，很重要的原因就是作品中展现出的现代社会难能可贵的文人情怀。作品中的人物、故事以及舞台呈现等方面都离不开郑老师剧本的打底，可以说郑老师的作品提升了晋剧的品位，也直接影响了我的创作风格。这种舞台上的文人气质，突破了之前晋剧梆子戏的表演和呈现方式，同时也葆有、发扬了晋剧梆子戏演历史人物的一些传

2019年与谢涛在仙游家中书房

统优势，比如铿锵、激越、大开大合，这些元素我们在《傅山进京》《于成龙》里面都有体现。当然，二度创作中导演总体的呈现以及音乐设计等都帮助我们共同提升了作品的文化品位，但剧本的确起到了潜移默化的影响，是一剧之本奠定基础后，带着我们一个台阶一个台阶地迈上来。

有些人可能会有疑惑，郑老师写的傅山这个人物以及于成龙所选取的这个故事，之前为什么没有人写过呢？我记得当时就是有一种束缚，比如说傅山的反清复明思想是否具有时代性等禁锢，但恰恰郑老师就发掘出"明非亡于满，而亡于奴"的戏核，从这个独特的角度切入，以一段傅山进京的故事体现傅山的全部人格魅力，他集思想、医学、文学等各方面学识于一身，他对整个中原文脉的坚守，他的文人气节等，这个一代昆仑的形象就树立起来；同时，他为人质朴的一面，和乡邻一起喝大锅粥，一起看戏，跟小孙子玩耍等，也通过这段进京的过程表现出来。尤其是这个戏里的神来之笔，"雪夜论字"一折，是老师的一种高超的创作技能的体现。

于成龙在我们的心目中，他的廉吏、清官的特点大家都非常清晰。但是郑老师笔下写出了一个真正的人，无论当官不当官他都一样为民，发掘出"君子进退总怀忧"的立意。我们演员在塑造人物的时候，会真切地感受到身边需要有这样的官，需要这样有担当有作为的人。于成龙的为官，不单单是一个廉，廉是他做官的底色，他真正是有一种承担，这是一种士大夫精神。

郑老师也给我讲过他的老师陈仁鉴先生，他说受老师的影响，在写剧本的时候，思考如何从一个点出发，写出一个大喜大悲的东西。我觉得郑老师正是通过他的吸纳，他的好学，通过几十年的积累探索，从而创作出非常优秀的作品。

五、与郑老师相处往事

像海一样深邃、像水晶一样透明，这就是郑老师给我的印象。生活中他很朴素、很质朴、接地气，特别较真，凡是遇到不明白的，或者没有想清楚的地方，他就要和对方很认真地理论，讲清楚以后，就会特别地放松，瞬间释然。记得有一年春节前，他从福建给我寄来水仙花，虽然当时北方的冬天也可以种植水仙了，我还是感受到一份温暖的心意与牵挂，花开素雅、花香清郁，如同郑老师的为人。有一次他从福建给我寄来枇杷，让我想起当年老师、师母、李春喜老师，还有我和陶臣，大家围坐在一起，他就一个一个地给我们剥枇杷吃，枇杷的汁液沾了满手，他也顾不上擦，就像长辈爱护晚辈一样，现在想起来都特别地感动，特别地温暖。当时我们这里的年轻编剧曹颖把自己的剧本通过我们转给郑老师请教，他不仅很快就认真批阅，还在结尾写了满满三页的意见和建议以及鼓励的话语。后来我和陶臣向郑老师推荐，看能不能收她为徒。提的时候，我们内心很忐忑，怕被拒绝。郑老师却很爽快就答应了，之后由太原市剧协举办了郑老师收徒仪式。郑老师对后辈的扶持和爱护让我们很感动，他的胸怀和境界非常宽广，超越了地域和剧种的界限。

六、与郑老师最后的相聚

每年过年过节我和郑老师都会互通信息，也会通电话，郑老师给人的印象是不善于口头表达，但是遇到他想要表达的东西，就会滔滔不绝。那时他就像变了一个人似的，像光的辐射那样把他所有的智慧的东西都传输出来，仿佛取之不尽似的，很多人都能感受到他独特的能量磁场。在不同的时期我演《傅山进京》和《于成龙》，会有不同的感悟和表达。实际这里面都会有郑老师的影子，演的时候都会有他的形象、气质融在故事里，融在剧本里，融在人物里。

一直到去年，他重病了以后，我和陶臣都很着急。去年9月份，我和陶臣赶到福州，当时郑老师住在一个康复中心，他的老伴、女儿陪着，我和陶臣见他，那是见老师的最后一面。郑老师那时像一个孩子一样，一只手抓着陶臣，一只手抓着我，不怎么说话，只是流泪，也许是见到我们的激动和喜悦，也许是健康原因不能握笔的痛苦。大多时间他是听我们说话，他的语言表达比较困难，跟我说得最多的三个字是"太难了"。我当时跟他讲："没关系，会越来越好，会越来越好！"然后我就给他讲些开心的事，讲当时《傅山进京》又演了600多场了；《于成龙》的电影，"龙标"批了以后，马上就可以上映了；现在我们带着《于成龙》下乡演出了，观众多么爱看，更多的年轻人多么喜欢……我就给他聊这些，他的脸上一会儿露出欣慰的微笑，一会儿又陷入了思考，有一种怅然若失的感觉。现在回忆当时的画面就像电影一样清晰。郑老师要留我们吃饭，但他当时又不能离开康复中心，他就让他的二女儿一定要代他请我们吃饭，我们当即表达一定留下来一起吃饭。然后他颤颤巍巍站起来，我扶着他，他说了一句："我们合个影吧？"我和陶臣跟老师合了一个影，这也是我们与郑老师最后一张合影。然后他站在门口一直目送着我们，我记得楼道有很长的一段距离，走两步我回头看看他，他跟师母就在那个地方望着我，然后一直到我们走近电梯口，他还一直站在门口目送我们离开。

  不久之后的 12 月 13 日，听到郑老师去世的消息，我有一种难以言状的感觉，简单说就是不舍。值得宽慰的是郑老师也留给我们很多的回忆，2019 年在太原举办我从艺 40 年活动，他当时就身体不太好，不方便来，就写来一封信，信中整体回忆了与我们大家的相处，然后感谢了很多人，感恩他遇到的所有人，郑老师是那么谦逊。说起感恩，我又何尝不是如此，能遇到郑怀兴老师，能出演他的两部优秀的作品真是三生有幸。

  郑老师一生学富五车，作品获奖无数，但郑老师生前自己讲，他最在意的是面对时间老人的裁判，很多年过去后时间的洗刷下，如果自己的作品还有几部能流传下来就无比欣慰了。郑老师为我们留下《傅山进京》和《于成龙》，让我们这代人，甚至以后更多的人去欣赏这么好的戏，不仅是我的幸运，也是我们晋剧的幸运，也是我们戏曲的幸运。特别特别想感谢老师，现在写这篇文章，也是想更好的纪念老师。

  （谢涛，一级演员，中国戏剧家协会副主席，山西省文联副主席，山西省戏剧家协会主席，太原市晋剧艺术研究院院长，享受国务院政府特殊津贴，获中国戏剧二度梅花奖等。）

正气存，风骨在，永难相忘

——怀念郑怀兴老师

◎ 齐爱云

5月底的长安城，雨淅淅沥沥地下着，时紧时缓。

忙碌教学后回到家里，独自看着客厅悬挂的《关中晓月》油画，不由得泪如泉涌，难以抑制的情感瞬间爆发。自郑怀兴老师去世后，时常会想起他。难过之余，总觉得他走得太早，戏曲界因此也留下了很多遗憾。

我一直相信人和人的相识、人与戏的相遇，都有着奇妙的缘分。与郑老师结缘，一来感谢李春喜老师，二来是因为要创作一部关于秦商题材的剧本。

2015年10月，我作为陕西代表团中唯一一位戏曲演员，赴意大利米兰世博会演出秦腔《天女散花》。交流中，同行的老师都建议我应该做一部有地方特色、讲述本土文化故事的剧目，其中被誉为"秦商研究第一人"的李刚教授，就给我讲了很多秦商代表人物和他们的故事。当讲到安吴寡妇时，我眼睛亮了！因为我曾关注过这个题材，但因新剧投资太大就被搁置了。"喜欢就去做，一切都会随之而来的"，李刚教授的鼓励深深触动了我。

回到西安我就和身边的老师交流，大家一致建议让郑怀兴老师来写这个题材，理由是"他的作品无不透露着当代文人的家国情怀，秦商这样的题材需要这种豪气和正气"。我电话联系了李春喜老师，说了我的想法，并请他帮忙邀请郑老师。不久有了回复，郑老师说先看看相关资料。我把收集的资料，以及朋友推荐的书籍，一并寄给了郑老师。老师看后回复道，他对安吴寡妇这个女商人的故事很感兴趣，"有戏可写"。于是，新资料再次寄出，老师决定来西安采风……我高兴坏了，数着日子盼他到来，我看到了希望。

12月24日，老师携夫人来到西安，见面的一刹那，顿感亲切，没有一点生疏感。在李春喜、李刚、杨云峰等专家的陪同下，我们赴三原、泾阳、礼泉等地考察，郑老师提出了将"关学"代表人物刘古愚忧国忧民的情怀融入戏中，以增强作品的文化背景。"秦人'尚气概，先勇力而忘死轻生''忠信沉毅'的性格，秦商崇尚节俭、不欺不诈、感恩图报的特点，关学的影响"……大量信息源源不绝地走入我心里。

采风路上，郑老师非常细致，每到一地，大到建筑布局，小到一砖一瓦，都能讲出很多故事。不论是盛景如故，还是荒芜凄凉，郑老师总要到那片土地上走一走、看一看，感受那久远的印迹。"这是发自灵魂的呼喊"，老腔的粗犷与豪迈以及原生特色震撼着他；"每一座建筑都有主人的追求风格"，关中民俗博物院中的院落，深深地吸引着这位南方来的文人才子；"陕西文化的厚重与深远让人叹为观止"，这次采风，收获了太多太多。这期间他还抽空看了我好多戏的视频，郑老师终于决定写这个题材，"你是个难得的文武双全又很踏实执着的演员，陕西的关学文化和安吴寡妇的故事很吸引人"。

按照惯例，我们应该签订合作意向书，并支付定金。郑老师却再三婉言谢绝："我先写，觉得满意了，再说。你现在很困难，不用考虑费用问题。"我感动得一时说不出话来，眼泪不停地流下来，夫人就安慰着我……

郑老师回去后不久，就把剧本发了过来。我惊叹于老师的才华和速度，抱着剧本一口气读完。老师在尊重历史的基础上，又在"可能发生"之处大胆地进行了艺术虚构与思想开掘，巧妙地设置了一系列戏剧冲突来表现这些形而上的东西，不刻意，却润物无声地给人以思考。

随后的日子，微信成了我们频繁沟通的主要方式。老师不厌其烦地讲解剧本整体的思想表达，帮我梳理人物内心的复杂心情，如女主角拜见恩师时的表达方式、与官府大人的智慧对答、面见慈禧时不同阶段的心理活动。同时，老师也在不断地修改着剧本，哪怕修改一两个字，都会给我讲解内在的含义。

　　本子出来了，但排演经费何处寻？这是当时困扰我最大的问题。郑老师安慰说："我知道你困难，剧本稿费就别考虑了，协议上就是写一元钱都可以！"我的眼泪再次落下，像决堤的洪水："我努力争取排出来，万一无法搬上舞台，我一定按老师的稿费标准买下这个剧本，把它供起来，因为这是您费心给我量身定做的！我不能辜负您的厚爱！"

　　老师笑着说："继续努力，一定会成功的。"

　　在各方的支持帮助下，我和周至县剧团合作申请了国家艺术基金，剧本的思想高度和人文精神的影响，得到专家的肯定，获得了立项扶持。这部融合了众多好心人心血的秦腔《关中晓月》，终于可以开排了！

　　在王晓鹰导演的指导下，何红星负责具体排练工作。我们不断跟郑老师汇报着排练进度，他听后总是给予鼓励和帮助。首演和彩排，我请来了老师和夫人，他看后很高兴，说舞台呈现比他想象的还要好，对女主人公商英的塑造非常成功。之后，《关中晓月》得到了国家艺术基金专家们很高的评价。著名文艺评论家仲呈祥老师说："《关中晓月》弘扬了真善美，表现了中华民族文化的优势，坚守了中华审美风范，戏剧性很强。这部戏刚搬上舞台，还有进一步加工的广阔空间，但它已经立起来了！"中国艺术研究院戏曲研究所所长王馗老师说："结构行云流水，一气呵成，通过一个文化人的生死转机，从一个小女子内心激发的义举，将她的情感变迁嵌入大历史背景下，展示历史交替时期文化命脉的存续。同时，剧作延续并极大地发挥了郑怀兴'写心'戏剧的创作手法，成为当前古装戏创作的重要成果。"此外还有很多老师都给予了肯定和合理的建议，郑老师都一一记录。

十年磨一戏，就这样，我们在西安、兰州、银川、上海，以及很多高校巡演。两度进京公演，并邀请专家研讨，边演边改，打磨提升。2018年，《关中晓月》获得《人民日报》提名艺术精品剧目；2020年，我以《关中晓月》一剧女主角商英获得上海白玉兰戏剧表演奖主角奖、饰演慈禧的侯红琴获得配角奖。无疑，这对我们整个团队都是莫大的鼓励！同时，随着《关中晓月》的排演，周至县剧团一次次走入大众视野，影响力和知名度也得到了更大的提升，年轻人也得到了历练。可以说，没有郑老师，就没有《关中晓月》。因这部戏结缘，很深很深。

后来，成都演出《焚香记》，郑老师和夫人现场助阵。著名编剧徐棻老师和郑老师蜀地相逢，一起探讨着戏曲的现状，思考着它未来的发展。在福建演出《红梢林》，我和爱人红星专程去仙游看望了老师，老师鼓励我好好演出，保持积极乐观的心态继续学习提升自己。我请求"如果有好的题材，您老一定帮我创作"，老师欣然答应。

之后我和老师一直保持微信交流。2023年5月17日，我发信息问候，等了很久没见老师回复。我心里便忐忑不安，因为平时老师总是很快回复，即是忙碌，也会在忙完的第一时间给信儿。我联系了老师的女儿，方知老师生病了，我恨不得马上到现场看望。老师女儿回信："病情已稳定，让他好好休养，日后再来。"说实话，不能探望老师，我心里挺难过的。隔三岔五我和老师女儿联系，问询康复情况。

去年10月份，老师来西安治疗，我和红星去接他。看到他坐在轮椅上兴奋地向我们招手，我强忍泪水，拉着老师的手说："您的状态很好啊！"老师很喜欢红星，一路拉着他的手，不停地说着话。在西安的这段时光，老师每次见到我们，就像小孩一样开心，和红星一起玩游戏，说他的剧本；我们邀请他吃饭，他总说不用，还叮嘱我们好好工作，别操心他。看着老师状态一天天恢复，我们很开心。

老师离开西安时，我在外地演出，红星送他到高铁站，老师还不停地说谢谢我们！现在想想，我们做得很不够、很不够！我甚至天真地想：如果我是医术高超的医生，该有多好啊！

12月13日中午，我刚从北京回到家，就得知老师故去的消息。我一个人在家哭得不能自持，忍着悲痛给红星打电话说去祭拜。"你明天还要去银川演出。"红星声音很低很沉。不去，我心里一辈子过不去！在这种心态下，我们去了福建，在齐仕明兄长的帮助下来到了仙游。看到守灵的老师女儿，我紧紧地抱着她，一句话没有，只是哭。看着老师安详地躺在那里，像睡着了一样，只是阵阵梵音提醒着我老师已去。我磕了九个响头，泪水止不住地流。老师夫人见状，安慰我别难过："这么远的跑来太辛苦了，去酒店休息一下。""我想去老师的书房待一会儿……"看着整面墙的书籍和空空的桌椅，我心里空落落的，发了好久的呆。"这里太冷了，到我房里歇歇。"老师夫人边说边拉着我下楼，并给我讲说老师最后的时光。

听着梵音，我也一遍遍念着，我真的希望老师能位列仙班！一身正气、有传统文人风骨的郑怀兴老师，将和他的作品，永远活在我们心中！

《关中晓月》结尾，商英诵读张载的"为天地立心，为生民立命，为往圣继绝学，为万世开太平"的名言，成为这部戏的点睛之笔，其精神内核潜移默化地影响着秦人的思想，也为秦商的发展奠定了基础，也是先生人文精神的呈现！这些精神将与时代同行！

雨落成文，泪滴成思。老师的真、善，老师精神的纯净，以及内心的宁静和强大，会一直影响着我。我愿以先生为榜样，做一个追求纯粹艺术精神的戏曲人！

（齐爱云，陕西省戏曲研究院一级演员，获中国戏剧梅花奖等）

越韵尹语谈"烟波"

◎ 陈丽宇

《烟波迷月》是编剧郑怀兴老师的原创作品,它从错综复杂的人性与人物处境现实出发,以精巧扎实的戏剧结构,丰富饱满的人物性格刻画,使观者感到心灵的震撼,并以该剧进一步实践探寻着中国审美如何走向世界,传统艺术怎样面对现代。这个剧目的现实意义在于通过市井小人物的故事展现出历史哲理的光辉,体现出了普通人在现实面前顽强不屈的力量和坚定的信念。

《烟波迷月》虽以小人物、小事件为切入点,却有着大气势、大手笔的叙事,通过对人文精神的终极关怀和对社会人生等的哲理性探讨,展现出编剧晚年对人与命运的深刻思考,架构了一出极具戏剧冲突的心理剧。

时间回到2021年,在我首次赴仙游拜访郑怀兴老师后的某天,突然接到老师的电话,说已为我量身定做了一个剧本,不知我是否有兴趣。仿佛被天上掉的馅饼砸到的我马上兴奋地将喜讯分享到院里。2022年春节的钟声随着郑怀兴老师剧本的定稿回荡在芳华越剧院的上空,二十多次剧本的修改,细到标点符号的精益求精,是郑老师一贯的严谨,也是老师对剧目的期望。

时至今日,拿到郑怀兴老师原创的这本《烟波迷月》已经有三年,随着对剧本的深入解读和不断的舞台实践,李世儒这个形象在我心中逐渐变得清晰、鲜活起来——他温良、有情有义又糊涂而固执,弱不禁风的外表下隐藏着强大的性格张力。他内在的正负价值不断转换,形成了动态的矛盾体,一个多维且立体的鲜活的人。

全剧开场便让李世儒以"定场诗"式的唱段将人物背景铺陈好，整段唱词幽咽婉转，凸显出了一种清冷的气息。导演韩剑英在舞台调度上采用静开场，配合李世儒十分钟的独白式演唱，以画像为人物的意识中心，通过展画、看画、俯身贴画、起身离画、后退拭泪，再回到画前出水袖、翻水袖等戏曲程式性动作，在书桌前的方寸之地展开情感铺叙，无尽思念随表演倾泻而出，延绵不绝，观众的思绪由此刻便已参与到剧中，共同体会李世儒丧妻之痛后街头卖字画为生，潦倒失意的现实处境，对演员的舞台表现力是极大的考验。

为遮羞，李世儒改名换姓，被盗魁江一雄看中了文才，懵懵懂懂地入了江湖，成了盗匪窝里的幕僚先生。此前他收到了岳父的信，得知夫人吴贞娘遇盗身亡，因此初见"息姬"时，只以为是自己思念过甚、神思恍惚。但当他正欲与"息姬"搭话时，却被庄丁拦阻，强调"息姬"是江一雄的"内眷"。第一次的错过使得李世儒的内心开始涌动起波澜，如同有一只看不见的大手在不断推动着他去怀疑、去试探，避无可避之下，他越来越深地陷入内心纠缠中。在之后的宴会上，李世儒在江一雄醉酒的情况下，意欲和"息姬"会面，却因为心虚、紧张，加之江一雄若有若无的外在的强大威压，只得黯然退去，两人第二次错过。

李世儒与"息姬"第三次相见是江一雄故意为之，这一次二人真正近距离面对面彼此观察，却让李世儒陷入了更大的扑朔迷离、真假难辨中。当江一雄刻意宠爱"息姬"时，导演为我设计借鉴了"红生"的"憋脸"技巧，通过压低身子，低头抖手、抖头，站定抬腿踢褶子花亮相等一系列程式化技巧，展现了李世儒在这一时刻反复纠结的内心。"息姬"的种种风情在江一雄的设计下，被李世儒内心进一步放大，误以为"息姬"本就是一个轻浮的女人，此前种种不过是她对自己起了怜爱之心，有意撩拨。在这种想法的催动下，李世儒更加自恨自己癫狂，自责怎会为这样一个女人意乱。此后，他闭门三年，不再为"息姬"所打扰，其实他关上

与《烟波迷月》主演陈丽宇

的何止是房门？更是面对"息姬"的一扇心门吧。

第五场月夜相会是全剧的核心段落。郑怀兴老师的剧作中常常出现"月下逢"的情节，无论是《傅山进京》中傅山与康熙雪夜相谈，还是《关中晓月》里的双寡夜话，都让我印象深刻。《烟波迷月》中的这段月夜相会，是李世儒与实为吴贞娘的"息姬"第一次正式的接触。面对主动前来的吴贞娘，李世儒不敢相信，只以为面前所见是鬼魂。到了这里，观众或许会追问：李世儒是真的糊涂吗？对于这个情节，我可以肯定地回答：他是真的糊涂。三年里，李世儒关闭了自己的"门"，在自己的内心中打造出一个关于夫人吴贞娘的茧房，这个茧房华美、精致、文弱、颓靡、压抑而又孤芳自赏。其实，郑老师为李世儒塑造的这个茧房，又何尝不是存在于我们每个人的内心呢？我们其实都宁愿固执地相信自己愿意相信的东西，那么，我们又有什么立场去指责李世儒的糊涂呢？

李世儒与吴贞娘之间的情感谈不上多么热烈，但却担得起"忠贞"这一评价，这种情感就像那幅只有背影的画像，平淡的感情可能会让夫人的形象变得模糊，但却不会因为夫人的肉体死亡而消散。在最后一场真相被揭开时，李世儒的精神崩溃了，他最终在懊悔和寻找中救赎着自己的错失。

《烟波迷月》是一部古典气质的悲剧作品，它凄恻沉痛，这种沉重源于郑怀兴老师作品中所透出的深重悲凉的艺术氛围，而这种悲凉的氛围笼罩着剧中人物悲剧的命运，以及无数次能摆脱命运却又没有抓住的机会，可惜人生不能重来，没有如果，这一切真实且让人绝望，却又犹如一幅不完整的拼图，将最后的一块留白给了观众。

台上人演绎台下人，台下人亦是台上人。《烟波迷月》中的每个人物都极具深度且充满个性张力，形形色色的人物似乎脱下戏服就会无声无息地融入我们的生活中。作为演员，我感受着李世儒内心的酸楚和无奈，共情着他的自我救赎，同时也和他一起被莫测的人心和时代的洪流挟裹着前行。世上最难得的是人心，最难猜的也是人心，人心是这世间最捉摸不透的东西。在底层挣扎的李世儒，想要紧紧抓住自己的救命稻草，但等来的却是两鬓斑白、满脸沧桑、满目苍凉。他困于自己矛盾的性格，以至于始终无法摆脱命运的旋涡。此时我更深刻地体会到郑怀兴老师在创作《烟波迷月》的过程中，浸透着他对宇宙时空的思考，对人生无常的感慨，对普通人怀抱着的悲悯情怀。在这个戏里，我们可以看美学、看人性、看心理，亦可以此去抓住观众们的心。

2023年12月13日下午，从王馗老师的朋友圈我看到了那至今依然无法接受的消息，脑子一片空白，意识剥离大脑。想一周前我才把第一次试演的录像发给郑老师，还在惴惴等待着郑老师的反馈，不想噩耗如此突然。脑袋里走马灯般地回放着郑老师的音容笑貌，发现和老师大部分的交流沟通都是围绕剧本。当我意识到那位曾在困境中提醒我"除了家人和艺术，其他都不重要""你已经尽力了，我理解你"；在逆境中安慰我"每个戏都有自己的命运""我还想在有生之年与你再合作呢"的慈祥长者从此离去，瞬间悲伤逆流，哀思如潮。

剧目试演时，郑老师家人曾组织多人来芳华越剧院观看演出，郑老师在演出后第一时间询问呈现效果，在得到所有前往观看的家人朋友们一致好评后十分开心、欣慰。12月21日，郑怀兴老师的女儿在其朋友圈写下了这样一段话："12月6日丽宇给我发来《烟波迷月》的录像小样，父亲流着泪看完视频，我安慰他一定要有信心等病好了，我们全家一起去芳华看首演，现场版的更好，父亲点了点头，伸出大拇指，说排得好！"

三年来，剧组一直把郑怀兴老师的牵挂、惦记和等待放在心上，全力以赴并一直期待郑老师身体好转后，能够亲临芳华越剧院观看，但这个愿望永远不可能实现了！曲终不见，江上峰清，绵邈含情，正在烟波不尽……

雾笼月迷，笔底精华成绝唱；

烟波一曲，越韵尹语送先生。

（陈丽宇，一级演员，获中国戏剧梅花奖等，福建尹派越剧艺术传承保护中心副主任，福建芳华越剧院副院长）

戏与神

——怀念郑怀兴先生

◎ 蔡福军

怀兴老师的离开，让我的心仿佛突然被抽空了一部分。到仙游送老师最后一程，音容笑貌如在眼前，文章人品只能神往，我不禁泪如雨下，不能自持，如丧考妣。

我与怀兴老师之间的交往，也颇有些神奇。我第一个剧本，2010年写就的昆曲《襄王遇菽》，是在听完老师讲座后才有勇气动笔的。2012年，福建人艺饶文富院长准备重排话剧《要离与庆忌》，陈大联导演让我将这戏曲剧本改成话剧。怀兴老师这样大家的作品，我岂敢随便改动？推辞不过，年少轻狂，仗着细读了怀兴老师的许多作品，也就斗胆做了。话剧版《要离与庆忌》成功了，在省戏剧会演排名很靠前，还参加了文化部在山东办的展演，获得了全国专家的肯定。2013年，在一次武夷剧作社聚会时，大家一起到永泰云顶爬山。我悄悄告诉怀兴老师，这个戏是我改的。怀兴老师微微一笑，说我长得跟他年轻时候挺像，特地让师母为我们拍了一张照片。

此后，我每有新剧本出来，心中惶恐不安的时候，总是第一个发给怀兴老师，大旱求雨般期待来信。老师也几乎当天就看完，给我热情洋溢的回信，谬赞居多，建议中肯准确，直击要害。让我高兴又痛苦的是，我写的几部历史剧都与怀兴老师"撞车"。我们的戏曲《赵武灵王》几乎在同一时间写就。怀兴老师写了修京张铁路的詹天佑，我写了留学美国的小詹天佑《幼童留洋记》。

怀兴老师写了《嵇康托孤》，我写了《阮籍》。当我将剧本《苏东坡与王安石》发给怀兴老师的时候，老师来信说，"福军：你好！你的选材常常与我不约而同"，谢涛此时正约他写苏东坡。虽然"撞车"的结果是，珠玉在前，我的戏大都不能排演，但心中是窃喜的——在我成长的轨迹里，分明每一笔都有怀兴老师的助力。

有一次，怀兴老师告诉我，他年轻的时候看了不少话剧，受益匪浅，如斯特林堡、奥尼尔、米勒、迪伦马特等。我也照做，并尝试转型，写写实验话剧，这样就不会有刻意"撞车"之嫌了。2020年我把独角戏《冰山之下》发给他看，得到了赞许。2021年后，怀兴老师身体已经很难支撑繁重的创作，一些外省的约稿，竟然转而建议我来创作，这是怎样的信任！可惜笔力不逮，这些题材我都驾驭不了，不敢应允，辜负老师的托付。老师竟然赞许我的放肆，说写戏要有真感觉，题材要真的打动你，让你吃不下饭，睡不着觉，不必违心逆性着意去写。

2022年7月，怀兴老师写了小戏《蜡丸案》，发给我，我回了信。老师正在厦门小女儿家住，约我什么时候见面。巧合的是，我刚好在厦门当评委，荣幸之至。换了三次时间，终于在7月25日上午可以成行。老师和师母亲自到小区门口迎接，我心疼老师有些瘦弱的身躯，他一边还在擦拭眼睛，涂眼药水。我们谈得很愉快，怀兴老师突然跟我说，戏是有神的。我愕然，问为什么。老师说，他感觉写戏的时候，背后好像站着神明，戏不是他写出来的，是自然流淌出来的，戏本来就在那里，自己只是捉刀代笔。怎么守住神明？我又问。老师说，首先不要有功利心，心无旁骛，尊重内心世界的赤诚坦澈。当你利欲熏心的时候，戏神就悄悄离开你了。其次，要多读多看，读书破万卷，下笔如有神。戏神之说让我醍醐灌顶！

谈到戏神的时候，师母突然接到女儿电话，怀兴老师小女儿喜得麟儿。约了三次才来，坐下不到一个小时，老师添了一个外孙，这真是有些神奇了！师母高兴非常，认为我名字里的"福"字带来了好运，留我吃午饭，怀兴老师乐呵呵地打开了茅台……没想

2013年与蔡福军在永泰

到,这竟是与怀兴老师的最后一面!

2022年底,听说老师身体有所好转,我又斗胆将四幕话剧《晓月书屋》发给老师,大概两天后,怀兴老师就给我回信。这也是老师给我的,最后一封来信:"福军兄:我含着泪读完你的大作,话剧写得这么深沉大气,令人叹服。不仅书店老板两口子塑造得非常到位,其他的书商、教授、画家、弹钢琴的姑娘……都写得活灵活现,你写出了这个混乱的年代,写出了绝望而又苦苦挣扎的知识分子,就连天鹅、蚯蚓、小猫的隐喻也很独到。流浪汉更是神来之笔。要是搬上话剧舞台,一定会震撼人心。我缺少评论能力,只有说不尽的感动。谢谢您能有这种坚持,这样功力,写出这样大作! 2022.11.19."后来我才知道,怀兴老师眼睛不好,将剧本用大号字打出来,苦读了三万多字。

戏曲起源于祭祀神明,古人用歌舞演故事,向祖先、神明表达崇敬、怀念、祈愿。写戏的人当心存敬畏,举头三尺有神明。怀兴老师驾鹤西去,他的戏依然在大江南北长演不衰,是神明护佑,怀兴老师得到写戏神髓。陈仁鉴先生、郑怀兴先生都是上天派来的,特别眷顾鲤声剧团,他们都是莆仙戏的戏神。

最后，赠上挽联，永远怀念郑怀兴先生！

　　傲骨铮铮，神通魏晋，挽史剧三代颓势。
　　铁笔椽椽，意在西学，开戏曲五洲先河。

（蔡福军，福建省艺术研究院二级编剧、福建省剧协副主席）

永远的灯塔

◎ 林清华

一

我总觉得,写戏的人,应该有一种普遍意义上的使命感。它的存无,也是一个谋利匠人与一个真正剧作家的本质区别。怀兴老师无疑是新时期以来中国最有使命感的剧作家之一。20世纪80年代的光芒照耀了一批青年剧作家的崛起之路。当时空转换,语境更迭,同行者多已沉寂,或与时代同尘,只有怀兴老师等少数几人依然爱惜思想的尊严与心灵的纯粹——是的,他在精神层面永远停在了80年代,以不进为进,挥笔作锄,守护那一亩三分的自留地。

不可抑制的使命感,造就了怀兴老师独特的精神气质,一种难以复制的士大夫风骨。周伯仁、傅青主、海刚峰与于成龙,注定会和他在人生的不同阶段相逢,在他的笔下复生,他们的豪情、天真、高贵与孤独必然同频共振、同生共长。王馗老师以"写心"定义怀兴老师的历史剧创作,非常准确。写戏到了一定阶段,比的绝不是技巧,而是对自我的忠诚。写心的前提是唯心。正因为保持了一个"唯心"的写作状态,不受任何世俗名利或意识形态的干扰与侵袭,才能到达艺术的自由之境。如同德国学者费希特所言:"一个天性软弱的人,或者一个被精神奴役、玄学侈谈与虚荣自负弄得意志衰退和性格扭曲的人,将永远达不到唯心论的高度。"对创作而言,在这个时代,"唯心"甚至是一种勇敢与稀缺的品质。

现在许多写戏的人，已经没有什么感受力了，像一头只顾低头拉磨的驴，喂什么草料便干什么活，从不抬头，也不停下脚步，去追问写作的意义。怀兴老师的伟大之处，就在于他始终保持着对时代精神状况的切身感知，通达俗世，思想高拔，敢于愤怒，永远悲悯。

二

有强烈使命感的剧作家，也常常是决绝的。以创作为存在的意义，使得怀兴老师一度拒绝治疗，他恐惧于余生的虚无，更无法忍受由此生成的巨大的沮丧。只有在亲友的耐心劝导与悉心陪护下病情有所好转，他又看到了继续写戏的希望，生命意志才得以重归。犹记得去年夏天，和晓群驱车到长乐看他，他还很自豪地向我们炫耀，说已经能够"独立行走"好几步了，又怕我们不信，硬要站起来证明给我们看。辞行时，他拉着我的手，盯着我看，眼睛里光泽闪动，如孩童一般清澈……

细细想来，因为自身性格的关系，与怀兴老师当面交流的次数其实很少，更没有留下一张合影，至今遗憾。与老师真正有交往，是在博士毕业的那年，无意间写了一个习作《疯子与朱元璋》，斗胆寄给他看，隔天便收到一封热情洋溢的回信："清华：大作已拜读，令我非常惊喜……不仅文采斐然，更重要的是您善于戏剧结构。现在少数高学历的年轻作者，投身戏曲，给暮气沉沉的戏曲界注入新鲜血液，我很高兴。但他们往往重文采，轻结构，我第一次发现像您这样擅长戏剧结构的年轻作者，特别兴奋。但愿你再接再厉，将来前途无量……"这番话极大地满足了我的虚荣心。李渔曾说写戏"结构第一"，而怀兴老师竟认定我擅长结构，这不就等于暗示我很有写戏的天分吗？那时候真是年轻，把这封邮件读了又读，很是得意了一些时日。后来才知道，如果有年轻人愿意尝试戏曲创作，但凡作品中有一点闪光之处，他都会浓墨重彩地给予放大，更不会吝惜自己的鼓励与赞赏。现在我已全然理解了他的苦衷，某种程度上，他是孤独的，一旦有年轻人踏入他的自留地，就会热情地拽住对方，极力挽留，留住了，戏曲创作就多了一点新的希望。但我当时就这样迷失在了怀兴老师的"忽悠"之中，试图做一种预言的自我实现。这篇处女作后来在《福建艺术》上发表时，按例需要一位前辈写推荐性评论，冒昧问他，他说："我从未为别人写过剧评，但愿意为你破例。"——他再一次慷慨地赠我以虚荣的满足，同时又让我收获了切实的信心，甚至是抵抗现实困境的武器。我彼时在厦门工作，如陷无物之阵，泥潭困顿，因为怀兴老师的鼓励，隐隐间把写戏当作了一种抽离庸常的途径，很快就写出了第二个剧本《蝴蝶梦》，怀着窃喜与期待，兴冲冲地发给他，没想到却收到他毫不客气的批评，直言"剧中对国人清官情节的反思过于偏激，恰恰相反，在这个时代依然需要清官、呼唤清官、仰赖清官"。当时依然年轻，老师的批评让我非常沮丧，但又生出一股"不服输"的心气来，根据他的意见，在欣欣老师的指导下，不断打磨修改、收敛锋芒，最后得以在《剧本》月刊发表，去年又改名为《三勘》由上海昆剧团搬上了舞台。怀兴老师的一褒一"贬"，用心良苦，几乎是硬推着我把一只脚迈进了戏剧创作的门槛，让我真正体验到了写戏的快乐与痛苦。后来调入高校任教，逢年过节我给他发微信，他回我的祝福都是"创作研究双丰收"，叮嘱我"戏还是要写的，哪怕只是与三五知己唱酬"。三年之后，他深夜读完我新写的《促织记》，一口气连发来七条微信，欣慰之情溢于字里行间，最后不忘补上一句："你写戏已臻成熟，相信佳作将不断问世！"——他又给我灌了一壶迷魂汤，试图让我欲罢不能。好在我已经有了警惕心，并没有因此沾沾自喜以致一发不可收拾。果然，又过了两年，当他读完《一块腊肉》，应是皱着眉头斟酌良久，终于在微信里给我写了长长的一段话："拜读《一块腊肉》，为你笔力的犀利而惊叹，结构能力更非他人可比，你把人物刻画得淋漓尽致，直指人性之恶，令人发指，但我只感到阴森可怖。读罢除了感叹深刻之外，却没有读前一个剧本《促织记》时那种美的享受。为什么会这样呢？我问自己，是不是落伍了，跟不上年轻人的思想了？是的，我平常写的喜剧，人物都没有你写得这么深入骨髓，虽有些丑陋，有些愚昧，却犹可教、可救，不忍把他们往十恶不赦的境地写。或许创作指导思想的差异，导致了审美产生障碍。因为你我之间，不必忌讳了，直说出来，不对之处，你也能谅解……"如此语重心长的文字顿时让我陷入了深深的沉思，既为自己的思考不为老师理解而苦恼，也为他毫无保留的坦诚而感动。好在此时我已不再年轻，立刻便领悟到了修改方向，但也顽固地坚持自己的批判意识。改与不改之间，我对自己的局限性有了深刻的认识，也终于能够坦然地与之友好相处。更重要的是，我已经在剧本创作的道路上无法回身，竟也渐渐沾染了一点怀兴老师的使命感，以致生出一种不自量力的野心，奢想着自己的创作能够融合仁杰与怀兴二位老师的特点，即便也曾因当下的戏剧环境未必适合自己的表达而心生去意，但每念及二位老师对我等后来者的期待，依然愿意坚持下去，"唯心"地写自己真正想写的东西。只是指路的仙人已乘黄鹤归去，云深渺渺，今后再有习作，又该寄往何处请教？！

三

2023年12月13日，正是武夷剧作社换届之期，作为创社社长的怀兴老师竟同时溘然长逝。悲痛之余，我忍不住想，除了无法排遣的使命感，怀兴老师的性格底色其实是幽默的，他用这样一种方式，完成了最后一次戏剧性的编排。怀兴老师只是个凡人，和我们一样，一辈子被时间拖行，但怀兴老师也是伟大的，他通过对生存意义不懈地自我追问，终于走出了时间，也超越了时间。

三天后，坐车去仙游祭拜，冷雨如霜，在老师的灵柩前，我眼含泪水哽咽难言，唯有郑重跪下叩了三个响头，虽未曾有幸正式拜入门下，但心中早已视老师为灯塔。永远的灯塔。

"犹留几折戏，漫道一场空"，好在那些注定会被时间爱惜的作品，会替老师一直活下去。

怀兴老师千古！

（林清华，福建师范大学文学院教授、博士生导师）

桃李不言，下自成蹊

——谈郑怀兴对我的影响

◎ 陈云升

在剧本创作道路上，20世纪八九十年代冒尖的那批剧作家如郭启宏、郑怀兴、魏明伦、王仁杰、陈亚先、周长赋、盛和煜、罗怀臻等对我产生过深刻影响，其中，对我影响最大的是郑怀兴先生和郭启宏先生。今天，主要谈谈郑怀兴先生对我的影响，以表缅怀之情。

一、职业选择的影响

对我而言，如果没有读过郑怀兴先生的作品，那么我很可能不会把戏曲剧本创作作为自己的专业。如果不从事这个专业，那么我就不可能成为第一个考上中国戏曲学院戏曲文学创作理论方向的硕士研究生和中央戏剧学院戏剧编剧艺术研究方向的博士研究生的广东籍学子，中间也不可能有机会成为中国戏曲学院戏文系戏曲编剧专业的教师，而没有北京的求学深造和治学积累，我就不可能创作出高甲戏《范进中举》、粤剧《金莲》《精忠魂》、豫剧《南华经》等在全国具有较高认可度的作品。

20世纪80年代，我出生在广东雷州半岛的农村，从小爱看雷剧，十几岁的时候能熟背戏文几十出。当然，我熟背的戏文都是草台戏，如《哪吒闹海》《宝莲灯》《天仙配》《皇帝告状》《罗通扫北》《三请樊梨花》《王华买父》《春江月》《屠夫状元》等。

由于熟记大量的传统剧目，我竟无师自通地掌握了雷剧唱词的格律和规律，对雷剧唱腔音乐和雷州话的押韵平仄也了如指掌。1999年，我不满足于"老看老戏"的现状，决心创作一部新戏给雷剧界看看，于是凭着创作冲动写出了我的第一部雷剧大戏剧本《女知府》。不久后，我把剧本送给时任湛江市实验雷剧团团长林奋老师指导，她大为诧异，问我师从何人，我说是自学写戏的，这让她感到不可思议。后来，我又把剧本送到了时任湛江市艺术研究室主任吴玉汉手里，他看后说雷剧编剧后继有人，并夸我是湛江年龄最小的编剧。当时，雷州半岛仍属于一个比较闭塞的环境，限于视野所及，我看的都是下乡搭台演出的草台戏，没有看过别的剧种。现在回过头来看这个剧本，它的戏路是民间的写法，主要是运用了误会法挑起戏剧冲突并侧重于情节的传奇性，有一定的观赏性和娱乐性。后来我创作的第二个大戏剧本《岳云》也是如此。

实话说，我当时只是把剧本创作当成了业余爱好，没想过把编剧当成主业来做，直到2002年冬，我偶然在当时就读的非戏剧院校图书馆发现了《剧本》杂志并随手翻到了《新亭泪》这个剧本。当时一看，不禁感叹好漂亮的开场啊：

王　敦（唱）
　　　　三尺龙泉兴晋邦，
　　　　十万雄师镇武昌。
　　　　堪笑齐王无远虑，
　　　　未央官中一命亡。
　　　　自古功高遭猜忌，
　　　　先下手者总为强。

　　　老夫征南大将军王敦。堂弟王导在朝为相。兄弟两人，扶持司马睿奠基江东，中兴晋室。谁料昏君猜忌功臣，重用刘隗，疏我王氏家族，诚为可恨！特命左长史谢鲲，再次上

> 表朝廷，劝君迷途知返，重亲王导；又命参将钱凤，日夜操练水师，遥示威慑之意。

在剧中，全剧大反派王敦是第一个出场的人物，他这六句戏味十足的唱词，文辞古雅，言简意赅，给人的感觉是既诗意盎然又气韵沉雄，把人物的心理状况揭示得明明白白。接着作者再用一个简要的自报家门就交代了全剧的故事背景、人物关系和主要矛盾，为全剧的戏剧行动做足了充分的铺垫。以前我从未读过这样的剧本，修辞雅致，场面干净，节奏明快，可以说，打开剧本，瞬间我就被它牢牢地吸引住了。记得当时看到这个剧本后，我直接坐在地板上如饥似渴地读了一遍，然后是第二遍第三遍，直到图书管理员说下班了我才恋恋不舍地起身离开。由于太喜欢这个剧本了，我恳求管理员把这个剧本借给我拿宿舍去看，管理员说本来合订本资料是不外借的，但这类杂志没什么人看，既然我喜欢看可以破例借读。于是我把它借回去反复阅读了很多遍，是先生所有剧作中我阅读次数最多的一个。最后花了不少钱把整个剧本复印下来，然后把合订本还给图书馆。从此剧作家郑怀兴的大名就走进了我的脑海，而搜集和研读他的剧作就成为我此后的一项自觉动作。其中，我把《新亭泪》当成了学习史剧创作的范本。我希望我能创作出这样的作品，也希望自己日后能成为郑怀兴这样的剧作家。

为什么我会产生这样的念头呢？首先，我原来看过的传统戏文是比较俚俗的，情节上侧重于传奇性和娱乐性，语言也不够讲究，思想性方面还是宣扬传统社会道德教化的那套东西，当自己读书越多且学识越高的时候，总觉得原来的戏已经不能满足自己的审美需求了，甚至开始反感这样的戏文。更为重要的是，那时我以为戏曲也就只能这样了，不知道剧作家可以把现代审美和现代剧作技术引入到戏曲创作领域，从而推动戏曲艺术与时俱进而获得当代观众的喜爱。可以说，《新亭泪》让我看到了现代戏曲剧本可以运用传统艺术表现现代人文思想和提供现代审美，可以

与陈云升

产生巨大的艺术魅力和美学价值，让我意识到戏曲艺术是一门完全可以与时俱进的极有文化价值的高雅艺术！正是这个时候，《新亭泪》给了我巨大的创作启迪和职业启发，让我萌生了当一个现代戏曲作家的念头。此后，我开始搜集和研读先生的其他作品，并把这种兴头慢慢拓展到更多的20世纪八九十年代剧作家身上。我希望自己可以博采众长，转益多师，然后自成一派，像先生一样成为一个有成就的剧作家。因此说，先生影响了我的职业选择。

当然，我走戏曲编剧之路并非一帆风顺。我出生在农村，1999年走出雷州，然后在湛江、珠海、北京、广州等地求学，读书期间和毕业后曾在广东文艺职业学院、广东省戏剧家协会做过临时工，辗转多年，没有找到合适的专业编剧岗位，落魄时寄人篱下，生活常有温饱之虞。2009年，经过十年的苦读和拼搏，我考进了广州的事业单位，拿到了广州的户口和编制，虽非专业编剧岗，但聊以糊口。对此，很多人都肯定了我的积极上进，以为我会好好地珍惜来之不易的这份工作。但是，自从我的戏曲编剧梦被郑怀兴、郭启宏这些大剧作家所点燃，不歇的狂心就会不由自主地想要逐梦前行。由于不安业余编剧的现状，2010年我参加了硕士研究生的全国统考，以全校专业第一的成绩考上了中国戏曲学院戏曲文学创作理论方向（学术型）的硕士研究生，毅然地选择了戏曲编剧这个专业为人生主业，开启了自己的人生新阶段。为了读书，我辞掉了事业单位的工作，放弃了广州户口和不菲的薪水，当时我的师友们对此都不太理解和赞成，但梦想之于我有多重要只有我自己知道。我愿意放弃当时拥有的东西去圆自己的编剧梦。此外，到北京求学还有另外一个原因。由于我出身的雷剧在广东比较弱势，我很想为雷剧的发展强大贡献力量。当时我看到，郑怀兴先生和徐棻、魏明伦、王仁杰、罗怀臻等大剧作家都是通过个人的剧本创作托举着自己出身的剧种在全国崛起，看到他们可以凭一己之力带动本土剧种向前发展的时候，于是我也想要成为他们这样的优秀剧作家为振兴我深爱的雷剧做出努力。

二、创作精神的影响

郑怀兴在创作上是"三并举"并驾齐驱且取得巨大成就的剧作家。就我而言，我更偏爱他的历史剧作品，因为他的历史剧具有很高的文化格调和不俗的风骨情怀，同时也具有强烈的戏剧性和极好的舞台性，是集思想性、艺术性和观赏性于一身的上品。如《新亭泪》《晋宫寒月》《乾佑山天书》《要离与庆忌》《上官婉儿》《傅山进京》《潇湘春梦》《浮海孤臣》《轩亭血》《海瑞》这些作品，都是我十分心仪之作。当然，通过对先生作品的深入梳理，我也发现了他的历史剧创作在思想上的演变轨迹。在我看来，先生在20世纪八九十年代的史剧作品倾向于历史思辨、文化反思和人性探索，他可以比较自由地选择题材和尽情地表达自己的思考，如《新亭泪》《晋宫寒月》《要离与庆忌》《乾佑山天书》等，让先生登上个人史剧创作的第一个高峰。进入新世纪之后，先生的历史剧创作则侧重于表现读书人的独立人格和独立精神。无论是自由选题之作，还是应约之作，他都能智慧地找到了巧妙的切入点，写出他个人的第二个艺术高峰，如《上官婉儿》《傅山进京》

《潇湘春梦》《轩亭血》等。最近十年，囿于命题方向，先生的历史剧不再锋芒毕露，而晋剧《于成龙》、秦腔《关中晓月》、琼剧《冼夫人》、京剧《嵇康托孤》则是一部比一部温和，不复当年的刚猛炽烈可以给人以强烈的思想冲击，而这些作品的反响自然也不如前面的大，没能让先生登顶第三次创作高峰。为此，先生晚年的心境显得有些低落。有一次交谈，他说自己已是"江郎才尽"写不出好东西来了，只能寄望于年轻一代。他还说，我们年轻一代会超过他的。这当然是先生的勖勉之词。不过从先生的话语之间可以听出，后来的应约之作虽然搬上了舞台，但可能没有达到先生的预期。我知道他是一个追求完美的人，很难接受自己作品的平庸，但是任何精品的产生，都是天时地利人和的结果。在我看来，倒不是先生江郎才尽，而是当先生所擅长的方向，跟所处的时代产生了膈应，那么戴着镣铐的舞者则很难舞出他最好的身姿。在那次交谈中，我向先生表达过"时势造就英雄"的歆羡，我说羡慕他赶上了20世纪80年代改革开放大潮，创作出了《新亭泪》这样的可以彪炳史册的作品，作为后学，我只能是望洋兴叹，高山仰止。可能我的话并不能宽慰到先生，毕竟他是一个不断追求卓越和精益求精的大剧作家，他不会满足于在已经完成的代表作里"吃老本"，他是一个希望能不断给演员、给剧团、给观众提供价值和带来惊喜的赤诚的创作者，他把剧本创作当作毕生的最有意义的事业来做，普通人又哪里懂得具有博大情怀的他的苦闷和惆怅呢？

　　虽然不能完全理解先生的苦闷和惆怅，但对我来说，先生的历史剧创作为我提供了一盏明灯，让我看到什么样的史剧创作是具有长久艺术生命力的，而什么样的史剧作品是经不起岁月的检阅的。为此，我在创作上坚持取法于先生在黄金时期创作的那些令我心仪的系列作品，始终牢记相识十多年来先生给予我的教诲。今后，传承先生的史剧创作精神将是我的一个重要使命和奋斗目标。

三、做人的影响

从 2002 年冬接触到先生的《新亭泪》，直到 2010 年我才终于在广州举办的第九届中国艺术节参演剧目《傅山进京》的演出现场见到了先生。先生没有架子，老幼聊戏，相谈甚欢，彼此互留了联系方式，尔后让我得以不时地向他请教。2013 年，我研究生毕业留校任教后，很快我就邀请先生来校举办讲座，先生欣然应约而至，把他多年的艺术积累和近些年的创作体会分享给我们师生。

记得 2014 年春，我到仙游拜访先生，先生与师母以佳肴相待，并招我进他的书房，我们畅谈艺术，何其快哉。2018 年我考上中央戏剧学院的博士研究生后，先生表示很欣赏我一直坚持努力，并说以后有什么困难就跟他说，他会全力帮助我的。但我一路走来独立惯了，非不得不求人则尽量不给人添麻烦，对于前辈和朋友都是如此。因此我没有给先生提过任何帮忙的请求，只是始终维系着"君子之交淡如水"的非功利的纯粹关系。与先生相交后，他说过的两句话对我影响很大。一是一个戏有一个戏的命运，不必强求。二是剧本创作不应以追求稿费为目的，人家给多少就是多少，要是人家没钱给也没关系，只要写出自己最想写的东西而且得到人家的喜欢就行。对于第一句话，先生有过详细的解释。他说他写过很多戏，哪些戏能够搬上舞台，哪些戏还没搬上舞台，都是有它的定数的。有的剧本写出来，可能很快就能跟观众见面了，有的剧本则可能在作者的有生之年都没有获得演出的机会。对此，他说作者不必强求，编剧只需要把戏写好就可以了，剧本的命运交给时间去安排。如果剧本是好的，始终会有大放异彩的时候；如果剧本不好，那么即便获得排演也不过是凑凑片刻的热闹罢了，没什么意义。他说他哪些剧本能留下，哪些留不下，不是一时是否获奖或者得到吹捧来决定的，而是要交给时间去检阅，时间不会因为是否获奖而对作品另眼看待，更不会因作者得到吹捧沾沾自喜而为之加冕。可以说，先生对于作品的价值判断是超越眼前的功利坐标的，也是超拔出世俗的现实环境的，体现一个文化智者的清醒和剧坛高士的境界。对于第二句话，创作剧本不应以追求稿费为目的。所谓"君子有所为有所不为"，他说一个编剧不能为稿费而不管什么样的戏都接，如果不能想出属于自己的好点子，那么就不要接人家的戏。另外，对于稿酬多寡，先生说随剧团的意便好，人家给多少就是多少，没有标准。要是人家实在困难，免费提供给人家使用也可以，只要自己的剧本能够帮助得到演员和剧团就行。这就是先生的大德胸怀，也深深地影响着我。先生这些年经常提起他与天才剧作家陈仁鉴先生的交往，感念陈先生对他的点拨和提携。他说陈仁鉴先生是一个戏痴，但一生命运多舛，在特殊的年代连写戏的自由都没有。陈仁鉴先生对他说人生最痛苦的事情就是不能写戏。先生说现在我们都可以自由地写戏，跟陈仁鉴先生的境遇相比，不知道好了多少倍。先生是经历过大风大浪的人，他的心胸是豁达和敞亮的，因此他总能以"比上不足，比下有余"的人生态度来安放自己的灵魂，让自己的心态保持平衡中正而专注于自己的创作事业。也许，这也是先生蛰居于小县城孜孜不倦地写戏且乐此不疲的原因之一吧。

　　先生常常自称安居于乡野，不慕繁华的都市。可是先生的创作却总是能穿透历史、洞察现实又深谙人性，总是能够在作品中给人以振聋发聩的艺术冲击，使人警醒。我想先生对此是得意的。在他们那批剧作家里，只有他始终蛰居于小县城，数十年不变，这十分罕见。不知道是不是远离喧嚣的大都市更能让先生保持"淡泊以明志，宁静以致远"的心理状态，让他更能见微知著地触摸到中国的大地和社会的底层？反正从结果来看，这完全不妨碍他在小地方写出一部又一部的惊世大作。他如同一条深潜于渊的蟠龙，等积攒够足够的能量时就会腾空而飞，向人展示它的磅礴大气和绚丽华美，给人带来一次又一次的惊喜。

　　转眼间，先生远游已逾半年，黄鹤白云，仙踪无影，但我感觉先生的精神一直在指导着我的剧本创作，包括做人做事，我都将以先生为榜样，视先生为楷模。前年暑期，我写了一篇《论郑怀兴的史剧创作精神》，在先生生前曾请他指导过，得到他的鼓励和肯定。今年该文即将在《戏曲研究》发表，现在再加上这篇小文，聊以表达我对先生的深切缅怀之情。

（陈云升，青年剧作家，艺术学博士，中国戏曲学院副教授）

暮秋时节忆先生

◎ 庄清华

自从送别郑先生，不自觉间，已是寥落暮秋时节。有时翻起老师的微信，时间停留在2023年5月30日，是关于《范文正公》即将上演的消息。我也是在这一天，才知道老师已经无法正常看微信了。之后，我去福州、莆田看他，看着他一点点地好转。再后来，听其他学友说他好了很多，于是就很放心地想着，等放寒假了再去看他。岂料2023年8月去莆田看他，竟是最后一面。

作为郑先生的仙游小老乡，我很早就从父辈那里知道先生的戏，也听了不少当时人们坐手扶拖拉机去"追戏"（特别是《新亭泪》这部戏）的故事，但一直到2005年暑假，我才在陈耕老师的引荐下第一次拜访先生。从初次到先生家时的惶恐不安到后面走亲戚一般的自在，竟然已经19年了。遗憾的是，我到底过于笨拙，常常不知道如何开始一个话题，多跟他聊聊戏，聊聊写戏的事。更多的时候，我跟师母和琳姐聊得很欢，老师则在一旁安静地看我们聊。一次琳姐说起在外面住酒店时做的恶梦，说自己快被吓哭，然后老师就在那偷着乐，至今还记得那个笑容……

跟先生的讨论与交流，更多的是通过文字。2005年第一次拜读先生的剧本，是在学校的图书馆。那是先生1992年出版的戏曲选，收了《新亭泪》《晋宫寒月》《青蛙记》《神马赋》《要离与庆忌》《造桥记》《蓬山雪》7个剧目。那时，刚接触戏曲不久的我，首先震惊于《要离与庆忌》惨烈故事中英雄的惺惺相惜以及英雄内心的孤独与悲凉，惊叹于先生在戏剧场境构建和人物内心挖掘上的非凡笔力。然后才发现了《新亭泪》《晋宫寒月》《神马赋》等剧目的独特与深厚。在这本选集的感召下，我开始了持续到现在的研读热情，也陆陆续续发表了十几篇剧作评论。2006年，我发表第一篇剧评《以"士"之精神构筑理想人生——简析郑怀兴戏曲历史剧中的人物形象》，得到老师的很多肯定和鼓励。2021年，我在研读老师创作的剧目时，发现他在场境设计上的不断创新，特别是2021年新创作的《仙霞古道》，剧中人物如在画卷中行走的场景设计令人十分讶异和惊喜。因此，从《新亭泪》的江畔新亭写起，专门回顾了老师在郊野空间和意象运用上的艺术传承与超越。除了《乾佑山天书》的"垂钓清波"、《于成龙》的"河边独酌"等场境外，主要讨论了《晋宫寒月》中的寒月孤夜、《傅山进京》中的荒村古寺、《浮海孤臣》中的孤舟星空，以及《赵武灵王》中的沙丘行宫和《仙霞古道》中的山间古道等。如果说《新亭泪》的江畔新亭还只是传统的造境方法，但到了《傅山进京》《赵武灵王》等，剧作赋予空间的象征意蕴越来越丰富，也越来越凸显出独特的艺术风格。而到了《仙霞古道》，先生借助古道、客栈的空间特性进行事件的安排与人物相遇情节的设置，古道、客栈与山林所具有的隐喻和象征意义被很好地发掘出来，使作品因为这一意蕴丰厚的空间而呈现出令人惊叹的魅力。剧作的结尾处，罗贯中一行在落木萧萧的西风古道中渐行渐远，消失在仙霞古道深处……只是，这远去的背影，当时只觉得美，如今想来，禁不住潸然泪下。

都说作品是作者的孩子，但我更愿意说，作品是作者构建的艺术人生。在这里，作者进入虚拟的时空，有时候与人物促膝而谈，共情于人物幽微的心理，有时候又很远，站在更高的位置，悲悯地看着人物因种种原因受难受苦，与人物共哀泣。1984年，先生曾撰文《历史剧是艺术作品，不是教科书》，分享了他对戏曲创作的感悟，他说"戏曲是一种写意艺术，是非常适合于表现人物的复杂丰富的内心感情的"，"戏曲历史剧的创作，更要发挥这一特长，致力于挖掘历史人物的内心世界。戏曲历史剧的创作，应该既须得屈原的缠绵悱恻，也须得庄子的超旷空灵"，"缠绵悱恻，才能一往情深，深入人物的心灵深处，以求得其环中"，同时还须"超旷空灵，不沾不滞，以求超乎象外"。（1985年发表在《戏曲研究》第16辑）而这样的艺术魅力，不仅仅体现在先生的历史题材剧中，也体现在他创作的其他剧作中。

在先生作品中，有一系列特别令人慨叹的人物形象，他们刚毅而深情，虽举步维艰却孜孜以求，虽寥落孤独却大义凛然。我曾以为，那都是士的精神，而那些远去的背影里，分明也有侠的超离。这些先生所挚爱的艺术形象，既是先生所熟知的"友人"，又何尝不是先生留给世人的某一侧影！在逼仄局促的有限生命里，这样的艺术人生，能在一次次的阅读和面对中，跨越时空，带给我们以心灵的激荡，也让我们可以时时望见先生的面容，以及先生的微笑与叹息。而先生的各类创作谈，也是他的肺腑之言，是当代戏曲创作的宝贵财富，值得我们好好珍惜。

感恩先生对晚辈后学的厚爱与提携，自2005年与先生建立联系之后，我常常能在第一时间拜读先生的新作，也有机会向先生请教剧作的一些细节问题。还记得那年在先生家里看《傅山进京》的录像片，被"雪夜论书"那场戏彻底迷住。这以后的"戏剧欣赏"课上，这场戏就是我们不变的经典。先生2021年新创的越剧《烟波迷月》，则是近年来跟先生讨论得比较多的一个剧目。当时我对这个戏还有很多困惑，直至2023年10月看了福建芳华越剧院的第一次彩排，突然就懂了。那时候，先生还在外地接受治疗，我看完戏非常激动地给琳姐留言，烦请她转告老师，说我终于看懂了这个戏了。还说等他都好了，要跟他好好请教请教……今年夏天，为缅怀先生，厦大杨惠玲教授在"戏曲与非遗工作坊"暑期学校里，特意举办解读先生剧作的系列讲座。因为这个未竟的愿望，我选择解读《烟波迷月》这个剧目。讲座开始前，我有些紧张，跟方晓老师联系，方老师跟我说，不要怕，有老师笑微微地鼓励你呢……

泪眼中，回想起每次去拜访老师的情景：在仙游的小县城，我们坐公交车在西门兜站下车,然后往北爬坡,一路经过新华书店、县政府,然后拐入左边的一条小道,走到一片龙眼树跟前的时候,就差不多要到老师家了。娟写的门联,门口的小花圃,四楼一整层的书,我们坐在客厅吃水果喝茶闲聊,时不时来访的客人,莆仙话、莆仙腔普通话、突然的安静、瞬间的欢笑,恍若昨日。

我会继续好好拜读先生的作品!

(庄清华,文学博士,厦门理工学院副教授)

师者如光，微以致远

——永远怀念郑怀兴先生

◎ 李　阳

我没有给先生磕过头，也算不上先生的入室弟子，却三生有幸，与先生有过持续15年的文字交。先生周边有一个较为固定的读者群，我便侥幸位列其中，或创作探讨、或反馈观感、或校稿切磋，因而时时受到先生思想和文字的引领。我见证了先生多部剧作从孕育到定稿的艰辛历程，在求学、入职、成家的重要人生阶段，先生总能为我拨开云雾、指点迷津。每每心灵蒙尘，或怠惰或疏懒或焦虑，先生的一句"小李"，总能让我心定神宁。先生的猝然长逝，是我今冬的至暗时刻，多少次午夜梦回，潸然泪下，却再也听不到先生的谆谆教诲。人有三命，一为父母所生之命，二为师造之命，三为自立之命。父母生其身而师造其魂，而后自立命。先生亦师亦友亦父，对我有再生之德、再造之恩。

一、我与先生《新亭泪》的缘分

我与先生初见于2008年在山西太原举行的全国戏曲历史剧学术研讨会，其时我对戏曲懵懂无知，以学生身份参会观摩。此前多次阅读《剧本》所刊先生专栏，其时《傅山进京》又在太原热演，震动剧坛，先生大名如雷贯耳，在会上更是众星捧月、一时无两。我心生仰慕，却拙于言辞，不敢叨扰。不料会间茶歇，先生突然向我走来，慈眉善目，如春阳暖煦，频频询问我的学习情况，并与我交换了电子邮箱。不承想第二天，我就收到了先生的大作——《新亭泪》。我读了以后大为震撼，想不到这天地之间，竟有如此荡气回肠、感人心魄的黄钟大吕。看《傅山进京》之后又是心潮澎湃，偶一日竟与先生不期而遇，在观众席毗邻而坐。演到尽兴处，先生神采飞扬、乐此不疲、不时指点我看创作虚实，我心领神会、陶醉其中，被其间振聋发聩的思想、情趣盎然的形象所深深折服。现在回想起来，我是何其幸运，初识戏曲时，便遇到了先生，遇到了《新亭泪》和《傅山进京》。可以说，先生给了我对戏曲美的最初启蒙，先生的这两部作品，符合我对舞台极致美的所有想象和认知。

2019年初，得知中国评剧院要复排《新亭泪》的消息，先生感慨万千，称38年前的旧作又登上评剧舞台，倍感欣慰。其时先生的眼疾已很严重，却又不辞劳苦，按照评剧要求改《新亭泪》的唱词，且根据演出时长精简压缩剧本，10月又赴京为评剧院《新亭泪》剧组上课。我为先生的身体、为二度创作的舞台呈现暗暗担忧，同时又欢欣鼓舞，期待能够早日大饱眼福。2019年底，评剧版如期在京首演，我心驰神往，却因琐事缠身，遗憾错过。先生不时与我分享演出的最新动态，称评剧院全力以赴，演出大气、空灵，并对主演于海泉赞誉有加。我心向往之、不时关注演出后的评论与反馈，却疲于奔命、耽于上课、育儿，为不能一睹《新亭泪》之全貌而扼腕叹息。一直想为《新亭泪》写点什么，但一直不敢下笔……

直到2022年6月，抖音直播推出"'大戏看北京'云端演出周"活动，我终于在直播间得见评剧重排版。起先我对直播不抱太大希望，这实属弥补无法去现场的无奈之举，但看完以后，我又一次被《新亭泪》狠狠击中，这种直击灵魂深处的深入骨髓是我观剧体验中所不曾有过的。14年过去了，从文本到舞台，从初遇到熟稔，《新亭泪》又一次回到原点，给了我最初的悸动和心灵震颤。为何《新亭泪》能够如此跨越时空，经久不衰？于是我产生了强烈的写作冲动，不吐不快。我受到心灵的感召，更受到先生精神

2023年与夫人在西安接待李阳

的鼓舞，怀着谨严、虔诚的心，我在酷暑中边读书边写作，生怕自己怠慢这样一部作品，生怕自己粗疏的解读失之偏颇。我系统阅读了《晋书》《世说新语》《美学》和20世纪80年代的大量史剧，多次比较分析《新亭泪》评剧与莆仙戏版本，字斟句酌、抽丝剥茧，如此持续月余，完成了对《新亭泪》的一得之见。先生看了以后，连称行文大气，称《新亭泪》找到了知音。此文之后侥幸获得第九届王国维戏曲论文一等奖，先生很高兴，不时发与好友共享传阅。先生走后，我庆幸自己写下了这篇文章，这也许是我无意中做过的唯一可堪告慰先生的事情。

通过这次写作，我深刻体会到了先生当年的创作构思，更深入理解了它之于当代戏剧史的历史价值。诚如评剧版《新亭泪》导演、上海京剧院国家一级导演王青女士所言，它的深刻性、内涵精神和文化底蕴远远超出想象，《新亭泪》评论也是我写作剧评中历时最长、难度最大的一次，当然也是最有收获的一次。在写作的过程中，我突然清晰地感受到自我的成长，对戏的认识和把握精进许多，读先生的作品，有以一当十、以一当百之效，《新亭泪》给予我灵魂的滋养，让我在踽踽独行中怀揣一份底气和勇气，在尘嚣纷繁中保持一种清醒与自知。天才如先生，而立之年仅用11天的时间，便完成了当代戏剧史的扛鼎之作；平庸如我，解读《新亭泪》的密码，从模糊到清晰，从知其然到知其所以然，经历了十四年漫长的积累、酝酿与等待。

  2020年2月的一天，先生突然告诉我，他读史料过程中发现，明代昆山有位剧作家张大复，竟也写了未完稿的《新亭泪》，但没有传世。张大复为人狷侠，做的是真文章，后患青光眼，40岁以后就全盲了。当他看到这位古人青光眼，不禁一惊（先生彼时正被青光眼所困扰）。之后先生称，他写《新亭泪》时感觉有如神助。我听后暗暗称奇，也觉得不可思议，但我以为，先生一定是天选之子，他为戏而生，笔熠千秋，注定要"一空依傍，自铸伟词"。

二、先生的"苦"和"难"

  2019年下半年，先生不时与我提及他患眼疾，已不敢写新戏，但不写戏又心生悲凉。我当时无法理解先生的这份"悲凉"，心想先生已声重学林、功成名就，为何不能像他人一样颐养天年，坐享天伦之乐？我不时劝他以身体为重，少用手机。但先生不以为意，眼压稍微稳定，便乐此不疲地读书写作。2020年，先生看书便需使用放大镜，可此后先生不知克服了怎样的困难，依然以旺盛的精力和惊人的毅力投入创作：2020年4月先生又写了昆曲《灵乌赋》，并称不管排不排，都要尽力改好，留作庚子纪念。5月又为泉州高甲戏重新修改压缩《造桥记》，4月至11月，我收到了先生十次《灵乌赋》改稿。2021年2月，先生又着手修改《罗贯中》（又名《仙霞古道》），7月又根据纪晓岚《阅微草堂笔记》创作《烟波迷月》，称无目的也无主题，朋友之间传阅，权当说一个笑话。2022年7月，先生又创作小戏《蜡丸案》……当我今天慢慢梳理与先生交往的时间线，才愕然发现，哪怕先生在病重前几天，也从未停止思考。大量辛苦地写作、改稿一点一滴吞噬先生的健康，诚如《新剧本》杂志在悼念先生时所称，先生是"一只吐丝的蚕、一支燃血的烛"，他为所钟爱所挚爱的莆仙戏、为中国戏曲，耗费了毕生的心血和努力。

2022年岁末全国"新冠"大流行以后，先生有一度非常消沉，我发百岁老人马识途的小视频给先生，劝他振作精神，但先生却说，我怕不如他们，只想多写几个戏，哪怕小戏也行。与先生最后一次见面是2023年9月，彼时他经过中风后的康复治疗，虽有部分语言和行动障碍，但在师母和家人的精心呵护下，身体已大有改观，我探视先生后放心许多，天真地以为先生已无大碍，先生有长寿基因，一定能像他的祖母一样长命百岁。离开他前最后一个上午，我陪他做康复训练，督促他写字，练习精细动作。可先生突然悲怆地说："他们都走了，走了……"先生感念、追忆先他而去的故交好友，陷在悲哀的情绪里不能自拔，又连声不住感叹："苦！难！苦！难……"我感受到了先生的悲凉和痛苦，却一时语塞，不知该如何宽慰先生，曾随先生精骛八极、心游万仞的如椽巨笔，此刻却再难听他任意驱使，先生痛苦地摇头，努力握笔，却忆不起哪怕一个简单的字……先生走后，我终于明白，先生用生命、用灵魂在写作，先生以不能写戏为苦，身之所系，命之所终。当他丧失了写作能力，当他再也找不到与之血脉勾连的精神家园，当这方令他魂牵梦绕的净土訇然崩塌，他便毅然、决然地走了！

从1971年先生开始自学小戏，到2022年先生绝笔《蜡丸案》，先生用半个世纪的天赋、勤奋和专注夙兴夜寐地写作。先生的高产有目共睹，仅2018年一年，先生的13个戏被全国各剧种争相搬演。先生的皇皇巨著几乎囊括了戏剧史上的各种题材和类型，抒写的对象，既有赵武灵王、北魏孝文帝、王导、寇准等帝王将相，也有林龙江、柳如是、詹天佑、秋瑾等志士仁人；既有周伯仁、嵇康、傅山、刘古愚等名宿大儒，也有阿丑、阿桂、阿坤等贩夫走卒……既有《蓬山雪》《赵武灵王》这类具有古希腊雕塑美感的大悲剧，又有《审乞丐》《戏巫记》等世俗讽刺喜剧，除

2019年10月12日在中国评剧院为《新亭泪》剧组授课

了被主流评论界所推崇的《新亭泪》《傅山进京》《关中晓月》等史剧创作，还包括《造桥记》《借新娘》等古代故事剧、《长街轶事》《鸭子丑小传》等现代戏，《神马赋》《青蛙记》等荒诞探索戏，《叶李娘》《蒋世隆》等改编传统戏……

先生对待写作极为审慎、严肃，特别是历史剧，先生主张不戏说、不厚诬。先生的多部作品均经过经年累月的斟酌与思考，《青藤狂士》的成型经历了26年，《嵇康托孤》长达36年，多部作品有前后承继关系，如《骆驼店》与《关中晓月》是姊妹篇，《北魏孝文帝》与《赵武灵王》是胡人汉化与汉人胡服骑射的孪生兄弟，《灵乌赋》与《范文正公》是同一题材不同结构的实验。先生的多部作品从完稿到走上舞台，曾挨过漫长的寂寞时光，如《红豆祭》（又名《柳如是》）20年、《青蛙记》22年、《造桥记》32年，《蓬山雪》《轩亭血》等四个剧本至今还搁置架上。当然，由于题材所限所能带来的高度、戏剧创作的特殊性，先生的所有作品并非尽善尽美，但先生以毕生之功，集梨园之大成：其一，对"现代戏曲"这一样式具有承前启后的探索之功；其二，对当代历史剧有开拓性创造性的发展；其三，对中国戏曲有人文精神的引领和提升。先生以家国天下的济世情怀和侠肝义胆的赤子之心，将中华民族的"仁、义、礼、智、信"和"温、良、恭、俭、让"贯穿其中，在戏文中呼唤正义和良知，追求真、善、美，追求人格独立和思想自由，真正践行了"为天地立心、为生民立命、为往圣继绝学、为万世开太平"。

三、《傅山进京》的创作

创作于2005年的《傅山进京》，是先生目前影响最大，演出场次最多的一个戏，斩获了中宣部"五个一工程"奖、曹禺剧本奖、老舍优秀剧本奖、中国戏曲学会奖等戏曲界所有大奖。该剧主演谢涛因饰演此剧屡获上海白玉兰戏剧表演艺术主角奖、中国戏剧梅花奖二度梅榜首，从山西走向全国，被冠以"中国当代第一女老生"。2013年又被拍摄为晋剧电影艺术片，获第三十届中国电影金鸡奖"最佳戏曲片"提名奖、2015年中美国际电影节"年度最佳戏曲奖"。该剧迄今演出超过650多场，已成为晋剧的保留剧目。

2005年5月，先生受太原市实验晋剧院的邀请，被晋剧女老生谢涛的表演才华所感染，着手创作山西本土题材的历史剧，在研读大量史料后，明末清初大儒——思想家、书画家、医圣傅山，引起了先生强烈的创作欲望。先生称："原来400年前，竟有如此独立人格、自由思想的人，这是我们当代人缺乏的，也是我们这个时代知识分子所应当追求的。"但先生透过历史的缝隙，已与傅山深度遇合、意往神游。先生认为，傅山的民族气节要坚持，他更看重的是，傅山独立的人格，这是剧本所凸显的。先生以极快的速度完成了初稿，得到了剧团方的认可，但此后却阻力重重，一年多后开始投排。直到2007年，《傅山进京》作为纪念傅山诞辰400周年纪念活动的重头戏，才得以与广大观众见面，即刻又引起了评论界的关注和重视。

《傅山进京》中有一句重要的台词："明亡于奴，非亡于满。"

只有八个字,却字字有骨,铮铮有声。这句台词可称整部戏提纲挈领的戏眼,这句台词是构思的原点,也是整部戏精神之所寓。

先生以极纯粹极、超脱的心境写作,恪守不欺心、不苟作、不蛊俗,即便而立之年饮誉剧坛,即便耳顺之年著作等身。除了早年当兵、成为专业编剧后,外出创作采风、研讨、讲座、授课,先生终生定居福建东南小县仙游,长期扎根基层,且屡称自己为县级编剧组成员,但正如北京大学艺术学院顾春芳教授所言,先生虽地处边缘,却成了中国戏剧创作的中心。先生偏居乡野,一则为了尽孝,二则为了保持创作的最大自由。随着先生声誉日隆,经常会收到来自全国各地的各种稿约,但先生的创作前提是,这些题材、人物、故事、是否能引起自己的创作冲动,为了独抒性灵,保持文学的尊严,对不能产生兴趣的题材,先生一概婉拒;对可以触动的题材、先生会答应先试着写写看,且不予签约,以本子质量为先导,为戏负责到底,绝不追求经济利益。

先生写影视剧,斐然有成,1993所作《林则徐》即入选中宣部第六届"五个一工程"奖,但先生放弃影视剧所能带来的优渥收入,认为戏曲才是其安身立命之本。先生感恩培养他的莆仙戏鲤声剧团,常常为母团义务写戏;先生给外地剧团写戏,耻于开价,随剧团随意支付,从不讨价还价,高低相差十倍之上,先生从无怨言。先生牢记恩师陈仁鉴先生的话,只管把戏写好,不要计较名利地位。

先生对自己有严格的标尺,2021年3月,先生应伏涤修教授的邀请,前往浙江传媒学院讲学。先生称伏教授接待非常周到,令他过意不去,伏教授提议应再开先生的研讨会,学院可以资助。但先生没有回应,认为不该花他们的钱,开研讨会也不必,他一生平淡,只专心写戏而已。最后一次面见先生时,师母称中国艺术研究院准备出版他的文集,除了编剧理论、杂谈,还要收录五六个他的代表作,请先生自己选一选哪些值得收录。家人们一起讨论后见仁见智、莫衷一是,先生摇头,又摇头,不!不!只选《新亭泪》与《傅山进京》!我听后内心一惊,这是先生对自己的选择与淘汰，每个戏都如同先生自己的孩子，苦心孤诣、殚精竭虑而成，先生却如此这般否定苛责自己。先生生前为自己题写墓联，"犹留几折戏，漫道一场空"，写尽了他的豁达与高贵，也写尽了他的清俊通脱与遗世独立。

四、先生的"传道"与"授业"

先生硕彦名儒，时常收到年轻人的求教稿。一日，先生给我发来了两篇评阅意见，称他近日收到两篇外地编剧来稿，让我从读者角度看一下有何不妥，我看了以后，既羡慕又感动。羡慕的是，他们竟然有拿得出手的作品，可以得到先生的青睐和指导；感动的是，先生竟如此心细如发、体贴入微，如此慎重对待晚辈的稿件。之后先生对我说："年轻作者既盼望受到肯定又盼望听到修改意见，泛泛而谈肯定会失望，我设身处地地为他们着想，我今天看两个外地发来的剧本，都予以回复，写意见最难，既要真诚指出不足，又要保护作者的积极性。"先生高足、一级编剧赖玲珠师姐，从2001年7月到2003年12月，与先生电子教学通信竟达980多封！

2022年，因长久疏离学术圈，为了更好地完成手头的国家项目，更进一步加深对昆曲的理解，我参加了上海大学举办的昆曲编剧培训班，该班兼顾理论与创作，授课专家囊括了昆曲理论、表演等领军人才。该班的结项作业为昆曲创作，需要完成一个编剧作品，这对我来说是前所未有的挑战。于是2023年初整个寒假赶鸭子上架，一边养病，一边草创了一部小戏，斗胆发予先生后，先生却已不能读稿。先生竟向我道歉，嘱我发给郑宜庸教授（先生爱女），几天以后，宜庸教授称已对拙作与先生进行了讨论，他们的共同感受是："这个剧本片段式地交代了人物的生平，故事时间过长，情节显得平淡。其次，出场人物太多，笔墨就分散了，重点人物不够突出。"读了以后，我既难过又羞愧：难过的是，先生竟不能阅稿了，即便如此，却尽自己所能帮助一个再平庸不过的学生；羞愧的是，当初我收到先生那么多呕心沥血之作，我答复的却是如此随意轻率，甚至拖拖拉拉，我何曾像先生一样，付出我所有的真心和赤诚？当我设身处地地做了一回"编剧"，更深刻体会到了写稿的艰辛、改稿的不易，我有负先生对我的信任和重托，更为先生对学生的爱护周全感动得热泪盈眶。一个月后，我忽然又收到了先生的来信，先生说，小李，这个戏如果换一个角度切入，会如何呢？为了启发我，先生竟为我指出了另一条结构人物关系的构思。"不能呆板面对题材，要敢于根据人物的性格发展无限虚构。仔细分析，又有史有据。实中有虚，虚中有实，虚虚实实，传奇幻境，过于拘泥，无味；过于虚张，无聊。"这是先生留给我的第一次也是最后一次专业点评，我读了以后惊诧而又负疚：惊诧的是，先生竟然还惦记着我的习作，这种构思给深挖人物提供了新的视角，这是我无论如何都无法想象、无法企及的高度。负疚的是，先生肯定为我的这篇习作看了不少史料，才有可能为我提出如此深入的人物设置，我如此劳驾病中的先生，实是愧疚难安，实属不能、不应、不该！

先生珍视前辈吴祖光先生的知遇之恩，将吴祖光先生题写的"赞"语信件珍藏多年（吴祖光先生曾于1990年为先生写信，1991年于盐城为先生题写"赞"语）；先生牢记先师陈仁鉴先生对他的教诲，扎根梨园，矢志不渝；先生感恩张森元、陈贻亮等众位师友对自己的提携与栽培，更是将这种精神恩泽众多晚生后辈，"文脉"由此不断、于斯不绝。

先生从1999年开始外出授课、讲学，2019年的十年间是先生讲学较为密集的十年。如2009年应邀去常州为全国首届编剧读书班讲课、2011年赴上海为全国青年编剧研修班上课、2016年为中国戏曲学院举办的全国编剧班授课，并先后前往贵州、山东、河北、湖南、辽宁为各省举办的编剧培训班授课。和其他名家不同的是，先生并不热衷于讲座，更愿意投入时间和精力专注于创作；其次，先生认为知音者稀，此后更因眼疾婉拒了大量讲座。

2018年11月，先生接受了北京大学美学与美育中心叶朗教授、顾春芳教授的邀请，拟于2019年4月赴北大讲学，对此先生颇为重视。可能先生认为我对他的剧作较为熟悉，同时又在高校教学一线，便嘱我校订一二。于此，我得以窥见先生是如何严谨地对待讲座，如何一丝不苟地备课。2019年1月初，先生即着手制作课件，并告诉我，因担心普通话不准，观众听不懂，所以写得很详细、很具体。有空先准备着，免得临时仓促。之后先生又寄去了十几个历史剧的视频资料，主办方也极为重视，北大京昆社于2019年3月先期举行了先生的历史剧评赏会。讲座前的半个月，为了控制好讲座时间（不超过2小时），先生不时在家试讲练习。4月8日，先生告诉我他又试讲了，约1小时35分。从3月11日至4月14日，与先生修改讨论课件包括删减内容、补充剧照、调整次序、订正疏漏之处，竟达八次之多。我被先生的严谨所深深折服，先生是历史剧创作权威，却不忍让观众看到任何一处错讹，哪怕一个字、一张剧照。先生称："去年4月20日在北大静园参加《于成龙》研讨会，今年4月20日在北大燕园讲座，仿佛是上天的安排。"2019年4月20日，讲座在北大燕南园56号如期举行，讲座当天下了雨，但到场人数却数倍于往常，讲座之后又进行了研讨，权威美学家叶朗，戏剧专家王馗、顾春芳、刘祯，著名导演张仲年、查明哲，著名编剧李宝群等悉数到场，分别结合自己所感所得，对先生的讲座予以热烈的回应。

讲座过后，北大哲学系学生徐振华给先生写下了这样的话："很幸运能认识郑老师。我是学哲学的，对历史剧没有过接触，但在您和顾老师的交谈中，我有这样的感觉，您的作品离哲学很近，或者说就是哲学。之前读到海德格尔《论艺术作品的起源》，他说艺术作品的全部意义是在日常的生活中撕开一条裂缝，使人能有幸窥见存在。艺术作品就是存在自身的活动。这也和您在我们分别时提到的类似，您说艺术创作中会有一种被神灵附体的状态，或者说必须要有这种状态，作品仿佛在自己书写自己。这就是古希腊哲学对于诗的理解。你的作品，某种意义上，或许正是存在或者神性附身于你，来完成它自身。另外席间您还提到关于蛇的梦，除了生肖之外，在古代西方，蛇也是雅典娜的象征，是智慧的象征，这或许也可以解释您的梦。最后，真的很感谢您，以纯粹人格的姿态，对我的灵魂造成冲击与震撼。"

五、我与先生的"案头之交"

我面见先生的机会很少，在北京、太原、武汉等地不过六次。但先生对我的影响之大，是任何人所无法取代的。当收到师母短信、确认先生仙逝的那一刻，我崩溃大哭，直至如今，也无法从这种悲恸的情绪中走出来，先生在我心中重如山岳。我与先生的交往，止于"案头"，通于"心灵"。

我不是先生的嫡系学生，也拿不出像样的作品，不能像其他专业编剧一样，得到先生系统的跟踪指导，却蒙福能在先生门庭受教一二，这足令我受用终身。先生与我的来稿，主要包括剧本和文论。先生启发了我对戏的全面、深入理解。先是"跟戏"，先生毫无保留地将创作构思、过程与细节逐一展示：2015年，先生在创作晋剧《于成龙》时，前后发与我16稿，每发一稿，必问学生看到哪里有何不妥，鼓励学生大胆挑错。每发一稿，必告知在哪里做了哪些具体的改动。为了能让学生更深入地了解创作意图，先生会指导学生参看相关题材作品，客观比较其优劣，从而更清晰地明确自己的创作方向。我曾对先生琼剧《海瑞》中人物设置很感兴趣，海瑞与胡宗宪两个为官之道不同的人，竟然在狱中相遇，惺惺相惜。先生嘱我看《海瑞罢官》与《海瑞上疏》，看了以后，我才得以更深入地了解先生设局、构筑人物关系的巧思，为先生的这种"春秋笔法、心理分析"拍案叫绝。这个戏之后还引发了一个小故事，海口首演以后，省委宣传部部长看完戏以后拉着先生问道："郑老师您以前是干什么的？"先生答一直在写戏，对方很惊讶，说："那您怎么对官场这么了解？在海南各地巡演时，各地市领导都感动得流泪，认为说出了他们的心声。"

其次，先生平时会与学生"论戏"，作品上演以后，先生会及时关注反馈与评论，并第一时间与学生分享。难能可贵的是，先生不仅分享积极的评论，作为大师级的剧作家，更将一些"反调"和"批评"，把自己可能的"不完美和残缺"示予学生，并与学生客观地讨论分析"对不对，为什么？"如先生在创作《嵇康托孤》时，有专家质疑先生，认为"钟会妒忌吕安、陷害嵇康是不对的"，先生就此与我讨论，称："我为何思考了好多年，才结构出这个戏来，就是对钟会一直在找着力点，找到了，才来灵感。批评者没有好好地看史料，钟会有断袖之癖，倾慕嵇康，才妒恨吕安，设局陷害。"我听后深以为是，"断袖之癖"是这个戏的扭结点，也是可能走入人物内心的一把秘匙，但这种"发现"和"眼光"，和先生以往的着力点大不相同，由此可见先生因人设言，"说一人肖一人"的苦心经营。先生在创作京剧《赵武灵王》时，称专家们在"赵雍是否后悔分封两王"这个问题上有异议，先生又与我讨论："赵雍这么自负的人，不会认为自己分封两王是错误的，他认为这样可让自己在总揽全局中完成霸业，他认为是肥义及儿子不听自己的，才铸成大错。他的痛苦在于自己的宏大理想得不到实现，一代英雄竟被儿子活活囚禁而饿死。如果写他后悔自己要分两王，就软了点。专家提出这个意见后，我思考了，觉得是合理的，才这么改。"先生有时还会把导演的话发给我看，当创作有了分歧，有些是能够化解的，有些是需要坚持的。我在高校的藩篱深居简出，远离创作圈。但先生对我潜移默化的大量"投食"，使我不得不关注创作前沿，从而能够自觉地将理论联系实际，在专业教学和科研中多了一份底气和从容。

　　著名导演查明哲曾对先生的创作做如下精当的概括："以'凡人之性、常人之趣'进入、传达、表现、刻画历史人物；以'今人之情、哲人之思'思考、发现、开掘、塑造角色形象；寻觅、探究古今皆然、同异并存、丰富复杂的人性内容，沟通、契合今古相织、文脉依连、情理交融的心灵世界……一切'以人为本'，人，既是起点也是终点，给人类以冷峻并温暖的人文关怀，这是世界戏剧，也应是中国戏剧的，最基本的精神追求、核心课题、崇高使命！"

这种人文关怀不仅仅体现在他的戏里，更体现在他对后辈的提携、照拂与关爱。当我们逐渐适应世路逢迎、利来利往，逐渐谙熟职场规则，逐渐麻木按资排辈，你会发现，在先生这里，永远怀揣一份天真和至诚，一份尊重和平等，这种尊重和平等，是常人所无法想象和企及的。我平时自己带孩子，先生鼓励说，你很了不起；先生给我发稿子让挑他的错，我不敢，先生说，你眼光敏锐、艺术直觉好，你说了我才高兴；先生眼睛不好，我有时很荣幸地帮先生校稿，先生却说，让你辛苦受累了！我评不上职称，先生说，这有什么，你诚实又认真，必有发达之日；我不会说话，一日又为在会上说错了话而懊恼，先生宽慰我，说他年轻时口吃，一次记者采访，他一句话也说不出……2012年，先生的剧作集出版，嘱我去中国文联取书，当时我焦躁地赶博士论文，并没有把先生的话放在心上，忽一日，我竟然在学校收到了先生快递与我的题字赠书。一次与先生聊戏，无意中提及是自己生日，先生竟发大红包给我，我欢天喜地地接受了；可逢先生生日，我送红包，先生却分文不取，我很不解，先生却宽慰说："小李不要生气，我已把你视若女儿一般了，我年纪大了，精力有限，后辈的成长，最感欣慰。你把身体养好，把孩子养大，把学术做真，我最开心！年轻人经济负担重，我们现在养老金充足，还能力所能及地做公益呢！"我大龄晚婚，未成家时，父母同事朋友经常在我耳边好言相劝，我从未挂心，可2015年的4月，一日我正在与先生聊戏，先生突然劝我要多出去玩耍，多交朋友。我听后大吃一惊，先生从未与我闲聊过，我们也几乎从未讲过戏以外的话题，怎么他竟然也开始关心我的终身大事，看来我真的要认真对待了！一个月后，我果然找到了如意郎君，第一时间给先生报喜，先生很为我高兴，再三叮嘱，要多看人家的长处、不要苛求人家。事后先生对我说，婚姻是人生大事，一生幸福与否，与婚姻关系甚大。我看你不在乎，就替你急，催促你。直到现在，我都感叹先生的通灵，他是如何知道我当时的处境，又怎会恰到好处地给身处异地的我，以最大的关怀和提醒？

认识先生之前，我浮躁不堪，"择一事、终一生"对我来说是遥不可及的。可从先生这里，我看到的是"不跳跃趋、不左右顾"的行稳致远和心无旁骛，从而让我有了极大的勇气和定力坚守自己的专业领域。先生经常告诫学生要独立思考、不要人云亦云，要有自己独立的判断和追求。先生追求雅俗共赏、一戏一格，即便如《宇宙锋》《叶李娘》等传统戏改编，于成龙、王昭君等陈旧题材，先生也绝不拾人牙慧，反而自出机杼，自成一家风骨。先生的最后几部戏如《烟波迷月》《范文正公》，在选材和结构方式上，也和他之前的作品大不相同。先生非常看重傅青主反对奴儒、古拙率真的特立独行，更欣赏陈寅恪先生"独立之精神，自由之思想"，曾赴清华园拜谒海宁王静安先生纪念碑。先生的这种精神深深地感染了我，我想他对后学留下的不仅仅是编剧技巧与方法的启示，更珍贵的是，他这种超越性的心灵指向。这种独立的思想和精神不仅是我们艺术创作所必需的，更是我们健全的人格所必须追求的。

戏外的先生，独有一颗不经世事的澄澈童心，往往以最大的诚意接纳所有人。某剧团团长曾信誓旦旦地请先生改戏，称哪怕自掏腰包也要即刻投排，先生信以为真、没有签约便投入创作，如此辛苦月余，对方却以领导不让排为由轻易地将此稿否决，绝不提她当初所发的宏愿，先生对此一笑置之。某杂志社主编曾向先生约稿，先生认为情意重千金不必签约。耗费一年多的时间和精力完成，却因情势有变，对方不宜采用，先生对此也是无怨无悔。裴艳玲先生有次看到先生的某部戏，说你那个本子很好，导演不行！可先生认为，这个导演虽能力有限，不能很好地传达文本，但她首先发现了这个本子，绝不能因此而改换导演。先生一诺千金，认为情义无价，处处为他人考虑，与他人方便。

先生悲悯，某学生与先生只有一面之缘，生病后向先生求救，先生二话不说，赠金数万。先生情真意笃，与师母举案齐眉，相濡以沫，五十载伉俪情深，双宿双飞。师母患眼疾，外出先生必做向导，殷勤呵护。先生伏案写作，不事家务，师母嘘寒问暖，随侍左右。先生常常为诗章惹动情肠，酝酿多年的《嵇康托孤》稿成，先生说，终于可以仰天长啸。《失子记》首演时，先生悲痛不已，《新亭泪》重演时，先生热泪盈眶。先生与周伯仁"一起醉、一起醒、一起长歌当哭"；与河东君"一起恨、一起痛，一起酹酒浇愁"……

先生走后，在社会各界悼念先生的挽联中，有两副最动人心扉。其一，为先生挚友叶之桦女士："问，古往今来几度沧海几度桑田，抛洒男儿泪；写，人生世间多少悲歌多少离合，倾诉国士心。"其二，为中国艺术研究院戏曲研究所同人："为剧以写心，心以传神，清泪新亭，风操都下，笔力自梁伯龙孔东塘以后，传火借薪，五百年来无此手；人以见史，史以明理，惊涛尚湖，晓月关中，覃思在顾亭林章实斋之间，开新铸古，八尺氍毹独称尊。"

先生心怀天下，笔寓苍生，可称国士。先生"寻戏于史，传神写心"，既是浓情的诗人、剧作家，可媲美梁伯龙、孔东塘；又是深邃的史学家、思想家，可比肩顾亭林、章实斋。与先生交，常常自惭形秽，这世间怎会有如此大智、大贤、大德之人？先生写活了傅山和周伯仁，可无论傅山"尚志高风，介然如石"、还是周伯仁"卓尔不群，悲悯旷达"，又何尝不是先生人格之投射、精神之写照？先生不独属于戏剧史，更属于文学史、思想史；先生不独属于鞠部，更属于普天之下梨园之大学堂；先生的作品不独属于当代，更指向永恒！

（李阳，四川师范大学影视传媒学院副教授）

陋室读书，随心写戏

——剧坛行者怀兴先生

◎ 张　帆

认识郑老师时，我还是学生，未踏入戏曲之门，老师不嫌弃我愚钝无知，时常向我推荐电影、书和网站，遇到好文章更是即时分享。他以戏曲为立身之本，择一事终老，无论什么话题开端，必定回到剧本。没看过多少戏的我，说的都是自己的门外谈禅、雾里看花，老师不以为忤，反而循循善诱。当年的话，回首细思，平实中见智慧，都在教我读书、看戏、做人。

买下东北房子的次年夏天，他和家人去避暑，我也带小侄女去蹭住，现在想来多么唐突，他们却毫不见外，热情接待。郑老师说在东北体会到古人隐居的清静，他漫步山谷，挖地种菜，清理小溪。犹记得他手握锄头，扬起头来，散发着松弛、舒朗的气息，和参加会议时的正襟危坐不同，与自然化一的郑老师自内而外充盈着不被规训、不被调教、自由思考的力量。如果说写戏是郑老师生命内驱力的本源，那么护持本源的清澈和自由就是剧作家退无可退最后的顽强。他固守家乡，保持清醒与独立，志心一事，写一辈子戏。他说"我不受任何人管辖，高兴就参加，不顺心就不去"，进退随心，一如《新亭泪》里的渔父。笔下人物是郑老师对自己内心召唤的回应，他就是傅山、嵇康、徐文长，血脉里沉潜着儒家传统"士"的精神，铁肩担道义的凛然与决绝，一如傅山抵死不跪康熙、嵇康狷介不屑钟会、徐文长狂傲不拜首辅。

我毕业没多久，郑老师来开会，会前特意到我住的小平房看我和妈妈,房子在西关水闸边的大榕树下,非常潮湿,树旁有个小宫庙,整日香火萦绕,我们戏称"阴潮地腐"。他手上还端着会议室的纸杯子,回忆这里以前是招待所,20世纪80年代参加改稿会,有时一住就是一两个月,经常讨论剧本到深夜。我想起武夷剧作社那张合影,郑老师是创始社长,王仁杰、王评章、周长赋、林瑞武、王景贤、陈欣欣……照片里的老师们正当年,洋溢着一切尽在掌握的青春肆意。他们直言无忌,畅谈剧本,意气相荡,机锋相摩,也相互开着无伤大雅的玩笑。余生也晚,竟不知自己住了一年半的"阴潮地腐"多少也能怀些古,只是如今已夷为平地,变成河边小公园,我也搬家了,郑老师与师母还来我们的新居吃过饭。成就斐然的大剧作家,对刚入行的年轻人如此平易亲切,如家人般不尚虚礼,那是因为他的底色就是真诚、谦抑、慈悲,像邻家大叔一样关心、呵护着后辈,让人完全记不起他本该是我辈仰视的对象。这让孤僻社恐如我也能与郑老师相处随意,去宾馆拜访他,只带一个升糖指数低的柚子,被人开玩笑说简慢,我内心也坦然无比。有一次和瑞武老师去他家,饭后,他带我们到他经常散步的后山,边走边聊当下的戏曲创作,还高兴地指给我们看"金刚藤"——他用来治糖尿病的草药。彼时树上阳桃垂累,傍晚的天没有阳光,只余澄静透亮,郑老师浑如赤子,一派自在,令人如沐春风。

温和的郑老师也会发火,他总是站在弱者一边,冲冠一怒为剧团、为莆仙戏、为演员,替剧团要经费、推辞不合理演出安排、为莆仙戏着急、替受打压的演员鸣不平。自己生活简朴,从不计较稿酬,还将奖金捐给剧团买电脑和幻灯机。这些都是多年前的事了。遗忘才是真正的死亡。时隔半年,去触碰一些往事,愿为郑老师的记忆拼图添上一块。

2005年太原市实验晋剧院青年团约他为女须生谢涛老师写戏,他欣然接受,他说"现在舞台上脂粉气太浓了,老生的戏我喜欢写"。遇到傅山前,他原本属意孙威这个人物,孙威在成吉思汗手中保全了很多汉人,是个辛德勒名单式的故事。后来看到

2021年第八届福建艺术节讲座结束后携夫人与赖玲珠、张帆

傅山不肯下跪这一戏剧性片段，他就被吸引了，十天就完成初稿，真正动手才五天，抓住戏核就如有神助。构思傅山与康熙雪夜论字时，郑老师特意去查傅山对董其昌书法的评价，他说："我查到了，傅批评董其昌，他不指名，但明显批——我写康熙与傅山论书法的戏心里有底了，论书法就是论人品、气节，我要好好写这个戏。"康熙夜访傅山的情节是大胆虚构，两人的观点碰撞乃至对董其昌书法的不同态度都是真实的、可能的。《新亭泪》《乾佑山天书》《傅山进京》等一批新编历史剧是郑老师的标签，也是张扬武夷剧作社闽派戏剧创作风格的代表性作品，《傅山进京》只有"雪夜论字""依发辨证"两场虚构，是他传神写心史剧观的践行："照顾历史的真实，只求神似，不求形似；神似，主要的是要把握历史的精神。"从最初的《新亭泪》到最后的《范仲淹》，他一以贯之，20多部历史剧都遵循这一创作原则，从不冒犯古人。2019年《中国戏剧》向他约稿，他撰写《寻戏于史 传史之神》一文，再次以自己作品为范例，强调尊重历史、不求形似、但求

神似的创作观。他的新编历史剧数量多，成就显著，话题度集中，另一批机趣天成的戏在全部54部戏曲作品中不占主流，但同样毫不逊色。创作于20世纪80年代的《鸭子丑小传》，无论情节推进还是人物塑造都灵动顺滑，戏曲本色与才思情怀并重，是戏曲化非常成功的作品，在当下现代戏创作中，难得一见。同样质地的作品还有小戏《戏巫记》《审乞丐》《搭渡》等，这些作品构局巧妙、戏趣盎然，充满急智又浑然天成，如果给人物换个时代背景，再换上古装乱入优秀传统戏，可能真假难辨，剧作家的才智光芒完全投射到了人物身上，同样是本色与才情并重的戏。

郑老师是至真至纯之人。郑老师在《傅山进山》里引用傅山谈书法"宁拙毋巧，宁丑毋媚"一段作为台词，说的不仅是书法，也是处世之道。他买东北房子，让东北朋友感动的是，他们只是网上认识，郑老师也不调查，直接汇购房款。他说："在这种缺'诚信'的年代，我们给人一点儿'诚信'就会产生不可思议的力量。"始知直道而行，是世间最方便的事。后来东北朋友尽心尽力替他买房，长年照管房子，至今还像家人一样往来。

郑老师念旧情，时常提起引领他创作的陈仁鉴、陈贻亮先生，还有仙游县编剧小组原组长张森元等前辈、同人对他的提携帮助。他敬重他们，尤其张森元老先生晚年独居，郑老师经常探问。老先生们物故，他为他们撰写朴素真挚的纪念文章。2023年1月，"新冠"疫情期间，我在微信问候他，他说"人心惶惶，代价惨重"，还问我"你妈妈好吗"，当时我只觉得他对众生的悲悯，未体会到他的灰心丧志。春节后和玲珠去看他，他不停流泪，疫情中亲朋故旧的离去触动他的同体大悲，身体与视力之故无法读书写作也让他了无生趣。

2023年8月和玲珠去康复医院看他，他能说简单的几个字，后来才知晓这是与他见的最后一面。10月他从西安回来后，方晓告诉我，老师恢复挺好，在宜平家。我想去探望，宜平也是多年未见的朋友，每个周末都在计划，又都在耽误延宕。还没成行，就听玲珠电话里说"郑老师走了"，我没反应过来，问："去哪儿了?"她说:"走了。"消息来得这么突然,这么意外,我非常非常后悔没去看他。人与事画个圆,首尾相叠就圆满了。没想到,郑老师这儿缺了最后一笔,我也不知道要怎么弥补这个缺憾。洒落在我们与这个世界的阳光,不再洒向他,所有人离开后,他独自留在山上。

他说,"我这个人其实是书斋型的,不能适应现实生活""我一生不会运作,不会炒作,但如果受人欺负会大吼一两声。火发了,气就消了"。他其实只会发点火,然后"黔驴技穷",然后继续被人"欺之以方"。他说:"我惹不起,躲得起,干脆就在乡下不出来。每个人的路不同,性情不同,寻找最适意的生存方式就行,我认为自己这样生活很自得。虽出无车,傍山而居,陋室读书,随心写戏,其乐何如,我一贯如此,以前不自觉,现在是自觉。"

他打算写傅山,想去山西看资料,他说:"太原有个傅山研究会,他们的资料肯定很多,他们如果能请我去太原那就好了。"我劝他和剧团提这个要求,实地感受,除了收集资料,还会有其他感悟。他说:"我从来不会主动开这个口的,不好意思,说不出口,知识分子,脸皮特薄。"好在剧团很快就主动邀请了。

他说:"有戏可写,心情就舒畅,就觉得自己还不是到了江郎才尽的地步。毕竟岁月不饶人,我要不断进入创作状态才好。如果停留在现实中,就觉得难受。"正是这种被追逐的使命感,让他保持旺盛的创作力,《傅山进京》之后,他再一次爆发创作激情,进入一个新阶段,高峰之上又有高峰,一叠再叠三叠,曲曲翻新,出人意料。他说,"我喜欢即兴之作,不喜欢为人家量身定做,应约而写,就是有些为功利所驱了,不自由,我还是自己高兴写什么就写什么,演不演是次要的""要自由自在地写,宁愿不发表不排演,也要走自己的路"。他"随心写戏",给无锡锡剧团写的《依心曲》后来更名为《随心曲》。2020年为范仲淹"宁鸣而死,不默而生"一句话触动写《灵乌赋》,苏昆排演前,他又孜孜矻矻依昆曲曲牌改唱词。他说"不敢再写了,可能《灵乌赋》是最后一个戏了",后来又写了《范文正公》《烟波迷月》《钱四娘》

和小戏《蜡丸案》，创造了新的戏曲人物典型。

他说："一个本子要让人从不同角度来看，才有意思。"他每次戏一写好就迫不及待分享给朋友们征求意见，无论谁的意见，只要可取，立马就改，改了再发，一个作品有时改了二三十次。他主张戏要不断磨，也主张坚持创作个性，"不要随便被其他人的意见左右，不要听了人家的意见，把优点磨掉"。戏曲给了他安身立命之所，也是他精神的输出端口，他为戏而生，通道一旦关闭，生命顿时失色，他不只是择一事终老，而是择一事以命相待。他对写戏像信仰一样虔诚，他说"写戏是生命的需要"，可能他觉得不能写，人生使命便已完结，如王评章老师所言，写戏是他生命中的生命。

生为过客，死为归人。先生有灵，乘愿再来。

（张帆，福建省艺术研究院副研究员）

遥望与敬仰

——怀念郑怀兴老师

◎ 杨 蓉

2023年11月中旬，在杭州观摩中国戏剧节期间，听同行说郑怀兴老师身体不太好，心中一沉，想着等老师好转再联系……没想到，一个月不到，传来噩耗，老师走了！

回翻微信记录，与老师的信息停留在2021年，已经有两年未与老师联系了……一时有些无措，又万分自责！许多个忙碌而无记录的日子里，无意识地忽略了很多！老师的面容浮现眼前，与老师交往的点点滴滴涌上心头，相距千里，不能前往送行，只能用文字来纪念老师。

与老师相识，应是冥冥之中有缘……

20世纪末，孙茂廷老师调到我们单位做主任，他是我戏剧创作的启蒙老师。孙主任给我们上的第一堂课，就是学习福建历史剧。彼时，购买图书资料远不如今天便利，孙主任保存着20世纪80年代初订阅的《福建戏剧》杂志，当他把已经泛黄的杂志小心翼翼地交到我手上时，顿时感受到沉甸甸的分量，肃然起敬！就是在这些刊物中，我看到了《新亭泪》《晋宫寒月》等剧本，非常震惊，原来历史剧是这样写的，原来戏剧可以有如此深刻、深邃的表达，原来戏曲的唱词可以如此有力度、有气韵、有回味……如同打开了一扇窗，眼前忽然明亮了！从那里，我知道了福建戏剧"三驾马车"，知道了福建有莆仙戏、梨园戏等古老的剧种，知道了在仙游那个县城，有一位叫郑怀兴的剧作家……

世纪之初，初学写作，孙主任布置我写一篇论文，中西方戏剧比较，选择的剧本是奥尼尔的《榆树下的欲望》和郑怀兴老师的《晋宫寒月》。因为写论文的需要，各方面搜集资料，包括剧作者的家庭背景、人生经历、创作历程，全方位地去了解。因为这篇论文，我不经意地走近了老师，看到他如何一步步走上戏剧创作道路，了解到包括《新亭泪》在内的一些剧本的创作过程，从他的作品中感受他的思想与追求，理解了为什么郑老师被称为当代最有风骨的剧作家之一，深深为他的才华、人品和剧作折服。这篇论文，是我第一次也是唯一的一次去深入了解一位素昧平生的剧作家，仰望、钦佩、崇敬，将他视为榜样……这是我仅有的一篇可以称之为戏剧论文的文章，定名为《"普罗米修斯盗火"与"精卫填海"——〈榆树下的欲望〉和〈晋宫寒月〉之比较》，获得了第二届王国维戏剧论文奖三等奖。

远在福建的郑老师并不知情。对我来说，他是如同星辰一般的存在，闪耀着光芒，可望而不可即……我一直以为他是存在于教科书中的人物，不可能与我这个苏北小编剧相交，就像福建戏剧一样带着神话色彩，唯有向往，难以企及。

其后不久，孙主任参加一个戏剧活动，竟然遇到了郑老师，并谈到我的这篇论文，老师写了一个邮箱和联系方式让孙主任带给我。清楚地记得，那是一张细长的纸条，上面是郑老师很硬朗的手书，那张纸条一直压在办公桌的玻璃台板下，每天可以看到，我却是没有勇气跟老师联系……那时，我刚开始学写剧本，如小学生一般，实在不敢与这样的大家交流。

2010年秋，江苏省文化厅举办创作培训班，邀请全国知名专家来宁授课，其中包括福建戏剧"三驾马车"中的两位——王仁杰和郑怀兴老师。那是我第一次见到郑老师。老师的讲课没有激情飞扬，很朴实、很特别，他的讲课内容，包括他的语气与神态，都透露着让人敬重的真诚。

那时，我刚完成一部历史剧，竟然不知天高地厚地将剧本送给郑老师，请他帮我提意见。如今想来，多么唐突！我本是初学者，可以想见剧本的稚嫩，又是初次相见，没想到郑老师欣然答应，并约了我第二天吃早饭时谈剧本。那天在餐厅，是第一次跟老师近距离接触，老师语速不快，眼睛很有神，特别亲和……他非常坦诚地帮我分析了剧本，提出意见与建议，我于诚惶诚恐中，又有一种喜难自禁……

此后年间，与老师的交往停留在新年寄一张明信片，道一声祝福。一是因为距离远，二是有些内向的天性，不知如何去与人交往与走近……

2013年春，机缘巧合，中国戏剧节参演剧目的剧本改稿会在盐城举办，郑老师作为作者来盐城，那是我第二次见到老师。会上，在一些反对声中，并非点评专家的郑老师竟然挺身而出，力挺徐新华老师创作的淮剧《小镇》，预言这将是一部优秀的作品。老师的评判，使这部作品得到重视，事实也验证了老师的艺术鉴赏力，该剧在第十一届中国艺术节上获得文华大奖。这也是郑老师与盐城戏剧结下的特殊缘分！

2015年，由《剧本》杂志社、市文广新局与省剧目室联合主办的"徐新华戏剧创作研讨会暨《小镇——徐新华剧作选》首发仪式"在盐城举办，郑怀兴老师也在邀请专家之列。因为与会专家较多，由我负责接待老师。老师有下午散步的习惯，我便陪他去宾馆附近的聚龙湖公园。聚龙湖是我市具有地标特征的人工湖，是城南的一道风景。初春时节，云淡风轻，湖边公园，花儿初放，树叶新绿，一派生机。我陪着老师围着湖慢慢地走着，聊着，随心随性地交流，感觉那个高在云端的老师落地了，可以看清了，更亲切亲近了……我不善言辞，老师也不以言语见长，本以为会冷场，未料相谈甚欢。老师语速不快，非常健谈，创作的作品、与相识同行的交往、与创作主体的沟通以及创作中的一些困惑，甚至创作理念，当今剧坛的一些难解现象等，只要我提出，老师必会解答。交谈中，他既能引申较远，又能回转到最初的话题，让我钦佩老师思维的敏锐、敏捷……那个初春湖边漫步的画面，长久地留在我的记忆里，每每回顾，总是特别幸福的感觉。因为这次相处，与老师建立了微信联系。

其后多年，我们通过微信交往。老师出作品集，出书稿，会寄来相赠，供我们学习。各种艺术活动中，我们追逐观摩了多个剧种许多部老师的作品，观摩结束，总会与老师交流心得。这样直接的艺术交流，纯净而美好，每一次的交流中，都能充分感受到老师提携后辈的诚意与诚心。

2016年初，徐新华主任退休，领导要我接任单位负责人。因为个性所致，能预见这个职位将要面临的困难与辛劳，从心底里抵触……那一阵，心情败坏，便在微信的朋友圈中发一些情绪低落的信息，没想到老师看到了，关切地询问遇到了什么难题，并与言语慰藉……在那个寒冷的冬日，来自千里外的师长问候特别温暖，无言感动，无比感谢！

记忆中，2015年《三三》进京演出，2016年在西安举办的中国艺术节，与老师邂逅两次，都是匆匆一见，未及长聊。2017年3月，我们举办盐城市戏剧创作培训班，幸运地邀请到郑老师。老师不远千里，来盐城为我市作者带来充实而丰厚的一课，大家都非常激动。课后，老师一再追问学员对他讲课的感受，是否有收获？严谨求实，是老师一贯的作风！但因培训班的琐事，那次未能与老师畅谈。2021年，老师有新戏在苏州演出，与他约好组织作者前往观摩学习，可以一聚，后因种种原因未能成行，终成遗憾！想来，盐城的培训班是我最后一次见到老师！

与老师的交流，多在于剧本。因为我偏爱老师的历史剧，特别渴望读到老师的新剧，老师便会发一些新作给我。每一次收到老师的剧本，都非常兴奋，非常珍惜，把这一部部剧本当成自己学习的机会，读完记录心得，不成熟的第一感觉，发给老师，甚至会斗胆提出建议……老师竟然认可，并且乐意与我这样的交流……那几年是老师的创作高产期，《海瑞》《北魏孝文帝》《浮海孤臣》《赵武灵王》《于成龙》《关中晓月》《冼太夫人》《嵇康托孤》等剧，我都能在第一时间拜读老师的剧本，体会老师的创作初衷，感受老师作品中透视出的思想与品质，从中汲取丰厚的营养……那几年中，与老师通过剧本的交流，想来犹叹，弥足珍贵，至今电脑中保存着老师的独立文档，珍存着老师的多部作品。

　　回望与老师的交往，总是远远地遥望，总是无尽地敬仰！因为不定时的交流，加之距离的遥远，老师犹如幻境一般存在……因此，时至今日，依旧会恍惚，感觉他并未远离，会在某一个清晨或黄昏，忽然收到老师的信息："小杨，你好！"然后，会看到老师的新作，又能够虔诚而又期待地去品读，学习……

　　（杨蓉，江苏省盐城市文化广电和旅游局剧目工作室主任、一级编剧）

先生怀兴

◎ 黄披星

那日，在电脑上翻找戏曲视频，在苏州昆剧院的页面上看到了《范文正公》，满怀热切地看了一遍。不知怎的，很快却生出伤情来——想起了怀兴先生的音容，遥远又很真切。

我跟先生的距离算很近，交往却很少。这并无其他原因，在于我自己不敢对先生的多扰。我入戏曲行很晚，大约要在2016年之后，只能算是一直在戏曲门口探头探脑的小辈人，这是实话。甚至可以说，对我来说，先生在他的四卷本《戏剧全集》扉页所写的"安身立命于梨园"的表述，对我是"南柯一梦"般的存在；同时，那又很像一种警示。

前几年在先生的大作《新亭泪》历经近40年后，由中国评剧院复排而广获盛誉，我写了《跨越四十年的〈新亭泪〉》一文，发在当时的《长江日报》上，先生看到后转发了自己的朋友圈。这是很小的交集，更是作为后辈的荣幸。回想起来，我其实在先生家里吃过大概三次午饭，基本都是因为外地的戏曲作者和先生的学生们来拜访，因为相识的缘故我陪同去的。虽然是蹭的饭，因为先生待人一贯温润如玉，那吃饭现场，想来也都是温暖的时刻。

先生对戏曲的贡献极大。这不需要我多说。太多的怀念文章都说到，先生是中国当代戏曲的一座标杆。这座标杆，主要由厚重的人文精神和士人风骨组成。可以说因为先生的存在，戏曲的整体面貌变得更具文人性，也就更具独立性，这并无半点夸张。

有人提到，怀兴先生在全国的名气大过在福建，在福建的名气大过在莆田本地。半是玩笑，却也基本是实情——因为再伟大的人物在亲戚朋友眼中也只是常人。人世可以淡看，历史却不会忘怀。莆仙戏是先生的原发点，也是先生一生坚守的地方；但不能不说，先生有时候对莆仙戏是感到失望的——失望于某种程度的无能为力，这当然是爱与责的两难。很长时间戏曲现状让人憋屈，莆仙戏自然也难免。这当然也可以说是传统艺术在很多发展时段的进退两难，乃至延续至今。而先生往往不能不被推到前台，这是实在的痛之切。

对莆仙戏来说，先生的《新亭泪》《晋宫寒月》《妈祖》《魂断鳌头》，还有《鸭子丑小传》等几部现代戏，都具备长存的价值。在参加鲤声剧团70周年的纪念现场，我看到先生跟王国金、许秀莺还有一批鲤声剧团的老艺人们，几乎是过于热切地牵手在一起，难免有些无法平抑的伤感。那是一代人老去的痕迹。剧场台面上悬挂着的那些以陈仁鉴和怀兴先生为主的作品标识，从《团圆之后》到《叶李娘》，几十部巨作高悬如柱，看起来隆重盛大又飘摇。

略微延展说去，莆田包括仙游，这个地方的人文是自有其特殊性的。按照更加富有地理和历史轮廓的说法里，这里的山海、木兰溪、移民和戍边、抗争和贫瘠……沉淀为这里的人文气息。经常跟人说到，在仙游的某个周末，先生从家里出来去鲤声剧团，要经过仙游文庙，而在文庙广场扎堆在一起的人群，很大可能是一些讨论昨日今天彩票开票结果的一群人。这就是莆仙地区的人间缩影，那就是：大俗大雅，各安其道。

当然，莆仙人的秉性中那种强烈的进取心，是有某种必然的由来的，那是木兰溪的雅致和大海的狂野、贫瘠的土地和饥饿的伤痛杂糅成的复合体。莆仙本地话里有句话，叫某人是"敢吃敢死"的人。这是一面。而像先生的存在，是深耕在木兰溪畔的一股文化之源，跟陈仁鉴先生一样，源远流长又厚重如山。这大概就是我认为的先生除了戏曲之外更深的价值，特别是对本地莆仙地区的文化含义。那是一种草木葱茏的生长方式。这又成了莆仙人的另一面。

　　我觉得，文化历史的沉淀，我们是有明显的辜负的。就像莆田对陈仁鉴先生，如今加上郑怀兴先生，那都需要一座文学纪念馆来记录和承载的。可惜，这并不容易。当然，我们总会知道，一座城市因为某些人的存在，而变得厚重沉静。

　　更早的接触在2003年左右，在我还是文学爱好者的初期，有一次赴仙游的采风中，跟着几个学界朋友去了先生家里。后来我就经常跟人说起，先生书房里那一堆的《世界文学》，令我吃惊不小。这个场景的难忘，当然是我慢慢认识到怀兴先生这一代人的文化视野之略寄。并不是《世界文学》重要，而是在扩大自身认识和自我锤炼中，这类书得以构建一个当代文人的完整性。这一切都一点点变幻成了像周颙、傅山、徐渭这样的角色痕迹。

　　后来慢慢读先生的大作，确实隐隐觉得，跟常人一样，作家一辈子作品的原发点难免跟人的童年有关。这是实情。童年时代的经历，最终反映在那个《烟波迷月》中的迷惘书生，像极了白茫茫一片真干净的故事终曲。回想这个，并不是因为简单的人世悲观，是我们最终都要一点点舔舐自己的生命起点的酸甜。这又何尝不是多数人一生的写照。身体之苦和心灵之创都可能变化成某种功德，有些世俗些，有些却可以幻化得近乎神圣。

　　现在我们应该把这看成是平常的。正因为平常，才真实，才长久地被回味着。细想之下，我还是认为，其实没有人是以伟大作为起点的，我们能追寻的只是很细微的价值——从这里开始的。正如先生在仙游这样的小县城安居一生，一次次穿过人群熙攘街市的一个身形清瘦、表情谦卑的长者，在一段短暂却真切的入市和入世中，却慢慢地重塑了中国戏曲的尊严。

　　可以确信的是：怀兴先生的存在，会自然地在慢慢被不断地回顾中，一点点重塑这个地方的文化取向。他也会在重塑的戏曲美学认知中，慢慢延展成文化意义上的圭臬一般——那是一种风骨为体、作品为证的文脉所在。然后，后来者在这里所谓的安身立命，带着古老的戏曲痕迹，也就是先生和先生们弹拨吟咏下的土地和水纹。

　　在苏昆《范文正公》的最终，舞台音乐渐渐昂扬，我有一阵忽然觉得悲戚不止……我们应该平静地忆起先生在这块土地上的耕植，那是土地更趋沉淀的时刻。我常常怀想先生目光中的热望，如星空闪耀万古长夜。

　　当一曲终了，余音缠绕不止。是的，梨园有先哲，弦歌不可辍。

（黄披星，莆田市艺术研究所青年编剧）

寻道于史，传神写心，独树一帜

——怀念郑怀兴先生

◎ 智联忠

癸卯年十一月初一，上午12点36分，当代著名剧作家郑怀兴先生因病在福建仙游驾鹤西游，享年76岁。噩耗一出，戏剧界悲痛欲绝。不禁让人难以相信，这位思想深邃、笔力雄健的剧作家竟然走得如此匆忙。霎时间，北方大雪纷飞，绵延数日，风刀雪剑严相逼，老天也在为先生的逝去而泣挽。

郑怀兴先生是改革开放以来中国戏曲界成名较早、成就较大、影响较广且高产优质的剧作家之一。福建省仙游县榜头镇人。1967年高中毕业，先后服过兵役、回乡务农、当过民办教师及临时工，1977年考入莆田师专政教专业，1980年毕业到仙游县文化局编剧组工作至2008年11月退休。一级编剧，首批享受国务院颁发的政府特殊津贴专家，曾当选中国剧协理事、福建省文联副主席、福建省文联顾问。作为当代著名的剧作家，其创作的作品、写作经历和创作理念等，对于戏剧艺术尤其是民族戏曲的文本写作和剧目建设都有重要的价值和意义。

郑怀兴1971年起自学写戏，先后师从陈仁鉴、张森元、陈贻亮等老一代戏剧家。其创作可以分为四个阶段：一、1971年到1979年，是他于困境中努力自学戏曲创作的积累阶段。二、1980年到1989年，是其踏上戏曲编剧专业创作的道路，乘时奋进的阶段，是他创作的第一个高峰。期间创作了《遗珠记》《新亭泪》《魂断鳌头》《晋宫寒月》《鸭子丑小传》《阿桂相亲记》《青蛙记》《神马赋》《造桥记》《借新娘》等12个戏曲剧本。三、20世纪90年代戏曲陷进了低谷，郑怀兴还在艰难地坚持创作，写了历史剧《要离与庆忌》《红豆祭》《乾佑山天书》《王昭君》和现代戏《长街轶事》，根据传统剧目改编创作了《叶李娘》等。四、进入21世纪以来，创作了新编历史剧、古代戏：《寄印传奇》《林默娘》《上官婉儿》《轩亭血》《潇湘春梦》《林龙江》《傅山进京》《萧关道》《乔女》《青藤狂士》《柳湘莲》（后改为《鸳鸯剑》）《海瑞》《赵武灵王》《北魏孝文帝》《失子记》《魂系京张》《浮海孤臣》《于成龙》《关中晓月》《冼夫人》《嵇康托孤》《灵乌赋》《范文正公》《烟波迷月》《钱四娘》《仙霞古道》，现代戏《二泉映月·随心曲》，小戏《雷州驿》《蜡丸案》，整理了莆仙戏传统剧目《蒋世隆》，改编了汉剧传统剧目《宇宙锋》。

文艺评论《21世纪福建戏剧创作研究》是我申报的国家艺术基金2023年度青年艺术创作人才资助项目。课题对福建戏曲创作的整体情况进行系统、全面、深入的学术梳理，从而明晰21世纪以来福建戏剧发展全貌、创作特点、审美追求，以及面临的问题等。着重对怀兴先生的创作进行系统的、宏观的梳理与学理的研究，这对于当前及今后的戏曲创作有着重要的现实意义和理论价值。他离世前不久，我刚刚完成了《21世纪郑怀兴创作论》初稿，本想待他身体状况再好些、天气舒适的时候带着文稿前去探望请教，怎奈却成了一个遗憾。

进入21世纪以来至截至2023年，郑怀兴只创作了一部现代戏，将大量笔墨集中在了古代。他产量丰厚，23年间爆发性地共创作32部作品，包括《傅山进京》《青藤狂士》《海瑞》《赵武灵王》《于成龙》等18部历史剧，《寄印传奇》《蒋世隆》《失子记》等各类古代题材改编剧目11部，还有现代戏1部、小戏2部。这一时期是郑怀兴戏剧创作的第二高峰期，其创作的特点是：一是打破了福建的地域局限，开始应邀为莆仙戏以外的更多剧种如晋剧、京剧、评剧、琼剧、秦腔、昆曲、歌仔戏、高甲戏等全国的戏剧院

2016年3月1日在仙游家中与智联忠

团量身打造创作,数量较多;二是这些剧目创作团队实力较为雄厚,舞台呈现综合效果比较好、剧目的影响比较大。

  回想起,与郑怀兴先生结缘确实就是由于戏曲。我们之间密切交往是我来福建工作之后的事,其时我在福建京剧院做戏曲研究工作,研究课题、关注戏剧现状、撰写评论文章。先生为人真诚坦荡、没架子,又很鼓励后学,对我也很关注和肯定。2013年他编剧的汉剧《宇宙锋》、锡剧《二泉映月·随心曲》、琼剧《海瑞》、苏剧《柳如是》齐登第十三届中国戏剧节,全部荣获优秀剧目奖、个人获优秀编剧奖,成为戏剧节一道靓丽的风景。我当时赴苏州观摩了这些戏,大为震撼,四部戏风格各异、思想丰富。回到福州不久,福建京剧院刘作玉院长说郑怀兴先生想让我为苏剧《柳如是》写篇评论,听听我的看法。前辈如此信任,我自然认真进行了学习研究,并写成小文《苏剧〈柳如是〉:本色自然之佳作》,他反馈说剧团和主演昆剧表演艺术家王芳都很满意。当时,刘院长和怀兴先生正在商谈《赵武灵王》修改排演事宜,他当面表达对我写的评论文章很赞赏、很喜欢，且提出"不知联忠是否愿意为琼剧《海瑞》也写一篇"。刘院长直接就做主答应了。之后，怀兴先生和我说，当时《海瑞》剧本要发在《剧本》月刊，需要一篇评论，"也不能总是老的评论家来写，年轻评论家写的文章也很好，也很需要"。之后也常说希望听到更多年轻人对戏的评价与看法，话语中满满都是对晚辈的提携与期望，又多会设身处地关爱体谅人。前些年，我经过慎重的考虑想对怀兴先生做全面系统的研究，写本传或评传。正式沟通前我还有些犹豫、忐忑，他剧作丰厚、影响广泛，作为年轻的后学，人家放不放心让你写，你搬得动吗？鼓起勇气通了话，我谈了自己的想法。先生表示感谢，他相信我能做好，只是没有任何经费报酬和出版支持，他离福州这么远，我来回奔波会非常辛苦。我答复他没关系，这些都可以克服。就这样一拍即合了。孰料，过了十多天，收到他发来一条微信消息称十年前答应过汤晨光教授来写评传，汤教授当时还曾收集了好多资料，一时竟然忘了。"我听到您要为我写评传，既高兴，又担心与他冲突了，要不要告诉您？我这几天犹豫着！想来想去，还是告诉您！免得耽误了您的事业！"他就是这么重义守信，信守诺言。

　　随着逐渐熟悉以后，我们之间的联系日渐也多了起来。把他的创作作为研究选题是很早就确定的，我和先生多次联系过要做个访谈，他也很快答应了。2020年6月19日，评剧《新亭泪》上演之际我发微信表示祝贺，又交流："我一直有想法想对您21世纪以来的创作做些梳理，找个合适的时间对您做个访谈，不知您意下如何？"他爽快地答应了。直到2021年6月我应邀赴厦门大学开会之际，相约去拜访看望他，并就福建戏剧创作做个访谈。他回复"欢迎光临，好久不见了！一切视你方便，我都有时间"，又说"朋友之间的聊天，我视力不行，疏离戏剧有日了，谈不了什么了"。6月闽南天气异常炎热，为了让他多休息会儿约了3点后我过去，他说要早点出来迎我，我说天太热不必。劝说未果，我到了小区门口时他已久候多时了，师母说得知我要来他非常高兴。我从厦大开完会赶来，计划在他小女儿家附近买点东西，结果没找到。我问先生小卖铺在哪边，他一把抓住我的手腕，"家里什么都有，你来我就很高兴，其他都不需要"。不仅如此，他还说这里偏僻，附近没有吃饭的地方，一定要我留下共进晚餐。盛情难却，我只好恭敬不如从命了。临走时，他还送我一礼盒大红袍，简单的一句"你带回去喝"。茶我至今还留着，定格着那个美好的相聚时光。先生待人的赤诚远赛过当头烈日！写到此处忽想起2014年在仙游家中，他与师母送的一大包桂圆干，有种别样的甘甜。在厦门的当天下午，我们边喝茶，边聊没有做成研究式的访谈，互相谈谈近况，非常愉快，当然说是聊家常，戏曲也是绕不开的。他身体不太好，有糖尿病，眼睛视力也差，家里人都不同意他再写戏。我也劝他要多注意身体，别累着，真要写的话也放缓写。说实话，写戏成了他的生活，他曾说不写戏他会死。我知道，先生骨子里倔强得很，该写还是要写，谁的话也听不进去。正如对待同行、对待戏的意见一样，他始终主意很正，绝不人云亦云。搞艺术是要有性格、有个性的，尤其是那股倔劲儿。他笑着和我说："真要写起一个戏来，停都停不下来，根本就不受控制了，每次写完一个戏都会累得大病一场。"其实，怀兴先生对戏的痴爱是斩不断的，他淡泊名利、没什么架子，不愿意多谈什么创作现状问题，叮嘱我好好研究、多写文章，不管有什么困难都是暂时的，都会过去。这是他一生的切身体会与真心吐露，我听了很受用。先生非常尊重评论的独立性，绝对不会要求评论要符合自己的意见、不允许批评等。他追求并尊重创作的自由，同时也尊重理论评论的自由与独立。我想这就是作为大家的底色与风采、襟怀与格局。

手捧《戏曲编剧理论与实践》《郑怀兴戏剧全集》两套赠书，又回忆起他对我满满的关爱情谊。2016年底福建省艺术研究院在仙游举办了编剧培训班及采风活动，因工作原因我未能前去。怀兴先生发来微信说没见到我，问因何未去，要了地址将《郑怀兴戏剧全集》寄到了福州……与先生交往的点点滴滴让我感受着这位大家的情怀与关爱。这些美好的记忆绝不会逝去。

敬献一副挽联，再表对怀兴先生的哀思：

寻道于史传神写心独树一帜，
戏里乾坤酸甜苦辣皆成文章。

（智联忠，福州市艺术创作研究中心青年研究人员）

怀念郑怀兴老师

◎ 石秀文

那天下午我在改稿,舒华发来语音告诉我一个惊人的噩耗:郑怀兴老师走了,我不相信,我知道老师前段时间身体不好,不至于一下就走了,我发微信问了老师的大女儿宜琳,确定老师已驾鹤西去,这时我的泪水再也止不住了。我和舒华再次打开语音,我告诉舒华老师真的走了,我俩失声痛哭,并一直在抽泣,悲痛的心情久久不能平静。慈祥的老师从此离开我们,阴阳两隔,再也不能聆听老师那样认真为我们看剧本指导我们创作了。我给宜琳打过一份祭礼,求宜琳替我在老师灵前磕个头,表达我的哀思,愿老师一路走好!

整整一个晚上不能入睡,回想着和老师相处的一点一滴。

我是2015年认识郑怀兴老师的。那年县剧团想把《冯子存》这个戏申报国家艺术基金,找了我让我给写一些申报材料,当时我查阅了冯老先生的资料后,冯老对艺术的追求,让我感动,使我对他肃然起敬,我决定写这个戏,这个戏让我有一种莫名其妙的激动,欲罢不能。我不顾一切地投入到戏剧的创作中。一连几天十三四个小时在电脑前工作,不是写稿就是看戏,半个月时间初稿完成了。当时郑怀兴老师正在为张家口写《魂系京张》,我通过市里的朋友要了郑怀兴老师的电话,朋友告诉我老师是戏剧界三驾马车大人物,不一定能给你看剧本。你一定要客气点。我还是冒昧地给老师发了一条短信说了我的情况,老师给我回了短信，还给我邮箱，让我把剧本发到邮箱里。我很高兴，一下子给老师发了三个剧本，也是那年我写的三个剧本《冯子存》《慧嫂开店》《门当户对》。一周后老师给我回复了，三个剧本老师一一点评，老师还帮我修改了错别字，老师说我的文学功底厚实，所以初涉剧本创作就出手不凡，当然对剧本格式与创作手法还不很了解，多看剧本，多看舞台演出就能熟练掌握。老师把他给学生讲课的讲稿发给我，还有汤晨光老师的剧评，老师的鼓励使我有了信心决心继续写下去。我从老师讲稿中看到老师提到的一些剧本，我就不管不顾地一次次和老师要剧本，老师从来都没拒绝过，总是很快就发来了，过几天老师还谦虚地问我对老师的作品有什么看法。老师的作品我一个"小学生"哪敢妄评，只是和老师探讨某些段落为什么要这样写。每发来剧本后老师总要问我对剧本的看法，老师的谦虚让我也胆子大了，说出我的看法，比如《魂系京张》我说老师并没有把笔墨用在修路上，而是重在思想观念上的转变，老师说我说得对。我一次次看老师的讲稿，并把讲稿打印出来装订起来，当作工具书经常翻阅。还有老师写的那些戏，我先看剧本，再从电脑上看演出，我最喜欢老师的《傅山进京》这个戏，我不知道看了多少遍，里边的唱词我都能唱下来了。老师教导我不要为名利写作，每一个戏都有它自己的命运，不要急于求成。谨记老师的教导我坚持继续写戏，在老师的鼓励和指导下近几年里我写了五个大戏：《春雨办学》，二人台《生娃娃》，儿童剧《我和我的机器人爸爸》，历史剧《赵武灵王和赵章》，扶贫剧《乡亲·亲情·爱情》。还有小戏《丁克大战》《城市媳妇乡下婆》《我想有个伴》《太太的梳头匣子》。其中二人台《生娃娃》发表在《三晋戏剧》；在第二届"黄鹤杯"剧本征文活动中，从近600部作品中筛选出前100部，《春雨办学》进入100部名单里；儿童剧《我和我的机器人爸爸》在戏剧中国2019年度作品征集推选活动中入选儿童剧入围剧本；新编历史剧《赵武灵王与赵章》入选戏剧中国2019年度作品征集推选戏曲类潜力作品；扶贫剧本《乡亲·亲情·爱情》在戏剧中国2021年度作品征集推选活动中入选戏剧类入围剧本。2022年戏剧中国作品征集推选活动中，我的30集电视连续剧《生在深山村的女人》入选影视类潜力剧本。2019年二人台小戏《约会》由内蒙古包头市排演。这些成绩取得都离不开老师的帮助和指导。我每一个剧本写完都会给老师发过去让老师看，老师都认真地帮我看，并提出修改意见。特别是我写《赵武灵王和赵章》这个戏时很迷茫。最初想写这个戏是因为我在写微电影《夫妻》时，听一位老师说在开阳堡为赵章塑像时，村里人说赵章是坏人还给他塑像，我就想弄明白：赵章到底是个什么人物？他坏在哪里？我查阅了大量有关赵武灵王与赵章的资料，对赵章有了新的认识，我反复分析凭赵章的年龄体力武功，是不可能被赵成杀害的，赵章到沙丘也是父亲所招，赵章不可能谋反。这个戏在我脑海里反复思考，但我还是犹豫不决，因为《赵武灵王》是老师写的戏，我已经看了好几次，老师的史识和器识是没人能比的，我一个小学生，和老师没法相比，差距太大，我再写赵武灵王，那不是鸡蛋碰石头？但我还是放不下这个戏，这个戏搅得我睡不好觉，总在脑海里赶也赶不走，于是我就劝自己，那就大胆地试试吧，写不好就当练笔。因为思考了好久，没用几天时间剧本就写出来了，写出来第一时间我发给老师，老师看后给我发来消息，他首先肯定我写得不错，还给我指出了不足之处，当时我很高兴，高兴自己也能写历史剧，能得到老师的认可。

  我和老师只见过一面，那年冬天老师到沈阳讲课，正好我在沈阳儿子家，听到这个消息我很高兴，我打听到老师住处就急着去看望老师。我这不着调的学生去看老师时竟然两手空空去了，去时想买点水果，但因路远，还得挤公交转地铁，心想到那再买吧，没想到过去后找不到水果店，只好空着两手见老师了。老师和师母刚吃完饭，老师并不在意我空手而来，对我很热情，我们聊了一会儿，老师说回去要给我寄《郑怀兴戏剧全集》。因为老师还有事，我没有多坐，我走时老师把我送出宾馆，我让老师回吧，老师却望着我走远。不久我收到了老师寄来的四本《郑怀兴戏剧全集》，这沉甸甸的四本书是多么珍贵。为表示对老师的感谢，我给老师和师母做了我自己绣的两副鞋垫，虽然不值钱，但也是我一针一线绣的，我的绣功还算可以，老师挺喜欢的。我认真拜读了老师每一部作品。老师对我们晚辈的热情和谦虚我永远都不会忘记，老师对学生的关心、厚爱、培养、教导无微不至，每想到此，感激涕零！永记老师教诲，我退休后十几年一直坚持写戏，我会继承老师遗志继续写下去，我相信总有一天我的戏会搬上舞台。思念老师时，我不由得唱起老师《傅山进京》那段精彩的唱段："布衣茅屋粗茶淡饭，切不可存毫发势力富贵于心间，提起笔恍惚见我子孙面，与子孙相濡以沫苦以甘，从此后儿孙有难帮不上，书一字双行泪泪湿素笺，傅山我命虽孤寒情却热，怎么能够舍下子孙赴黄泉……"老师的作品如人品，唱词不但表达了傅山的思想境界，也是老师的思想境界，道出了士大夫的气节。老师的作品影响着我，老师的人品影响着我，老师不但教会我写戏，也教会我做人。老师，我的恩师！永远思念！

（石秀文，河北省阳原县文联编剧）

立命戏剧写传奇

——追忆剧作大师郑怀兴先生

◎ 张德成

天寒地冻,冷风飘冽,2023年12月13日,惊悉郑怀兴先生仙逝,我心头一震,深感悲痛,他虽已长辞,但许多鲜活的事还绕萦在我的记忆里。

20世纪80年代初,我有缘结识怀兴君,当时他寓居在县电影公司三楼,在简陋的卧室开始他不平凡的莆仙戏创作生涯。我对他的印象历历在目,他热情好客,谦逊质朴,双眼明亮,闪烁着睿智之光,眉宇间透露出深沉与刚毅。他是一位有气质、有风度、有学养的文化人。逝水流年,岁月匆匆,数十年来他已功成名就,身为一级编剧、中国剧协理事、福建省文联和剧协两个副主席,但热情似火,毫无半点官腔官调,虽年逾花甲,精神焕发不亚当年。

1980年怀兴开始戏曲专业创作,凭借天赋和执着,在"硬石板上踩出脚印来",先后有40多部作品登上舞台,涉及莆仙戏、越剧、京剧、高甲戏、汉剧等十多个剧种。1981年,《新亭泪》一举成名,奠定了新编历史剧的艺术风骨,并与《鸭子丑小传》获全国优秀剧本奖。《王昭君》(汉剧)获第二届中国戏剧文学奖金奖、第十届戏剧节优秀剧目奖。《林则徐》(电视剧)获中宣部第六届"五个一工程"奖。《寄印传奇》(评剧)获第六届全国评剧节优秀剧目奖、编剧奖等5个奖项。《傅山进京》(晋剧)获第

与张德成

二届中国戏剧奖曹禺剧本奖、第四届老舍文学奖，入选国家舞台艺术精品工程十大精品剧目、第十届戏剧节优秀剧目奖等8个奖项。他与四川魏明伦、北京郭启宏并称为"戏曲界三驾马车"。此间，还开始文学转型，创作电视剧《武夷山仙凡界》《妈祖》《郑成功》和长篇历史小说《血祭山河》等，亦频频获奖。21世纪开始他的剧作走向全国的戏剧舞台。2013年，第十三届中国戏剧节评选20部优秀剧目奖，怀兴创作的《柳如是》《二泉映月·随心曲》《海瑞》《宇宙锋》四部获优秀剧目奖，个人荣膺优秀编剧奖，演绎了一位剧作家在一个戏剧节里摘得多部作品桂冠的殊荣。怀兴注重戏曲编剧理论研究，撰写《戏曲编剧理论与实践》《历史剧是艺术作品，不是历史教科书》等专著与论文。1999年底应邀赴台北为"台湾歌仔戏编导培训班"授课一个多月，讲稿由台湾文津出版社出版。2004年应台湾大学邀请，赴台参加"两岸戏曲编剧艺术研讨会"，为推进闽台戏曲文化交流鸣锣开道。戏剧界高度评价郑怀兴创作水平已达到巅峰，是我国当前成绩最显著，影响最巨大的剧作家之一。

怀兴的剧作富有探索精神和创作胆略，能以开阔的思维、巨大的勇气、炽热的爱憎情感、巧妙的艺术构思、优美的文学语言，表达鲜明的人文品格。每一剧作都力辟一条新径，突出一个主题。他不但善于写经典警世的历史剧，又善于写富有时代生活气息的现代戏；不但写悲怆深沉的悲剧，而更能写妙趣横生的喜剧。他的作品是用心血写成的，从骨子里流淌出来的，引发社会强烈的共鸣，深深扣动观众的心灵。怀兴从历史上的一段公案、一则故事、一个人物，进行采撷、剖析、塑造，源于历史，符合历史本质，而不违背历史，以历史激发情思，从而开掘戏剧人物内心世界的深入、深情和深准，产生强烈的艺术效果和社会效应。中国戏剧泰斗郭汉城十分赞赏怀兴的历史剧创作："怀兴很重视历史剧的现实作用。既有时代的感召，也有历史的启示，再则，尊重历史、不乔装改扮历史人物以符合自己的历史理念。"他的成就验证了陈仁鉴生前断言："怀兴将来将百倍于我。"正如武汉大学教授郑传寅在2010年12月30日"郑怀兴剧作学术研讨会"上的评说："可以说，怀兴创造了戏曲文学创作的奇迹。他的剧作不仅辐射到全国的戏剧舞台，为全国多个不同的剧种所扮演，而且登上了大学的讲台。郑怀兴、郭启宏、魏明伦他们已经是当代文学名家，理应和曹禺、老舍等剧作大家一起写进我国当代的文学史和中国戏剧史。"

怀兴60多年来，一直蜗居仙游乡野，守望莆仙戏，在宋元南戏活化石这块戏剧沃土上潜心耕耘，不懈探寻，默默奉献。受当今社会功利化的影响和商品经济的冲击，在鲤声剧团处于低谷时，他不气馁，不舍远离戏曲之神，安身立命于莆仙戏，从不为名利而写戏，不为名利所熏心，坚定信念，忠诚敬业，坚持传承传统艺术，成功整理、改编传统剧目《叶李娘》，为青年演员王少媛夺取梅花奖的桂冠搭建了舞台，为抢救莆仙戏立下汗马功劳，维护莆仙戏在戏曲界的知名度，提升莆仙戏的文化品格和美学意蕴，推动莆仙戏在新世纪的生存与发展。

在怀兴的创作生涯中，离不开他夫人的支持，离不开陈仁鉴、张森元良师诤友的指导和推崇。他念念不忘扶他走上戏剧创作道路的莆仙戏一代宗师。1995年4月6日，怀兴听罢仁鉴先生辞世的不幸消息时，立即写了《清明时节悼先生》："自幼耳濡目染先生所写之剧目，青年时又得先生启蒙，步先生之后尘，踏上戏曲文学创作道路。先生已去了，但先生所写的许多剧目，还在故乡上演；先生的许多遗闻逸事，还在故乡流传；先生敢同命运抗争，为戏曲鞠躬尽瘁的精神，也将永远激励着后人……"2007年9月18日，仙游编剧组前组长张森元与世长辞，他悲痛不已，撰写《秋风萧瑟哭先生》以吊之。足见，怀兴的重情尚义，感恩恩师、感恩戏曲、感恩时代的高尚情怀。

仙游是个小县城，20世纪60年代出过以大悲剧《团圆之后》、大喜剧《春草闯堂》蜚声剧坛的杰出剧作家陈仁鉴。如今，又涌现"戏曲界三驾马车"之一的郑怀兴，这在中国实属少见。他们都是"戏剧之乡"沃土培育的非常纯粹的剧作家，在中国剧坛闪耀光环的传奇人物。《郑怀兴剧作选集》为我们留下无比珍贵的文化遗产。

安息吧！郑怀兴先生，家乡人民永远怀念您！

（张德成，福建省作家协会会员、莆田市政协文史研究员、民盟莆田市书画院副院长、民盟仙游工委会原副主委）

以戏传道，不负士节

◎ 郑秋鉴

挚友郑怀兴是在20世纪80年代改革开放、思想解放大背景下崛起的当代中国最重要的戏曲剧作家之一。1981年他以历史剧《新亭泪》成名于中国剧坛，被认为是新时期以来新编历史剧创作的代表性剧作家。他为中国戏剧的坚守和复兴做出了特殊贡献。

他的新编历史剧基于对特定的历史事件和人物的深刻理解与提炼，运用了纯熟的文学艺术表现手法，在故事情节的构思上完全不落前人窠臼，往往出人意料，虚实相生，跌宕起伏，且着重地刻画历史人物的内心冲突，给观众一饱眼福以外，又带来现代意识高度上的深沉的反思和启示。

我与怀兴初识于1981年底，那时我在福建师大化学系本科四年临近毕业，他和他的成名剧《新亭泪》来省城调演。一天中午，一位中文系的老乡送我一本油印的《新亭泪》剧本，我躺在集体宿舍双层床的上床，读得又惊又喜，心情无比激动。惊的是我同代人之中，竟有人对中国历史上的君臣之间、臣臣之间有着如此深刻的认识和批判，喜的是我的老家仙游县在继《团圆之后》《春草闯堂》作者陈仁鉴之后，又出了一位可与之媲美的剧作家。

20世纪80年代初人们对历时十年的动乱的时代有着切身的痛苦体验，从周伯仁忧国忧民，舍身忘我的情怀中，能看到知识分子在乱世中应有的使命和坚持。我忘记了午睡，忘记了课业，吃了晚饭又一直看到深夜。第二天就和那个中文系的同学到西湖

与郑秋鉴

的省招待处找到怀兴，我们在他宿舍里畅谈《新亭泪》，一见如故，话不嫌多，发现彼此对中国历史有许多见解是一致的。从白天谈到了夜里，才依依不舍地分别。《新亭泪》在这次调演中荣获剧本一等奖，第二年又获全国第一届优秀剧本奖。当时担任评委的中国著名剧作家吴祖光先生半夜看完《新亭泪》剧本，兴奋地打电话给评委负责人凤子说："戏曲创作后继有人了！"

寒假一天晚上，我与林光旭、杨灿东、陈国栋三个朋友到仙游剧院（当时称工人俱乐部）观看《新亭泪》调演汇报演出，怀兴给我们四人安排了前排座位。剧场中坐满了人。"文革"后又复活过来的鲤声剧团，许多老演员演技颇为精湛，剧中当醉则醉、当醒则醒的周伯仁，憨态可掬的小书僮，老成持重、颇为自私但有道德底线的王导，野心勃勃、骄横跋扈的王敦，洞察古今、妙语连珠的老渔翁都演得极为成功，我和几个朋友不由为鲤声剧团开始了他们艺术生命的第二春感到欣喜。

从此我们数人结为终生知己。怀兴在给我的一部书的序言中写道："要不是这部新编历史剧搭桥，我们几个，一个念化工，一个当编剧，有的做工艺、有的当教师，风马牛不相及，即使相识了,顶多也是泛泛之交,见面不过点点头,打哈哈而已。""原来是有共同对历史的爱好,对历史,对中国的古代史,对世界史,都有浓厚的兴趣,读过大量这方面的书籍,所以见面总有谈不尽的话题。才见数面,却恍惚相知已有百年之久。"

郑怀兴的父亲姓连,是仙游县盖尾镇前连人;母亲姓郑,是仙游县榜头镇东桥人,父母按约定将儿子之一怀兴给了母亲的姓郑娘家,所以怀兴不姓连而姓郑,由外祖父、外祖母在榜头抚养,以继郑家香火。郑家中农成分,在讲究"阶级斗争"的年代算是政治面貌清白,所以怀兴入高中之前的学生生活很顺。而在中考的政审中,查出他远在漳州谋生的父亲因言语得罪单位领导,反右派运动中评为中右,被开除公职,在漳州拉车谋生。因此中考成绩优秀的他不能被仙游一中录取,只能入二中,而且在高中就读时被当作家庭出身有问题的学生受到学校不公平的对待。

"文革"中1968年招兵,怀兴入伍,在部队表现很好,却因提干审查触及生父问题不能提干,复员后还不能如当时大多数复员兵安排工作。他为谋生也为个人兴趣开始给当地的"毛泽东思想宣传队"写戏,勉强在农业中学混个民办教师。这时,南平师范毕业生公办教师林燕英却愿意嫁给了这位落魄在家生活无着的老三届,虽说部分原因是两家原有亲戚关系,曾经青梅竹马,但也是林燕英慧眼能识真珠,成就了一段美好姻缘。幸得"四人帮"倒台,邓小平恢复高考,怀兴得在莆田大专班政教专业毕业,终以正式的国家干部身份担任仙游县文化局专职编剧。

怀兴在《戏曲编剧理论与实践》中回忆道:"冷酷的现实逼使我不得不深思,为什么父亲遭受开除?为什么当学生的我要被父亲所连累……为了寻找问题的答案,我如饥似渴地阅读一些杂志,如《历史研究》《国际问题研究》《世界知识》以及许多政治、历史方面的书籍。使我开始懂得社会的复杂和人生的艰难。""我和千千万万的知识青年一样,在那社会动乱、生活艰难的时期,曾对国家命运、民族前途进行不断的思索,对历史、对现实、对未来、对我自己在生活中所处的真实地位、对自己的感情理想的真实状态进行不断的思考,去追求精神的解脱和安慰。……当周伯仁这一历史人物叩击我的心扉时,我积蓄在心底的许多情感,犹如翻滚的地下岩浆遇到火山爆发口一般,一下子都喷射出来,倾注到周伯仁身上去,使他复活过来。"

古代司马迁因不公平遭受腐刑,发愤潜心著书,写成不朽《史记》。他说:"盖文王拘而演《周易》;仲尼厄而作《春秋》;屈原放逐,乃赋《离骚》;左丘失明,厥有《国语》;孙子膑脚,《兵法》修列;不韦迁蜀,世传《吕览》;韩非囚秦,《说难》《孤愤》;《诗》三百篇,大抵圣贤发愤之所为作也。"

周文王遭商纣拘禁,孔子的主张遭诸侯们冷遇,屈原遭逸放逐汨罗,左丘明眼瞎了,孙子的膝盖骨被庞涓削掉,吕不韦被迁蜀地,韩非被囚秦国,还有诗三百篇等,都是作者遭遇人生大曲折后潜心发愤而写成的光辉著作。我们这几个"老三届"的朋友,也都各有着一或数段较为曲折的社会经历。

怀兴之前的仙游大剧作家陈仁鉴又何尝不是如此?他大学回乡正值解放战争,向往革命,申请秘密参加共产党的游击队。缺乏经费的地下党以参加革命为由,假借绑架仁鉴,向他家索要银圆。几经曲折后他才参加了一支游击队,他的革命身份却又因为福建地下党的"城工部事件"在中华人民共和国成立后没有得到确认。他的工作安排磕磕碰碰,后来才进入鲤声剧团写戏,曲折复杂的人生经历使他发愤写戏,把对人生和历史的深刻思考写入戏文,在20世纪五六十年代,遂有誉满中外的悲剧《团圆之后》和喜剧《春草闯堂》问世。

怀兴初学写戏,得益于前辈陈仁鉴先生的教诲甚多,那时陈先生头戴"历史反革命"和"现行反革命"两顶帽子,衣食无着,常人避之不及,怀兴却通过陈先生大儿子引见,向陈先生请教戏剧写作。后怀兴又向鲤声剧团另一老编剧张森元切磋编戏,虚心求教,直至自己成了剧作大家,仍对两位前辈尊敬有加。

我大学毕业后,分配在福清师专教书,凡回仙游家中,必和林光旭、王章煌、杨灿东、陈国栋等老三届朋友往怀兴家聚会,畅谈他的戏和剧团、畅谈改革开放后农业改造的成功和科技文化的繁荣，有时也议论一些社会隐忧和对社会进步的期待。那时怀兴已经成名，政府颇为看重，把妻子林燕英从乡下小学调入县博物馆当会计，一家就住在县文庙（即县博物馆）。怀兴夫妇生有四个女儿，我们戏称"四朵金花"，他们除抚养四个女儿外，还承担赡养年迈祖母和一个没有劳动力的弟弟，怀兴一心写戏，休息时就推着轮椅送祖母外出散心。两人工资都不高，家政全靠贤惠的妻子一力打理，开支十分拮据。我们一众朋友在他家聚会，若需用餐，燕英常给我们煮糯米粉做成的"圆子"，加点糖吃，他家只能拿得出这种便宜的食物待客了。我们是从来不下馆子的。

那时朋友林光旭也很出名了，《光明日报》《福建日报》《人民日报》先后发表了对他的报道文章。他为县里办了个集体所有制的"仙游县竹编总厂"，出口产值不菲，风头正锐。厂房一度租用县公路站，于是我们有时聚会就到公路站去，那里用餐到工厂的食堂吃，不再是怀兴家的糯米圆子了，而能吃到肉和鱼。且工厂宿舍多，有时彻夜长谈，就胡乱睡宿舍空铺。有一回节假日，我们竟聚了三天三夜不各自回家，白天还去逛郊尾放光岩和赖店鸣峰岩。随着改革开放深入发展，形势喜人之中，也出现了因"价格双轨制"而产生的"买卖批条""官商勾结"的丑恶现象，社会上称"倒爷"，大家聊天时谈到了，都忧心忡忡。

1988年中国南戏国际研究会在仙游县举办，怀兴和鲤声剧团须尽地主之谊。诸位朋友高兴之余，纷纷出手以凑热闹。林光旭给每位代表赠送他的工艺品公司制造的出口漆木碗一套，杨灿东给每位代表赠送他的茶叶公司生产的茶叶一斤。在受邀参加座谈时，诸位朋友作为业余兴趣者，都能对怀兴的剧本和莆仙戏侃侃而谈，与会代表对怀兴身边有如此之多不俗的三教九流的懂戏剧的朋友感到非常惊奇，著名剧作家郭汉城问："你们这么多人为何都成了郑怀兴的朋友？"林光旭答道："我们都是老三届，都是'文革'的受害者，因而有共同语言。"郭汉城频频点头，乘兴挥毫画了虾图一轴以赠林光旭。

我们这一朋友圈的人越滚越多,后来连来县里、市里挂职的著名作家陈章武、吴建华也来了,他们原本志不在升官,就挺喜欢和我们混一起。有年中秋夜,近20个朋友聚在怀兴居住的文庙天井中,畅谈戏剧和历史。明月朗朗当头时,我们搬出定制好的直径约有40厘米的大月饼,分割后每人吃一片,其乐融融,至今不忘。

20世纪末,开始不断地有外省剧团向怀兴约稿,他先后应邀为京剧、晋剧、汉剧、评剧、琼剧、豫剧、苏剧、锡剧、秦腔、高甲戏、歌仔戏等众多剧种创作了一大批优秀剧本,其中最为成功的是晋剧《傅山进京》。

2005年4月,应太原市实验晋剧院青年剧团约稿,怀兴开始构思一个写傅山的剧本,曾几次和我商量思路的形成和演变。剧本围绕傅山被强征入京,拒绝仕清来写。若按一般套数,难免重在表现傅山大义凛然的民族气节,不肯屈服于清朝统治者。怀兴凭借自己过人的史识,不落常人窠臼,认为康熙征召士人与傅山不肯仕清,各有正面意义,因此构思了两人互相认识、互相理解的剧情。康熙帝从傅山身上更深切了解到中原士大夫的精神风貌,清楚了团结和使用汉族士人的重要性;傅山也从康熙对他的忍耐和宽容中看到清朝政权继承中华文化的一定程度上的诚意和"明亡于奴"的必然。两者相互妥协让步是最好的结局。这个剧本在人文意义上非同小可,涉及统治者和知识分子相互妥协,在中国戏剧中极其少见,有人说:"可以称得上是继《曹操与杨修》之后以王权与士子关系为题材的戏剧作品中最优秀的一部,标志着我国文人戏的创作达到了一个新的高度。"

晋剧名家谢涛把傅山演得十分得体和生动,2007年山西上演即满省轰动,后又晋京演出,还在北京大学演出多场,北京大学为此举行座谈会,请怀兴开讲座。那时我刚好出差到北京,到了会场看到了怀兴和北大师生互动,深感戏的主题和表演感动了高校师生。后来剧团和演员来仙游感谢怀兴老师时,我建议最后一幕冯溥叫下属把傅山顶倒的细节要表演得更细致,时间更长些。

我认为冯溥的这一脚在解决康熙和傅山的危机局面中起了关键性的作用。历史上有时社会危机的解决，有此临门一脚则双赢，无此临门一脚则两输。

我与怀兴聊天的话题常围绕他的剧本和中国历史，我曾建议他写个有关莆田古代水利工程木兰陂的剧，他考虑几年后写成《钱四娘》。我曾请求他为《林子（林龙江）年谱汇编》写序，为枫亭文化研究会创会人郑请为写墓志铭，他都欣允了。我自己开始写作《蔡京别传》不久，就很慎重地约他将来书成为我写序。在他病倒前不久，我这本写了13年的书才完成，他抓紧时间阅读，那时他的视力已经很差了，但他要我把字体放大并涂黑，终于艰难地写出这篇序言，他在序言中回忆了我们之间的交往和友谊，也对北宋的这段历史表示了自己的精辟看法。写好序言才几天，他就病倒卧床了。序言成了他给我最后的、永久的纪念。

他一生淡泊名利，曾有机会去市里或省里担任较重要的职务，他都坚决地拒绝了，心甘情愿地守在小县城的偏僻角落，把它当成自己的小天地，专心写戏度日，与周伯仁同醉同醒，与傅青主同哭同歌。

有一次正和我讨论剧情，谈到兴至处，市人大来电话要他去开人大常委会，参加表决一批任免。他不想去，以家里有事请假，上头不批，还说要派车过来，他却轻轻地说："我本来就不喜欢当人大常委，还是请求辞职吧！"说得对方很无语，不再勉强他。他多次请辞省文联副主席一职，说自己担任此职的时间太长了。有一回他对我谈起上头有意让他去当一个全国性的代表大会的代表，他也以年纪大婉转地推让掉了。

他写剧本从不主动提起稿费，哪怕人家约稿主动开口，他总说，等剧本成了决定要排戏，那时给多少算多少。

他为鲤声剧团贡献很大的力量，曾投稿《中国戏剧》大声呼吁"挽救莆仙戏"，《中国戏剧》把此文以放大字体登在显著位置，引起省政府重视。他去世后，剧团主办丧礼，几乎全体人员都来吊唁，剧团多位领导一直在场守灵，感恩之情很真挚，连我也深为感动。

　　我与他相交40多年，曾与他相约老年不再忙碌时，彼此常来常往，相对坐凳吃瓜。各将一双老眼，共看国家太平和进步。不想他早我涅槃而去，使我痛失良师益友！若干年前我俩同寻一处陵园，打算死后比邻而处，他在自己的墓碑旁题联"犹留几折戏，漫道一场空"。在我俩各自的墓前柱上，都相同地刻下他所题"在世为知己，往生再比邻"。而今我只有不时登山，徘徊在怀兴墓前，聊诉离情，泪常盈眶。遥望苍穹，四顾茫然，祈愿上天为国家不断输送郑怀兴这样有知识、有才华，又有情操和气节的优秀知识分子。

　　（郑秋鉴，湄洲湾职业技术学院退休教师，莆田文史学者）

恩犹念，味堪回

——我与怀兴的一则故事

◎ 黄　叶

今天又是13日，怀兴先生离去已整整三个月了。

而我手机中与怀兴的短信记录，是定格在2023年4月12日。也就是说，从13日起，他就戛然中断了与我一直保持着每天清早的相互问候。当我等了好几日还没有得到回应的异常后，一种不祥之感倏忽袭上心头——可不是，自2022年底遭遇新冠疫情"阳"了之后，身有基础病（他患有糖尿病）的他就开始处于严重失眠状态。须知，失眠对一个内分泌本就失调的人来说，确实是"雪上加霜"呵！

果然，他于2023年4月中旬真的病倒了，经多方治疗，也不时让我们看到希望，想不到8个月后的2023年12月13日，炸雷般的噩耗竟如此之快地传来了……

我与怀兴既不是同学，也不是战友，更不是亲戚。我们相识，纯属缘分。

那是20世纪80年代，时值"文革"结束不久，神州大地正处在"拨乱反正""百废待兴"时期，随着传统文化的逐渐回归和宗教政策的逐步落实，原来飘蓬于穷乡僻壤，以替老人"画相"为副业的我开始玩起笔墨，（画像是炭精粉用特制笔擦，等同于硬笔素描）操起寺庙壁画的营生。由于自己在学时就爱好文学与书法，因此在寺庙壁画的选题（如在本县龙华貂峰宫壁上就创作过大场景的《兰亭序》《竹林七贤》等，突破了寺庙专画仙佛等

1994年在福州鼓山与黄叶

宗教题材的局限）落款和绘画格调上也稍带有一般工匠所欠缺的文气雅韵，这就引起对这方面有一定兴趣的知识界人士的关注。承蒙热心者引荐，得以认识到这位大名鼎鼎的剧作家。尤其值得庆幸的是，怀兴夫人燕英女士的工作单位在县博物馆，因工作关系和癖好，夫妇俩经常会到本县一些著名寺庙参观探究，使我与他们接触的机会就多了起来，也渐渐得到了怀兴的赏识，并荣幸地被他认定为"黄叶君是与我交往多年的少数挚友之一"。

1988年初，仙游县文化局秉承上级指示，决定为李耕国画研究所招聘"接班人"，怀兴获此消息，马上将消息转告给我并鼓励参加考试——当时我34周岁，已逼近报考条件的年龄上限，按怀兴的说法是"机不可失"！

考试的那天，春雨潇潇，一大早我照例从家里推出自行车（如在邻近乡村寺庙作业，尽量不在外寄宿），行了约略200米处，停车在路旁公厕小解，不料脚底一踏空，扑通一声，整个儿滑进茅坑，所幸秽物仅齐腰深，慌忙中赶紧爬上来，昏昏沉沉、跌跌撞撞地

与黄叶

跳进旁边的水渠里（该渠系几个村最主要的水利命脉，流量甚大，惜现在已变成小水沟），冲洗毕推车回家，夫人见我浑身湿漉漉且一脸的沮丧，大惊失色。我诉说了自己的遭遇，认为命运已注定自己没有"吃薪水"的福分，还不无苦涩地调侃曰："也许是神明菩萨喜欢我的壁画而不让考，留下继续替他们服务呢。"待更换衣服后，犹踌躇再三，举棋不定。这时心直口快的夫人见状发话："去试试吧，名也报了，又不要花钱，也就是误半天工的事。"说得轻巧，可她哪里知道我的重重顾虑？画画的评判标准较为随意、主观，据说本次招考为保证公平公正，作品要交给福建师范大学美术系教授评判。如此反让我更为忐忑不安：自己从未经过专业训练，纯粹靠自学，不知民间风格能否对得上院校老师口味？再者，自己这一大把年纪，画技在民间还甚得认可，万一落第了，岂不是自取其辱，面子欲往哪儿搁？不去吧，又恐遭"叶公好龙"之讥：平日常怨叹怀才不遇，机会真来时却自动放弃，若此，如何对得起怀兴等一干朋友？

就在心里没底、进退两难的情况下，我再次推车出门，还是先到城关看看再决定吧。

于是我懵懵懂懂地骑上自行车，进了县城，又在人声嘈杂的拱桥头旧街犹豫徘徊了一阵子，恰好碰到我尊敬的龙华中学傅起雨老师，又得到他的一番鼓励，终于下定决心去"拼"了。

考场设在文庙大成殿，当我赶到时已迟到十多分钟了。撞门，开门的是住在文庙左侧廊庑的燕英嫂。一跨进高高的门槛，迎面就遇到主考、文化局王副局长，他先是一脸严肃地指责，好像是说没有时间观念，纪律性太差，以后真能考进单位怎么办云云。我只能赔着笑脸，申说迟到原因，当然不敢提掉进粪坑的糗事，只推说雨天路滑，骑车路上不小心摔了一跤，掀起裤筒，鲜血真的还在往下淌。这时紧随燕英后的怀兴见状立马谶了句："好呀，见红是喜，见红是喜，赶紧去考，赶紧去考。"好一个圆场！

考试正在进行，考生有二三十人。进场坐定，桌子上放的是一纸试题，以及文房四宝等。试题是：1.临摹《李耕画录》中的《屈原》；2.提供两首唐诗，自选其一依诗意作画。记得一首是白居易的《琵琶行》，另一首是张若虚的《春江花月夜》，我选后者。

画了多年壁画，题材都属于古装人物，经验积累了一些，熟能生巧嘛。我们从事壁画的另一特点是"快"，以幅计酬，速度就是金钱。"下笔风雨快"——李耕的作画习惯、风格特征也从画壁中来。有了上述优势，尽管因考前受挫导致创作状态不佳，但靠着轻车熟路，还提前交了卷。

过了两三个月，县人事局和文化局两位同志找到我家和村部，说是来外调，说明我考上了。

就在履行报到手续后，为感谢怀兴的知遇之恩和诸位朋友的关心、支持，我诚挚地邀请大家到餐馆聚一聚，喝几盅。怀兴答应了我的请求，但处事总是为别人着想的他又不忍我太破费，特地在他住的文庙左侧即尚未修复的"名宦祠"一角设了一桌"家宴"，帮我从附近菜馆叫了几道菜，约几位我们的共同朋友，以了却我的心愿。

几杯酒下肚,血滚了,脸红了,我终于把压在心底、羞于启齿的秘密——赶考时掉粪池的事抖搂出来。大家喷饭之余,一致认为:"落粪池,沾上了肥,有肥才会旺盛。"当然最关键的是怀兴这颗"文曲星"的好谶——"见红是喜",今天不正应验了吗?!

(黄叶,仙游县李耕国画研究所原高级美术师,现为福建省文史研究馆馆员、福建省诗词学会副会长)

追忆怀兴兄

◎ 陈纪建

中国杰出的剧作家郑怀兴兄已经离开我们了。自去年12月17日清晨我跟随省艺术研究院的专车去仙游殡仪馆参加追思会回来至今，心中伤感、悲痛、思念，难以释怀，打开书橱，拿出他赠送我的《郑怀兴戏剧全集》，重新阅读他的杰作，打开微信，重新阅读他和我的信息互动记录，回忆我及家人与他交往的点点滴滴，特别是我与他的交往，虽光阴飞逝，却印象深刻，记忆清晰，如同昨日。

怀兴兄与我家的交往是从1972年2月的某一天开始的，那天由大哥领着他，上午9点半左右到我家，和父亲见面。怀兴兄这时24周岁，我16周岁，因为春耕还没有开始，农闲在家里。所以我见证了整个会见的场景，至今历历在目：怀兴兄带来一个他创作的小戏，希望父亲给予指导。他们在我家的落晖房间里见面，父亲坐在床铺上，怀兴坐在一张旧书桌旁的一只椅子上，记得父亲当场把他的小戏看完，然后两人侃侃而谈，我大哥和我在场聆听。他们的交谈从戏剧而人生，从创作到政治，父亲谈到戏剧创作的技巧和对怀兴这个小戏的看法。我作为一个小学未毕业的少年人，听得似懂非懂，只有聆听的份，无从置喙，也不敢置喙。他们从上午一直谈到下午三点半左右，怀兴兄才余兴未尽地告别归去。

那时父亲虽落魄潦倒，但家里还常常来客，他们都是父亲的朋友、战友、熟人。客人一来母亲就要忙着煮午饭，并让我去自留地拔青菜、割青菜作为中午的菜肴，还有炒花生、炒鸡蛋。那时的我大部分时间饥肠辘辘，生存的最大意义就是吃，所以我很欢迎家里来客人，一是有些客人会带食品来，二是母亲炒菜不但菜肴多了，还有稠稀饭让我肚子不怎么饥饿。

这次怀兴兄来时带着一包饼干，因为饥肠辘辘，所以趁着父亲去送他，我就请示母亲，在她的允许下，我把包饼干的纸打开，然后就狼吞虎咽吃了大约一半的饼干，心里想这样的客人最好常来。

后来我为了全家的生存，经常去深山老林里讨生活，忙忙碌碌，所以对父亲与怀兴兄的交往，就不很清楚，只记得母亲说，父亲有时去离家六里多的怀兴夫人家的溪口墩，因为怀兴兄常常住在那里，父亲找他聊天，和他成了忘年交。

再后来，怀兴兄调到县文化馆，与愚二哥纪联为同事。我在农村，为了缓解精神与体力的双重压力，也会去城里的二哥那里放松一下，看看城里人的生活。我住在那里，经常见到怀兴与二哥互相调侃，言语幽默风趣，诙谐生动，我听得十分新奇、开心、好笑。怀兴和文化馆的几个同事平时对话时也是幽默风趣，有时稍带讥讽。所以怀兴的性格是开朗豁达、诙谐幽默，我想这应该是一个成功的剧作家的特点，先父也有这种个性。

有一次，我跟随怀兴、二哥大约是去县剧场看戏，从文化馆出来，走到文化馆旁边的一座桥上，怀兴回头对二哥说："纪联生，我看你这个小弟的面相，是个贵人。"他这一说，我心里一震，有人说我今后是一个"贵人"，当然很开心，我知道贵人分富贵有钱的人和专家名人，很想问我属于怎么样的贵人，但不敢问。我当时在农村，穷困潦倒，被人欺压，来城里也是穿着打补丁的衣服，所以很自卑。如果说要立志成为一个"贵人"，那是在10岁以前文革还没开始时，看了家里的藏书《青春之歌》《林海雪原》《苦菜花》《红岩》《野火春风斗古城》等十余部长篇小说，以及郭沫若的戏剧选集，被书中的故事所吸引，为书中的主人公的顽强意志、不凡情操所感动，让我激情澎湃，曾暗暗立志当一个大作家，如果这也算要成为一个"贵人"，那只是儿童时的志向、幻想而已。以后经过家庭与自己的挫折与苦难，就根本不敢去想自己会成为一个"贵人"——作家，怀兴兄说的，不知道是不是开玩笑。可是我还是一直把这事记在心里。

到了1978年年底左右，仙游县委落实办为父亲做了定案，拿掉"现行反革命"的帽子，保留"历史反革命"的认定，开除留用，每月工资30元。父亲终于有了每月30元的工资，到县文化馆上班。他把奶奶、母亲也带到城里，农村只剩下我一个人，我小学未毕业，也想参加高考，在家复习课本。复习累了，就去城里，带着复习资料在那里学习，怀兴兄见我复习的语文课本里有现代汉语语法的内容，就是主谓宾定状补，他说这样的内容其实不必要刻意学习，一个人文章写得得手应心了，就会无师自通，不会出现语法错误。我当时想怀兴兄天资聪颖，并且读到高三毕业，学识渊博，当然可以不必学习这门课，但我愚钝，且小学未毕业，为了高考，不能放弃它。

县文化馆馆址在西门兜一幢二层楼的旧公寓里，空间拥挤，一个职工只分一间房间，往往住着一家人，大家比邻而居，家庭情况都很熟悉，时常互相帮助，每家每户如果煮好吃的菜都会分给近邻。怀兴兄一个人住在城里，早餐是街上买的油条和稀饭，午餐和晚餐吃的是馆里炖的炖罐，很简单，所以母亲中餐时也偶尔会给他一点自己炒的菜吃。

这时因为有省文化局局长万里云的支持，父亲心里很清楚，自己的冤案一定会解决，所以很乐观。同在一个单位，他和怀兴兄的互动很经常，都是探讨中外戏剧创作，以及古代史、文学史的问题。父亲还教导怀兴兄："不争名利，埋头写戏。"这是他一生遵守的经验之谈，他教给怀兴兄了。这八个字，虽然简单，但蕴含着丰富的哲理，"不争名利"展现一个人的胸怀与境界，"埋头写戏"展示一个人的奋斗与追求。怀兴兄后来对我说："这是恩师的教诲，我永远牢记！"怀兴兄正是牢记这短短的八个字，使他受益终身，创作成果丰硕，成为一个杰出的剧作家。

1979年10月左右，省文化局为父亲摘掉了"历史反革命"的帽子，上调到省戏曲研究所。可是因为没有住宅安置，一直到1980年10月我们才举家搬迁上来。这时我们与怀兴兄的距离虽拉开了，但他只要来福州，一般都会来我家探问父亲。

记得1980年底左右，他创作的现代戏《遗珠记》调演得奖，《福建戏剧》要刊载，请他来福州修改，他住在杨桥路红砖楼的旧文化局旁一幢简陋的招待所里，招待所与我家住的环城路寓所隔着一条马路。有一天他过马路到我家，和父亲聊完天要回招待所，就请我跟他一起去，我跟他到了那里，见桌上放着正在复写的《遗珠记》，是用复写纸书写的，他见我在看他的剧本，就让我帮他复写。我一边复写一边与他聊天，他说你到了福州，人生地不熟，要多找老乡帮忙，并介绍一个在省防疫站工作的老乡，要我有空去找他。我心里以为，那人在防疫站工作，平时接触的可能都是医学方面的人员，而我一个医学方面的白丁，见面没有共同语言，所以不敢去打扰他。怀兴兄还交代我，如果回仙游，不要去住宾馆，住宾馆花钱，可以去文化馆住他的房间，因为他大部分时间都在榜头老家，文化馆的房间空着，钥匙藏在门楣上。按怀兴兄的意思，后来我回去多次，都是按照他所说的，取门楣上的钥匙开门，住在他的房间里。

那时我心中最大的疑问就是问怀兴兄什么叫"贵人"，我能不能成为"贵人"，他告诉我"贵人"就是在事业上成功的人，我说什么叫事业上成功，他说比如我们在文化行业，要成为剧作家、作家、研究员、教授等，如果成功了，就是"贵人"。我说那这个目标太远大了，我成不了贵人。他说："一个人要努力，如果能下决心努力奋斗，刻苦钻研，就很可能成功。但还有一个问题，就是我认为，你首先要放下负担，不要愤世嫉俗，你家虽然遭了大难，可是全国像你一家这样的，还非常多。我看你有愤世嫉俗的毛病，这对自己很不好。要成为'贵人'必须抛弃这种不良的情绪，放松下来。"他这一说，我才知道像我当时耿耿于怀、愤愤不平的样子叫愤世嫉俗。现在看来，怀兴兄当时请我去招待

与陈纪建

所聊天，可能是有意告诉我要改掉这个毛病。感谢怀兴兄的及时提醒，他使我沉静下来，且随着时间的推移，改变了我的愤世嫉俗。

父亲在我小时勉励我要好好读书，争取考上一所知名大学，"文革"断了我的大学梦，就要我当高尔基，自学成才；怀兴兄要我努力奋斗成名成家，这都是极大的勉励和压力。对我这个小学未毕业的年轻人来说，不知从何起步，如何努力。我问父亲要如何读书做学问，他说："做学问要从自己的兴趣起步，读自己感兴趣的书，不感兴趣的书就不要勉强去读，要从兴趣开始不断扩大读书范围，这时原来读不懂的书就懂了，通过不断努力，不知不觉中就能知识渊博。并且读书要活读书，能融会贯通，灵活运用。所谓死读书、读书死，是说一种头脑僵化的人，这种人皓首穷经却一无所用，还以不知以为知，典型的就是赵括、马谡、孔乙己那样的人。"我牢记父亲的话。那时我的最大兴趣是阅读家里的文学名著和戏剧剧本，家里有全国许多省市赠送的戏剧刊物，特别是《剧本》月刊，我每期必读其中的剧本，也每期必看各刊物名家创作的剧本。

到了1981年，怀兴兄创作了《新亭泪》一剧，在征求意见的时候，寄一本给父亲，父亲读了以后，心情十分激动，为剧本新颖的主题思想与栩栩如生的人物形象所感动。因为他当时身体不好，所以要写信一般是他口授，由我代笔，但这次他却亲自执笔，他高度肯定了这个戏，认为这个戏所塑造的人物，他们的行为都具有特定的历史环境下的必然性，剧本内容深刻，众多的人物性格独具一格，是一部杰出的作品。同时认为"你的成就，将百倍于我"。这是父亲的肺腑之言，因为他这一生是在近30年非人的生存环境下创作，平生的创作抱负、创作计划差不多都被消磨殆尽。而今怀兴兄这一代戏剧家的创作环境良好，加上怀兴兄的聪慧，所以父亲说"你的成就，将百倍于我"。果然，后来怀兴兄不负父亲之期望，戏剧创作硕果累累，成为戏剧界的翘楚。

1980年底我被内招到省幻灯厂当工人，1983年我考入福建省直机关业余大学中文专业，两年半后参加招考进省图书馆，在省图书馆学会当秘书。这些成绩虽不足道，但也是在父亲及怀兴兄的勉励下努力取得的。

1987年夏，怀兴兄赴美参加奥尼尔戏剧中心年会，年会结束后的回家途中，特地到寒舍探望父亲。他知道父亲年老病痛还坚持戏剧创作，为了转移注意力，我们都建议他重拾过去的国画专业去画画，所以怀兴兄在回程途中在苏州买了四束湖笔，让父亲画画，并讨要墨宝。从此父亲就用怀兴赠送的湖笔画画，夸奖湖笔真好用，还用湖笔画了一幅山水画赠送给怀兴兄。

这次来访，记得谈到社会风气时，怀兴对父亲说现在富人之间的钱财来往，都不用点钞，只捆扎一堆，用尺子量一量就可以了。我听后哈哈大笑，觉得怀兴兄真幽默，把富人的生活夸张得如此痛快淋漓。

1991年9月左右省文化厅举办陈仁鉴从艺50周年庆贺会，怀兴兄从仙游赶来参加，会上他只与父亲匆匆说了几句话，就回去了。

1995年3月，父亲去世，怀兴兄又匆匆赶来榕城参加追悼会，并撰写一副挽联："大悲大喜悲喜交集剧团进京君何在，大雅大俗雅俗共赏戏犹上演公去矣。"

2013年12月，省文化厅与省艺术研究院联合举办陈仁鉴诞辰100周年纪念会，怀兴兄也参加了这次会议。

父亲去世后，母亲渐渐脱离了悲伤，才得以轻松下来，便经常独自回莆田、仙游找亲朋好友聊天、叙旧。母亲60多岁时曾去过怀兴在榜头东桥的祖母家。记得还有一次在城关，怀兴托母亲把他5岁多的聪明伶俐的女儿带回祖母家。所以她与怀兴的祖母很熟悉，时常找他已搬到城里的祖母叙旧，她们年龄相仿，话题就多，常常住在他家，叨扰怀兴一家，而他们总是殷勤接待，十分热情。

但我与怀兴兄的联系不多，一者我在图书馆界，与戏剧界不相联系，二者自己碌碌无为，近50岁几近一事无成，而怀兴兄是戏剧大家。自惭形秽，不再主动与他联系。但牢记父亲与怀兴兄的勉励，平时多读感兴趣的书。2000年我从省图书馆学会调到港台文献研究室，在研究室读了许多书，才使我的思想境界得以提升，创作能力得到开发，先后在全国图书馆核心刊物发表了12篇共12万左右的学术论文，就图书馆学的有关理论与4位名教授进行商榷，引起学界的强烈反响，匡正他们错误的观点，并就图书馆理论研究的其他重大问题，提出了我自己的见解。

后来我收集这些文章于2016年在台湾兰台出版社出版，与我素昧平生的台湾真理大学宗教文化与组织管理学系教授张家麟为我作序，获得谬赞。在此不厌其烦，引述一段文字："由于本书作者具有'崇高'与'远大'的理想，甚至拥有中国传统文人的情操，对当前中国图书馆学的相关问题，具有'士不可不弘毅，任重而道远'的承担。因此他花了不少篇幅论述当前中国大陆图书馆学研究的理论、方法论、学风、公民知识权利、图书馆制度现代化的问题，及'理想'的图书馆制度规划与建构……笔者在此愿意强力推荐本书给读者，不只肯定作者从1985年起投入图书馆工作的实务经验，更赞赏他于2008年被上级破格升任为副研究馆员,数年下来累积诸多的图书馆学研究成果。他苦读出身,却有此成绩,殊属难能可贵,何况书写出掷地有声的'硬调论文',更值得读者花心思细细品味。"

为了父亲与怀兴兄对我的期望与勉励,我做了最大努力(还因不遵守作息规律赶写论文而得了抑郁症),才被破格评为副研究馆员,虽然只是个副研,但这个副研没有造假,实实在在。为了进一步成为研究馆员,我又准备撰写《中国近当代图书馆史》一书,对写作内容做了详细的安排与规划,可是这样的写作必须外出调研(还自费去香港图书馆调研一次),结果是有人设置种种障碍使我无法完成任务。希望落空,只得转而创作5万多字的传记《我与父亲陈仁鉴》、一篇近3万字的《论中华文化的历史传承与现代化转型》的论文,还有30多篇的诗文。这既是我对父亲及怀兴兄期望的回应,也是对他们、对自己的交代。但十分遗憾,我无法成为研究馆员。

2017年4月26日,我回老家,通过在县文旅局工作的怀兴长女的帮助,我找到了怀兴兄,和我堂叔一起去会见几年未见的他。见到他,我第一件事就是告诉他,我尽最大努力只成为副研究馆员,没办法成为一个"贵人"——研究馆员。怀兴兄说:"只要刻苦努力了,努力奋斗,能成为一个副研究馆员,也可以了。"这是怀兴兄对我的安慰。我也只能自我安慰。我赠送了拙作《图苑耕耘记——图书馆学研究论集》,怀兴兄也赠送我《郑怀兴戏剧全集》。我对怀兴兄说,我以小书换来你的巨著,是以小搏大,他听后默默一笑。

在言谈中我知道怀兴兄得了糖尿病,心里为他担忧,我告诉他,我的一个驴友也得了糖尿病,但他坚持登山,所以血糖得到控制,身体还比较健康。希望怀兴兄也能坚持运动,控制住血糖。他说他每天下午都与嫂夫人一起去走木兰溪公园旁的道路,每次六七千步,我说这很好,但还不够,希望他能逐步增加强度。

和怀兴兄谈话的第二天,我突然想起没有和他合影,于是再挂电话,要求和他合影,他欣然答应,于是我再次到他的寓所,和他合影，留下两张珍贵的照片。

我回福州后，和怀兴的联系只能从微信上和电话上进行，通信的主题都是疾病和社会问题及戏剧问题。

我问他糖尿病是不是遗传的，他说不是。因为糖尿病诱发眼疾，和我每次的字面谈话只有15分钟左右，语音通话也因体力下降，也是如此。但我所能做的，就是鼓励他坚持走路锻炼，希望从每天6000步到7000多步进步到1万多步，以坚强的意志锻炼以战胜疾病。我真心希望他通过加强走路，控制住血糖，使他身体恢复健康，为戏剧界留住一个精英，留住一个大家所敬仰的杰出剧作家。可是后来我才知道，他的病情已经很严重，双脚无力，就是六七千步中间也要休息，要分两次行走，已经没有办法逐步加强走路了。听到此，我心中十分悲痛。

现在只能陪怀兴兄聊聊天了。谈到戏剧，我说先父有两个精品传世，而你好戏众多，精品众多，但如果从精品的精品来要求，愚意以为你的《新亭泪》《晋宫寒月》《傅山进京》《乾佑山天书》四个戏最出彩。他说那都是令尊开的路，令尊的《团圆之后》《春草闯堂》举世无双，中国戏曲研究所所长王馗先生对你父亲的评价非常高。我说先父固然开了路，但你如果没天赋，不勤奋努力，也是不可能硕果累累，名满天下，我这样说他才认可。谈到戏曲的现状，怀兴兄认为莆仙戏编导演都到了青黄不接的地步，演员的表演素质很差，整个戏曲界前途堪忧，我虽是门外汉，但我也认同了他的看法。

谈到社会问题，他十分忧心，对社会的各种问题十分关注，忧患意识伴随他的终生。他给我发了一篇约3万字的长文《精英毁灭记》，我看了这篇文章，心情十分沉重，所以我建议他不要再读，再读不利于养病，他说好的。

到了2023年1月26日11点，我给怀兴兄发信息，过几天都没有回复，再挂电话，也无人接听，我想可能是他去某个大医院治病，为了安心治病才关了手机。我衷心祝愿他的病通过治疗能够有所好转，可是一直到了5月3日8时，我挂电话、发信息，也无人应答,心里有不祥的预感,我想他可能已经病危。这样一直熬到了12月14日,接外甥的微信,告诉我怀兴兄已经去世了。

惊闻噩耗,泪洒衣襟,悲痛莫名,一代戏剧精英,中国杰出的剧作家就这样走了,怀兴兄,安息吧!

(陈纪建,福建省图书馆副研究馆员)

才如江海思济航　笔下有神应自强

——忆剧作大师郑怀兴先生

◎ 林必越

"风雨如磐罩春闱，瓦釜雷鸣黄钟毁。"一曲悲怆激昂的莆仙戏曲牌《犯驻云飞》唱段，此时正映照着我无法抑制的悲伤心绪。这是郑怀兴先生创作的一部新编古代剧《魂断鳌头》中的唱段，由鲤声剧团排演，广受欢迎。

2023年12月13日，中国当代杰出的剧作家、戏剧大师，一级编剧郑怀兴先生，与世长辞，享年76岁。50多年来，郑怀兴先生笔耕不辍，创作了《魂断鳌头》《新亭泪》《晋宫寒月》《鸭子丑小传》《乾佑山天书》《借新娘》《上官婉儿》《王昭君》《荷塘蛙声》《傅山进京》《海瑞》《赵武灵王》《林龙江》《关中晓月》《灵乌赋》《浮海孤臣》《烟波迷月》等50多部优秀剧作，为莆仙戏、京剧、越剧、评剧、汉剧、琼剧、晋剧、高甲戏、歌仔戏、豫剧、苏剧、锡剧、秦腔、昆剧等十几个剧种搬上舞台；曾多次获得全国优秀剧本奖、曹禺戏剧文学奖·剧本奖、文华剧本奖、老舍文学奖·优秀剧本奖、中国戏剧节优秀编剧奖、田汉戏剧奖·剧本一等奖等奖项。出版了《郑怀兴剧作集》(上下册)《郑怀兴戏剧全集》(四册)、《戏曲编剧理论与实践》等著作，为中国剧坛留下了宝贵的鸿篇巨作，是当代社会浪潮中难能可贵的戏剧艺术光芒！

文采承殊渥，流传必绝伦。郑怀兴先生1948年生人，他的人生伴随着共和国70多年的发展史在坎坷和波澜壮阔中前行,当过兵,当过民办教师,自学编剧,又受到同为仙游榜头人的剧作大师陈仁鉴先生的启蒙,勤奋笔耕50余载,留下了大量划时代、富有思想性和人文情怀的剧作,泽披戏剧界,他的剧作分别为不同的剧种造就了5位戏剧梅花奖得主,这在中国戏剧界可谓寥若星辰般的存在。更为广大戏迷称道的是,他的剧作虽立意高雅,但并不曲高和寡。具有恢宏气势、史诗般的巨著《新亭泪》,开创了当代新编历史剧的创作先河,把古代士人的家国情怀和历史担当以及人文精神,完美地展示在现代人眼前。紧扣时代发展脉络、贴近生活气息的新编现代戏《鸭子丑小传》《搭渡》,用莆仙戏特有的艺术形式,表现了当代群众工作生活的状态,故事情节引人入胜,人物刻画生动细腻,故事情节环环相扣,极具戏剧"局式化"的演绎,与莆仙戏的"程式化"戏剧表现形式结合得天衣无缝。把家国情怀与个人命运紧密结合在一起的改编传统戏《叶李娘》,是郑怀兴老师倾力为王少媛量身定做的集莆仙戏唱腔、科介、程式等为一体的经典剧作,终于造就了莆仙戏第一位梅花奖演员王少媛。同样的,擅长写历史大戏的郑先生,一样能写出诙谐、通俗却意蕴深刻的《借新娘》《戏巫记》,通过普通小人物的故事,把人性、人情、人文等元素有机糅合在一起,让观众在笑声中感受到戏曲故事的魅力,体味到人生的不同际遇,在无形中涤荡人们的心灵。

气质美如兰,才华馥比仙。作为仙游土生土长的剧作家,郑怀兴先生安身立命于兴化这块人文底蕴深厚的沃土,始终扎根在这个南方小城,站在最小角落放眼最广阔的戏曲艺术界,缔造了中国剧坛一代剧作大师的传奇。他虽然著作等身蜚声剧坛,却温和谦逊温润如玉,他身上有一种传统文人"士"的精神,兼具读书人的风骨,也蕴含着时代所孕育的推陈出新的精神。作为晚辈,我有幸在十多年前,在莆仙戏学者方晓先生的引荐下认识他,在与他未曾谋面的情况下,郑老师于2012年夏天通过方先生赠送了一套《郑怀兴剧作集》(上下册)给我,并在扉页上亲笔书写

2019年在厦门大学与林必越

了赠言和签名，令我备受感动和钦敬！2013年春节返乡，我特地去城关坝垄郑府拜访了郑老师，那是我跟他的第一次见面。中等略显瘦弱的身材，发量稍微稀疏，开阔的脑门，温和而睿智的眼神，语速缓慢乡音浓重，就是这么一个看起来再普通不过的邻里般的老人家，却是中国顶尖的剧作大师！那一个春日的上午，郑老师领我到他四楼的书房，与一楼略显狭窄的客厅房间相比，四楼特别宽敞，两大面墙壁是成片的书柜，整齐地摆放着各种书籍，藏书量之多令人称奇，果然是学富五车才能下笔如神！围坐在他宽大的书桌前，郑老师给我介绍了他的主要剧作，谈起了莆仙戏发展历史和当下情景，那时候正是莆仙戏最艰辛的时段，郑老师言语中不胜唏嘘和感慨，对莆仙戏的热爱和忧心溢于言表。

笔落惊风雨，诗成泣鬼神。鲤声剧团于2015年后逐渐回归正常排练演出，开始复排一些传统经典剧目。2015年复排了郑怀兴先生1982年创作的《魂断鳌头》，参加福建省第26届戏剧会演获得优秀剧目一等奖，使鲤声剧团开始走出困境，2016年该剧受邀晋京参加全国基层院团演出，获得了巨大成功！在北京演出的当晚，我边听该剧1982年的录音，边写了《魂断千古叹，鳌头京城赞》的剧评。在该剧复排的时候，我特地回到家乡观看了两次，并在福州会演时赶到省城凤凰剧场现场观摩，郑老师的爱女郑宜琳女士在我到达剧场前打电话给我，说特地给我留着位置比较好的票，让我深受感动！其实我并没有告诉她我会从厦门赶到福州看戏，但是对莆仙戏的热爱让我们有共同的期许和默契。那段时间与郑怀兴老师又有几次的交流，深刻感受到郑老师希望通过他的这部剧作，能够帮助鲤声剧团重新回到艺术传承的道路和重现曾经的辉煌！2016年寒假，我返乡探亲并去看望郑老师，彼时他刚又出版了《郑怀兴戏剧全集》（四册），郑老师再次亲笔签名赠书与我，收到此稀世巨作，真的让我倍感珍惜。此后，只要有空，我经常是泡着香茗，听着莆仙戏，阅读他的剧作。只是很遗憾叶公好龙，没有对每一部剧作都仔细咀嚼品味，对那些搬上莆仙戏舞台的剧作阅读得更为深入些，但即便如此，也让我在郑老师的剧作中获取了大量的戏剧文学艺术的滋养。

2019年9月17日，郑怀兴老师应厦门大学人文学院邀请，来做戏曲文化艺术讲座，我近水楼台先得月去厦大聆听了他的讲座，并一起在厦大上弦场边上合影留念，也给郑老师留下了珍贵的单人照片。2022年12月10日鲤声剧团建团70周年，我有幸获邀参加庆典仪式，观看了庆祝建团70周年艺术展演和"郑怀兴戏剧专场演出"，在现场再次见到了久未谋面的郑老师以及众多的莆仙戏艺术家。那天晚上，许多莆仙戏老艺人都出席了庆典，会上给郑怀兴、王国金和许秀莺三位资深老艺术家颁发了荣誉证书，现场观众热情洋溢，气氛达到了高潮。在结束时，郑怀兴老师和王国金老师紧紧握着手，互相道别，互道珍重。站在边上的我们为老艺术家的情谊深深触动，也感受到年事已高的他们对彼此的关心和牵挂！事后，方晓先生还特地写了文章回放了当时的情景，如今刚过整一年，郑老师就已驾鹤西去，令人悲恸难当！

我常常怀想，是怎样的力量能让莆仙这样一个偏于东南一隅的小地方，能够孕育出如此璀璨的历史文化，特别是被誉为"宋元南戏活化石"的莆仙戏，承载着千百年来兴化人民的人文血脉；

能够造就郑怀兴老师这样的剧作大家,创作出意蕴深邃、人文厚重的惊世剧作,是这片土地厚重的文化基因,是郑老师博古通今的才华智慧与坚守!

郑怀兴先生千古!

(林必越,厦门理工学院文化产业与旅游学院教授、博士、硕士生导师、副院长)

我与郑怀兴先生的四次会面

◎ 卢奇霞

2023年12月13日的下午，县作协群里发布一则讣告，郑怀兴先生在家中逝世。我一度以为自己看错这条消息，是否有同名，我再看一遍讣告，对名字一再确认自己没看错，消息属实。瞬间，我悲痛不已。群里认识或不认识他的都对他的仙逝表示哀悼。后来的一段日子里，我也陆续读到一些文人哀悼先生的文章，有他生前的学生、挚友、同行同道中人等，都在怀念先生这一生在编剧上的伟大成就，怀念先生的人品文品戏品。我不懂戏剧，于是郑怀兴先生在戏剧方面的创作我就没有发言权，但我对先生是由衷地敬佩，而这种敬佩纯粹出自几次简短的会面。

2015年6月，我出版了个人散文集处女作《心灯》，应现中国作协会员、县作协主席王斌的鼓励，去申报当年省文艺（出版）方面的项目资助，需要教授级别的专家写推荐信，王斌主席引荐我认识了一级编剧、省文联顾问郑怀兴先生。那天，我拿着拙作《心灯》，跟着王主席去拜访了郑怀兴先生，初次见面，他没有我想象中教授的架子，我想象的教授级别人物的样子是一副让人看起来很高大上，或者就是高攀不上的，不是那么轻易能见我这草根作者的那类人物。可是当我胆怯地跟着王主席见到他本人，说明了来意之后，他是那么热心地同我们交谈，对我在写作方面的勤奋给予认可和鼓励。我心中的紧张、不安慢慢散了，只觉得眼前这位比我父亲稍大点年纪的先生(因职业的不同，实际上看过去比父亲要年轻几岁)，是那么和蔼、可亲、可敬。他让我把《心灯》留下，待他读后写好推荐信时联系我再去找他拿。

没过几天，就接到郑怀兴先生的来电。我内心还是夹杂着几分不安，主要是自己的文字格调过于生活化，表达不够成熟，这样在一位教授先生的眼里会是怎样的一种评价？我忐忑地来到先生家中。他递给我打印好的一式多份推荐信（因需要多份，采用打印方式），每一份底下有他亲笔签字署名和日期。

"卢奇霞作品集《心灯》，扎根于乡土，源自生活，文字朴实优美，情感真挚自然，所写虽凡人小事，却能予读者以真的感动、善的熏陶、美的享受。作者文学功底比较扎实，又有敏锐的观察力和勤奋的创作精神，应该予以关心培养。资助此书的出版，对作者本人以及仙游年轻的业余作者，都是一种鼓励，有助于繁荣仙游的文艺创作，所以本人乐于推荐。

郑怀兴 2015.7.6

读了先生为拙作《心灯》写下这么多溢美之词，我很受感动，我也明白这是先生对于年轻作者的真诚鼓励，寄希望于晚辈能够为繁荣仙游的文艺创作做贡献。

郑先生的乐于推荐，让我鼓起极大的自信和勇气，择日便揣着8本《心灯》（应该没记错是8本）和沉甸甸的推荐信交于县委宣传部负责的工作人员。好事多磨吧，工作人员告诉我推荐信不是这样写的，要在表格里签意见。无奈我第三次去拜访先生。

我事先与郑怀兴先生说明了情况，并约好大概时间。7月，盛夏。那天下午我五点半下班后，到达先生家中，他与爱人在外头散步，正好在回来的路上，让我稍等一会儿。也大概是我先到了，他提前折回来。先生到家时，满头大汗，汗水也湿了T恤，他仍一副笑容可掬的样子，没有对我的再三拜访感到厌烦。我把事先按宣传部要求的表格填好，给他签推荐意见，大概就是"同意推荐+签名"。那时那刻，我觉得先生那么认真为我写的推荐评价被换成简单的几个字，这几个字，甚至都不需要去读我的《心灯》，只要愿意推荐，直接签字就可以的。最终没能把推荐评价写到表格的意见栏里，顿感失落，也为先生百忙中为我小辈付出的时间和精力感到不安，这不安大概就是我觉得自己的文章配不上先生为我做的评价。同时，内心里又涌起一股力量，我应把郑先生给我的推荐评价作为前行的动力，我把那段话加签字的那一张白纸黑字珍藏着，作为一种纪念和信念珍藏着。

离开先生家之前，我斗胆请先生拍了一张合影，是他的三女儿帮忙拍的。如今再翻看那照片，水印时间2015年7月27日18：02，依稀可见那个夏日炎炎的午后。后来这张照片放在我次年，也就是2016年出版的个人散文集《回望》中，成为我人生中永远的纪念。

我出版第二本个人散文集，也是自己始料未及的事。也就是那两三年光景，我冲着一股劲，写了很多小文章，也一样都是生活日常和感悟，我出版的初心就是不断地给自己的人生做总结。

第四次拜访，我拿着《回望》去答谢郑怀兴先生。2016年的具体哪一天记不得了。但在当时先生回赠给我一套《郑怀兴戏剧全集》共四卷（第五卷未出版），首卷的扉页中笔触有力地写着："奇霞女士雅正　郑怀兴丙申冬。"

我感受到被长辈尊重、抬爱和关怀，非常荣幸！我手捧极其厚重的一套戏剧集，那都是怀兴先生毕生的成果，为戏剧创作贡献的人格和智慧。

我以为来日方长，后会有期，还有请教他的机会，没有想到生命是如此脆弱，也就仅仅过去了7年时间，郑怀兴先生人生却画上了句号。在我认识的老一辈友人中，也有先生的同学挚友，后来和他们的闲谈中，我把那张白纸黑字的推荐评价给他们看，他们都感慨："这字里行间都渗透着他人生坎坷的经历，只有经历过才能懂得、才能体会、才能写出这样发自内心的质朴真诚的评价，那是给予你很高的评价和期望！"他们对挚友的仙逝，感到非常遗憾。郑先生虽然只是师范专科毕业，最后却在北大给中文系研究生上课。他在早年就喜欢戏剧，执着一生，努力一生，奋斗一生，从一名民办教师开始，一步一步成长起来，到后来成为一级编剧，享受国务院政府特殊津贴，先后有40多部作品登上舞台，涉及十多个剧种，他与四川魏明伦、北京郭启宏并称为"戏曲界三驾马车"。他蛰居小小的仙游县城，"安身立命于梨园"，通过扎扎实实努力成为享誉四海的剧作家。

痛惜英才，先生走得太突然，太可惜了！先生他还能为国家、为社会创作更多经典的、优秀的戏剧作品，我们为失去的一位值得世人尊重、学习的人物而深为惋惜。正如中国戏曲学会唁电中最后总结："先生艺术不朽，人格不朽，精神不朽，永为后人景仰！"

我觉得我应该为郑先生写点什么，谈不了戏剧，就这几次简短的会面，凭着记忆留下点笔墨，以记之。

（卢奇霞，供职于仙游东亚公司，福建省作协会员）

一座山的高度

◎ 王清铭

"寒舍背后，有座小山，名曰客山……笔耕之余，常常独坐书房，临窗品茗。我望着山，山望着我，闲极了，也静极了，心底下不禁涌出一些话来，向山倾诉。山默默似有耳，语喃喃而无忌。且将此闲言拾掇成篇，姑且名为《客山闲话》。"

这是郑怀兴先生在《剧本》随笔连载《客山闲话》开篇的一段话。我住在客山的南边，郑怀兴先生住在东边，我们共同拥有一座山，我们都与这座不知名的小山结缘。他望过的山，我也正在眺望，我也有向客山倾诉的愿望。在黄昏的时候，他多次攀登过这座山，我后来也多次攀登过，我的一些足迹大概就覆盖在他的足迹之上吧。走进这座山，我体会到了他在文中所说的闲与静，能与郑先生有同一种心境，我想，我们是有缘的。这就是我不厌其烦引述这大段文字的理由。

在仙游的文艺界，要找现在在全国有影响的名人，大概可以找两位：戏剧表演家王少媛和著名剧作家郑怀兴。王少媛凭她惟妙惟肖的表演造诣获得梅花奖，她赖以成名的剧本就是郑怀兴先生写的。除了王少媛，还有多位不同剧种的演员演出他的剧本获得梅花奖。

古人谓"高山仰止"，郑怀兴先生从来不把自己当作一座让人敬而远之的高山，他只把自己看作房后那座小山——客山。对客山，我非常熟悉，它就在我工作单位的不远处，近两三年时间，黄昏时我几乎都在那边跑步，多数时候沿山麓奔跑，有时也花十来分钟登上山顶，看四周一山更比一山高，没有一览众山小的豪情。北面的大蜚山比客山高得多，但大蜚山比南面的山又矮了，能谦逊地认为自己只是一座小山的人不多，郑怀兴就是其中的一个，虽然他的海拔早已超越这些妄自尊大的山。

能与郑先生共有一座山是幸福的。当我黄昏的时候独自沿客山慢跑，经常会遇见在这里散步的郑先生伉俪。客山应该是有福的，能够跟一位被誉为"中国戏曲界三驾马车"之一的作家结缘。谦逊的郑先生却认为自己能与一座山守望是有福的。或许是想亲近泥土吧，或者是磨砺自己养尊处优的脚，他喜欢赤足登山，我碰到他的时候，他都是与夫人走在一起，他的鞋提在夫人的手中。我少年时就看过他编剧的获过全国奖的《新亭泪》《鸭子丑小传》等莆仙戏，对他"虽不能至，然心向往之"，但当他从我对面走过时，我不敢轻易去惊扰他，怕打断他对某部大作的构思思路。客山的路，或许也是他一条逶迤的创作思路。或许，路上的一朵花或一片飘零的黄叶知道他联翩的浮想，那些普通的石阶知道他对人生的感悟。

我曾特地去搜索他的照片，几个普通的木制书架连在一起，上面堆满了书，用"卷帙浩繁"来形容一点也不为过。书架中心，挂的就是他们夫妇的合影照，黑白的；书架的木纹清晰可见，没有油漆，没有任何装饰。住在客山边的郑怀兴如客山一样普通，但如同你看不透一座山一样，他有着山一样的深邃和宽厚。

我一直以为人可以征服一座山，只要把山踩在脚下。后来读了一位作家的话："征服一座山是不可能的，只能说是它在片刻间接纳了你。"我恍然有所悟，想征服山的想法是狂妄的，人面对山最好的方式就是将一座山放进胸中，然后面对它，眺望和倾诉。郑怀兴先生就是这样一个胸藏丘壑的人。

仙游县七山二田一水，木兰溪穿城而过，"挑"起了两个很小的平原，叫东西乡平原。说是平原，其实峻峰环锁的仙游县城以及周围地区更像盆地。仙游只有一小角海，缺乏面朝大海的开放心态和海纳百川的胸襟。我曾这种把地域造成的心态称为"盆地意识"，这种意识在文艺界影响尤甚，作家们坐井观天、故步自封又有点目空一切。但也有很多人，如被称为"中国莎士比亚"的陈仁鉴和30年前就被称为"中国戏曲界三驾马车"之一的郑怀兴，他们巍然屹立着，成为让国人仰望的文化高峰。陈仁鉴和郑怀兴都生长在很小的东乡平原上，双峰并峙。有意思的是，闽中最高峰石谷解也在仙游，主峰海拔1803.3米。

回到客山，我从郑怀兴先生的文章得知，客山还有一个俗称"九战尾"。在明朝抗倭战斗中，戚继光带领官兵和仙游人民在这里与倭寇进行九场血雨腥风的战斗。海拔只有300多米的客山，却曾经矗立起仙游的铮铮铁骨。

客山总是那么低调，县城里的多数人不知道它的另一个名称。在这座外界几乎不知其名的客山，游人会碰见一个同样不知其名的人，他和夫人经常只在山麓走走，海拔却比山高多了。

2010年参加省作家协会采风团，在鲤声剧场又碰见了他。他依旧那样朴实，不显山露水的，但我知道，最高大的山藏在一个人的心中。在剧场旁边的文庙，我与他合影。我明白，我身边站立的不是一位普通的人，而是我要不断攀越的一种高度，一座山的高度。

非常喜欢他说过的一段话，我把它摘录下来，作为自己奋进的动力。他说："与茫茫宇宙比起来，个人生命何其短暂，能力何等渺小，应该心不旁骛，只专注于最符合你兴趣的事业，如《周易》中所说的'穷理尽性至于命'那样，老老实实，兢兢业业，花最大的力气，下最大的功夫，'造次必于是，颠沛必于是'，那么，滴水穿石，必有所成。"

我也终于明白，一座山的高度就是我们多次攀登后的累加。

【补记】下午我正忙着在电脑工作，突然微信群里跳出一行字"蛋山低眉，兰水泣泪"，后面连着三个双手合十祈祷的表情。打开一看，竟是先生千古的噩耗。我与先生无多少交集，但也知道他除了眼睛不好，身体还好，没想到他驾鹤西去。我静静坐着，内心没有多大悲伤，但眼泪禁不住流了下来。

我从未见过如此低调的名人。他一生与客山厮守，同客山一样没有令人敬畏的海拔，但人们不能不仰望他。

2010年章武来仙游采风，想起了先生这位老朋友，打了电话，怀兴先生马上赶到文庙，与章武见面。2021年作家郑千里从京城回仙游老家，想起了他。他们几个朋友一起吃饭，我作陪，现在想起，这应该是我见怀兴先生的最后一面了。

章武早已去世，不知道天国是否有他爬的99座山？怀兴先生刚刚辞世，天国应该也有山，只是他只能踽踽独行了。

前几天是莆仙戏大师陈仁鉴诞生110周年，我刚读了怀兴先生的《悼仁鉴先生》，文中的一句话让我感慨万千："一听到莆仙戏的锣鼓声，我就好像聆听到先生的笑声；一见到草台的莆仙戏演出，我就恍惚见到先生的身影。先生，你与莆仙戏同在！"他悼念陈仁鉴的句子，竟然可以用来悼念他，一恸！

新亭有泪，关山无月。蜚山低眉，兰水泣泪，先生仙游，唯有缅怀。

2023年12月13日夜补记

（王清铭，仙游县金石中学高级教师）

恸惜郑怀兴先生

◎ 郭大卫

在一个阴雨沉闷的冬天日子里,惊悉著名剧作家郑怀兴先生撒手驾鹤。我使用这个词语表达郑先生作古,可能有点不准确,因为郑先生手头的事业还未完成呢,怎么突然离世,让我深感痛惜!他为全国多个剧种创作,还承担多个剧目的编剧,还有长篇小说创作……真的让人痛哭流涕,撕心裂肺。

郑怀兴先生是我文学崇拜的偶像,20世纪80年代,他的剧作名扬四海,家喻户晓,影响了莆仙乃至八闽大地,甚至神州各地。那个时期,文艺重生,莆仙戏唱响了城乡各地,我耳濡目染,深受教益。在观看莆仙戏表演的同时,我爱上了文学。郑怀兴先生创作的莆仙戏剧目《新亭泪》《鸭子丑小传》《晋宫寒月》等,深深地打动了我,也打开了我的文学闸门,带我走进文学殿堂。那些年,受到种种客观因素的制约,无缘接触聆听大师的教导,但我常常在梦中见到郑先生的音容笑貌……

记得是2003年冬天,一次偶然机会在影剧院里观看由郑怀兴先生创作的越剧《妈祖》,我刚好坐在他旁边。有缘千里来相会。我放胆地靠近他,做了自我介绍……彼此之间拉近了距离,一见如故。尔后,我们之间联系经常,一旦面晤就谈起文艺。我曾多次亲临大师面前,促膝交谈,获益匪浅,所受精神鼓舞巨大,如沐春风,心中一股暖流喷涌全身。倏然,化作无穷的力量,投身于我的文艺创作中去。大师的魅力真是无穷无尽啊!

打那以后,我对戏剧文学产生兴趣。然后常与莆田的老剧作家杨美煊和张庆煌二先生讨教，畅谈戏剧创作与小说创作的诸多交集。

2009年，我组织成立莆田市郭氏委员会，在积极开展家族文化建设的同时，关注到老祖宗郭子仪公与莆仙戏的瓜葛，鉴于此宏伟计划，我特地跑到仙游城关，登门拜访了郑怀兴先生，请教有关出版莆仙戏郭子仪剧本集之事。我开门见山直白编辑种种计划。郑先生兴高采烈地给我讲述剧本收藏的前前后后……然后语重心长地给我指出搜集古代剧本的具体办法。经一番积极的奔波，克服了重重困难，终于在福建省艺术研究院里收集到传统莆仙戏郭子仪剧本17部。我如获至宝，终于成圆美梦！开始认真点校，反复校对，打印成初稿本。然后再在民间收集到几部现代戏郭子仪剧本，洋洋洒洒80多万字，辑成一部郭子仪剧本集，既可当作文学作品阅读欣赏，又可进行二度创作成长篇小说、纪实文学，或改编为影视作品等。同时，也是一部极其宝贵的地方文史资料，是郭家的一份难得珍贵的精神财富。

经过几年的艰辛的工作，形成初样本。其时，我心中深感不安。这部剧本集并非一般的书籍，颇具相当的文化含量，一定得请郑怀兴先生作序，一是将大师的墨宝收在文集里，以臻锦上添花之妙；二是表达对大师的一番敬仰，因为没有郑先生的热忱帮助，完全不可能有那么完备完整的郭子仪剧本集。

其间，我较常出入于郑家门庭。每每拜访，郑怀兴先生总是笑容可掬，喜滋滋地迎接我这位远方的弟子。每次郑先生都给我以文学的营养，文化知识的补缺，先后赠给我他的大作《郑怀兴剧本集》（上下册）、《血祭河山》《风骨与情怀——郑怀兴剧作研究论文选》等。在《风骨与情怀》的首篇，我读到我国著名戏剧家郭汉城在郑怀兴剧作学术研讨会上讲话稿中说："怀兴同志写历史剧是很严肃的，他有两句话我觉得很深刻，他说写历史剧有时代的感召，也有历史的启示。我非常同意这个观点……"所以说，郑怀兴先生所创作的剧本总是站在历史的高度，审时度势，坚持历史唯物主义思想观点，弘扬正能量，歌颂真善美，鞭挞假丑恶，具有深重的教育意义和艺术性，给人的丰厚的精神食粮，启迪人们走向光辉灿烂的明天。

2016年夏天，我受莆田市政协委托，前往郑怀兴先生家请教有关编辑出版《莆仙方言大辞典》之事，并聘请他为该书顾问。郑先生兴奋不已地把刚出版的《郑怀兴戏剧全集》四卷本赠予我。沉甸甸的戏剧文学作品，又一次给了我文学的哺养！该书是郑先生从艺40多年的心血结晶。我挑灯夜读，感触颇深，意兴盎然，撰写了一篇文艺评论，题为《华章长留天地间——读〈郑怀兴戏剧全集〉四卷本》，后来收入拙作《学林拾萃》一书。郑先生看到我的文章后，深切而又感叹地对我说："你已经成为戏迷了！难得，了不起啊！"我惭愧地回答他："我是深受你的大作所感动的！"

2022年春，我苦苦经营十二载的《莆仙戏郭子仪剧本集》点校排版成稿，原市长姚振泉先生欣然题签书名，无疑给本书增添秀色。之后，我挂去郑先生电话请求为本书作序。他在厦门养病。但从其话音中又听出状态颇佳。他说近来眼睛患严重青光眼病，加上长期糖尿病，身体不适，我听后心情十分难过。又过了一段时间，我又挂去电话问安，恳切请求郑先生惠赐墨宝为剧本集作序。我说，眼睛看不清没事，我坐在你身边，你口述我听写，一定要有大师的序言，以增光添彩。果然，郑先生终于应允了我的请求！写了一篇热情洋溢、充满浓郁感情的美文，让我欣喜若狂。

2023年初，我忙于联系出版及印刷事宜，再一番修改校勘，又收集了几篇附录文章。《莆仙戏郭子仪剧本集》一书终于在11月中旬出版面世。出书后第一时间，我就驱车前往仙游送去书本，想要当面把书籍呈送给郑先生让他高兴。可是听说郑先生病重在医院治疗。几天后，我再次去仙游，在仙游县文旅局里遇见郑先生女儿，知晓郑先生在接受中医治疗……万万想不到，今天突然间噩耗传到我手机里，简直让我痛不欲生，立马写下一则手机短文："壶山落泪，兰溪哀鸣——郑怀兴先生千古！"

敬爱的郑怀兴先生，没有你的指点迷津，就没有我们莆仙郭氏这部宝贵的《莆仙戏郭子仪剧本集》出版，功高如山，情深似海！

我极其尊敬的郑怀兴先生千古！怀兴大师安息！

（郭大卫，农工党福建省委会文史委员、莆田郭尚先书画院院长、福建省书法家协会会员、福建省作家协会会员）

怀念怀兴

◎ 林爱玉

　　2023年我最大的憾事是没能及时探望怀兴老友。国庆节，女儿责怪我没给燕英大嫂打个电话，探问怀兴病情。现为"全职保姆"的我，只能在暑假回老家时，才与怀兴夫妇晤面；或者得知他们在福州二女儿家时，才能去串串门。

　　国庆节了，在外地工作的女儿一家也在福州，我们一家人决定一起去拜访怀兴夫妇。但燕英大嫂告诉我，她带怀兴在西安治病，估计11月回莆田学院三女儿处调养。我们全家人就决定在元旦放假三天，一起去莆田探望怀兴夫妇。想不到12月13日就收到怀兴驾鹤西去的噩耗，全家人悲痛不已。

　　从此以后，我再也没机会拜读怀兴发来的文章，以及全国各地专家对他剧本的评论文章了。以前怀兴每每发这样的剧评给我阅读，我都仔细地看了几遍，非常敬佩那些大家的文采。无奈我这文学"白丁"，表达不出赞美之辞，每次都只在微信上发图竖大拇指点赞。

　　如今，12月13日成为我挥之不去的阴霾。那天，我提早到幼儿园接孙女回家，又给我儿子连打了几个电话。晚上十点多他加班回家，我非常生气地责怪他没接电话。当我把这个噩耗告诉儿子，他顾不了时间已晚，立马给他的领导打电话，表示明天要请假陪父母回家吊唁。领导不批，他坐在饭桌前哽咽许久吃不下饭。第二天，我凌晨4点多起床，乘首班动车回仙游，与退休在家的弟弟一起去吊唁怀兴。

一、"攀"怀兴

到怀兴家时，我和我弟在吊唁名册上写上"朋友"关系，许多熟人都很惊讶，我们理工家的平庸人怎会攀上这顶级戏剧家朋友？这"朋友"是我家一对儿女"攀"上的。

30多年前，县博物馆每逢春节都有字画展，对文艺接触甚少的理工家庭很想去欣赏、去感受。所以，我和儿女就逢展必到。当时怀兴夫人是博物馆的会计，记得第一次去观展时，我那上幼儿园的女儿就黏上了怀兴家四个聪颖的千金了。从此之后，每逢我夫妇下乡或出差或寒暑假，我女儿就不肯到几个亲戚家去，而是吵着闹着要到"四个姐姐"家。

我女儿上初中了，她又自作主张地经常带着上幼儿园的弟弟到怀兴家"白吃""白喝""白住"。"四个姐姐"又成为她姐弟俩的义务教师。其中一个"姐姐"经常到附近的国画研究所学画，姐弟俩成了"小跟班"。无意插柳柳成荫，姐弟俩的画艺虽没"成荫"，但我女儿初中时的两幅画在省少年画展上得奖，我儿子高中时的图画作业《三坊七巷》，被美术老师贴在福州高级中学的校刊上，被《福州日报》的某记者看到了，意外被日报刊登了。那年元旦后，儿子回校上课，美术老师叫他帮忙找那天的《福州日报》，老师要收藏。儿子挂电话叫我找，我方知犬儿画作登上《福州日报》。姐弟俩从来没花钱学画，一点画技，全凭当"画画姐姐"的小跟班而得。

自我家儿女白吃、白喝、白住地攀上怀兴这家"朋友"，至今已30多年了，儿女经常回忆在怀兴家的温馨日子。

二、"骗"怀兴

12月30日，我带着女儿、女婿及一对外孙回仙游老家与我老公会合，先去探问燕英大嫂。但她下午就回厦门女儿家，我们又非常遗憾没能去怀兴墓地拜谒。

女儿边开车边念叨姐弟俩小时候在怀兴家的往事。20世纪80年代，生活很贫穷，怀兴夫妇俩工资加起来才百来元，粮食凭票供应，上有快百岁的奶奶，下有四个女儿，老家还有个需资助的弟弟，怀兴家生活之清贫可想而知。

我女儿回想说："小时候在怀兴伯父家，开饭时，怀兴伯父或燕英伯母总是说，'阿锂个头最小，够不着饭缸高，我帮你装饭。'然后把最浓的稀饭装给我吃。逢煮汤面时，把稀有的几块肉末、几个花蛤和浓面条装给我吃。我吃得比四个姐姐好，他家饭缸再高，我若踮踮脚还是够得着，还能装得上，但他俩每次都替我装，我也贪吃，假装个子够不着饭缸'骗'着让他们为我装饭。"

每逢春节前夕，他家按风俗也做年糕、红团、白糕、白粿，也炸豆腐，孩子们都想吃，怀兴的"牛脚"奶奶（老奶奶幼时裹着脚，整个腿脚就很像牛腿脚），就会随时分一些给这些孩子吃。女儿说："我是分最多的一个。这样三顿时，饭就吃不下了。怀兴伯父给我装饭时，我就'骗'他。如是'菜饭'我就说太咸了或太淡了，不想吃了。他会说，'尝一下，若太淡，加点酱油，若太咸加点开水。'其实，我都还没吃，哪来'咸或淡'，只是'骗'他而已。如是'地瓜粥'我就说太凉了或太烫了，不敢吃了。他又会说'刚刚好，刚刚好，吃一碗，不然会饿坏了'，不管怀兴伯父怎么动员，我就是不吃。"

女儿继续说道："小时候我总觉得怀兴伯父家的饭菜都比我家好吃，所以在家都是被骂着吃一小碗，而在他家都是抢着吃好几碗。不吃的时候，'骗'着怀兴伯父，就是不吃，然后燕英伯母会说'兴阿'肚子是'泔水桶'，咸、淡、冷、热、酸、甜都装得下，你们不吃的让他全包。等我饿了，太奶奶会给我年糕吃，我都是这样'骗'着怀兴伯父，不吃饭，空着肚子吃年糕。看见最小的姐姐有件新衣服，我就说我很冷，怀兴伯父、燕英伯母就拿那件新衣服借给我穿。"

我记忆犹新，第一次女儿自鸣得意地回家叙述"骗"怀兴的过程，我警告她别幼犊不识虎，怀兴什么智商，你"骗"得了吗？你骗得了他，你会成"小李杜""大李杜"！女儿当时年幼，也不懂此理，每每"骗"过了，都会回家炫耀一番，所以此"骗"全家人都记忆犹新。

三、敬怀兴

怀兴是全国戏剧界泰斗，但从来不自高、不自大，非常低调，与人为善，凡事替别人着想，换位思考，不强加于人。

记得1997年的一天，他平生唯一一次挂电话求助，他很谨慎地问我："能不能帮忙一件事？"我纳闷，"都是我家有事求他帮忙，今日何有他这般说话？我催他快道缘由。他说县大剧院要翻盖，剧团里人人各显神通，集资筹钱。没人给他派额，但他自感要出点力，又不想向"权富"开口，就悄悄问我。像这样的顶级专家，并且是为公筹资，我能不想方设法？我说："乡镇收点教育附加费，但我镇教师多、工资开支大，入不敷出。"他马上插话："我知道，我知道，原来还欠债很多，不为难你了，不为难你了。"我说："盖剧院是公益事，演你的剧本，我看过几折，都是抨时弊、传孝道、歌忠臣、颂英雄、爱祖国、爱人民，剧院也是爱国主义教育基地，教育附加费挤点去支援，也是合理的公对公支出，一点都不为难，但实在是囊中羞涩，不能添砖加瓦，只能支援点。"他非常高兴地说道："很好！很好！有一点点都是雪中送炭，雪中送炭！"他这样体谅我的难处，一点都不为难我。这就是他令人敬佩的为人之道！

1999年，县里要举办建县1300年县庆，我参与挖掘县史的闪光点，用于展示。我们几个小公务员到怀兴家拿几本剧本出来展览，他没拿，他说："写几折小戏，不足炫耀，你们去找找我老师陈仁鉴的剧本展览。"我说："以前可能对这类档案没那么重视，档案馆里没有这类存本，而你的剧本是戏剧瑰宝，拿出来给来自世界各地仙游籍华侨，来自全国各地的乡亲欣赏欣赏，也是一件弘扬优秀文化的功德事。"在我们软磨硬缠下,他拿出了《新亭泪》等几本手稿供展览,还盼咐道:"展厅面积有限,几本粗稿不要占显眼的大展柜。"这样的尊师、为人之大德,能不令人敬佩!

四、颂怀兴

怀兴是个值得传颂的人!

他从来施恩不求回报。当年我那一对儿女多年寒暑假赖在怀兴家白吃、白喝、白住,当时他家经济比我家还拮据,但每次我们拿点粮票、伙食费给他家都被拒收。他总是说:"我家七口人,每人少吃一瓢,就够你孩子撑饱,他们在这里,我家也没多放米、多煮菜,只是多加点水而已。"就这样我家占了他家这么多年的便宜,我这平庸人家又无以回报。

20世纪80年代末,我家遇到一件事多次办不成,想想我们只认识怀兴这个最高层次的朋友了,我就厚着脸皮大中午跑到他家求助。他正端着"大海盆"(大饭碗)在喝粥。我也不顾礼节地说明来意。"咯"的一声,他马上放下"大海盆",说道:"我马上打电话。"这时我才醒悟是大中午,他饭吃一半,我真过分,连忙说:"吃完饭再打,吃完饭再打。"他说:"我们吃饭时,对方也在吃饭,刚好有在,找得着,等吃完饭,可能他就下乡去了,找不到他。"(那时乡镇领导没有手机,没有BP机,只有乡镇政府机关有部座机)挂完电话,怀兴说:"对方答应,晚上马上开党政会议落实。"就这样,把我家的事一下子办好了。事后,我弟提着自家种的五斤白晒花生去感谢他,他夫妇说啥都不收,他们说那是"举手之劳,不足感谢"。怀兴就是这样施恩不图报的人。

几十年来,我的儿女都为人父、为人母了,我的弟弟也退休了,我们又举家迁福州了,只有暑假或春节回老家时,有幸拜访偶尔在老家的怀兴夫妇俩。如果我们带盒茶叶或一点零食,怀兴都是回送我们很多建宁莲子(他二女婿家的特产),我们方言叫"送菜回猪脚"。这样施恩不求报之人值不值得传颂？

五、学怀兴

我家高攀上怀兴这家朋友，几十年来，深知他不贪财色、与人为善、高才低调之优良品质，所以，每每教育儿孙要向怀兴学习。

学他博学多才：他已是戏剧泰斗了，我们每次拜访他时，他不是在写作，就是在看书，或与人讨论剧本或与演员在商讨剧情，总之没有一次看到他在闲玩。

学他平易近人：我这平庸的朋友，每次到他家，他夫人在楼下嚷着，"兴啊"，爱玉来看你了，他都会从书中、戏中停下来，咚、咚、咚下楼陪我坐一会儿、聊一会儿。所以，我这文学白丁也成了他家几十年的朋友。

学他清正廉洁：宁穷不爱歪财，有一小部分文人借机融资出版作品、办展览，怀兴从来不做。他出身贫苦，当过兵，还当了一段民办中学老师，家里上有百岁裹脚的老奶奶，中有需资助的弟弟，下有四个读书花钱的女儿。这般家境，从来没听过，没见过他叫谁资助他出版作品，捐资排戏等。只知道，有出版商要求他改些剧情，给他丰厚的稿酬，出版他的作品，他认为不合情理，有伤风化，乱纲乱纪的，他都不接受，都严词拒绝。

学他孝老尊师：他的奶奶活到百岁，怀兴作为孙子，孝养她几十年。以前在他家，经常听他奶奶使唤怀兴干这干那，怀兴都是有唤必应，经济困难成那样，有人会把老人当累赘，怀兴却把奶奶当菩萨供。每餐第一碗饭，总是先给奶奶盛着；每逢过节买布裁衣，第一件考虑的是奶奶的。怀兴的老师陈仁鉴，其一小儿子陈纪建是我小学的同学，又是我隔壁村的，以前经常听他说起怀兴谦逊地拜师，真心地尊师，说其父生病期间，怀兴怎样日夜照顾，端茶端水等，足见他尊师之厚德。

今天刚回老家奔波一天，很累很困，本要早早休息，无奈在床上辗转反侧，满脑子都是怀兴博学、寡欲、高德、低调的点滴往事，因为我才疏学浅，无法描写出他的善言善行，但众人都会口口相传，传颂怀兴的功德。

愿怀兴在极乐世界永享天乐！

（林爱玉，曾任仙游县财政局副局长、县档案局局长、赖店镇镇长）

恩师的教诲

◎ 陈　锦

2023年12月13日正午时分，霜风挟带的凶讯不期然而至：敬爱的怀兴老师遽然谢世！

霎时，我的心灵世界地崩山摧，日色无光……

怀兴老师不但曾拔我于生活的颠簸，更难得的是，长期以来他始终在循循善诱地教我如何做人和如何为文。老师于我恩重如山，我也曾暗下自拟：我也算是恩师的子女了，将来要为恩师尽到做子女的职责。但是，从恩师卧病直到弥留之际，我都没能在榻前侍奉过。本来认为恩师的病势在稳步好转，又孰料忽传噩耗，怎不教我悲疚交织？

恩师从小就研习过《易经》和韬略之学，深谙阴阳虚实机变之理，但是，他在与人交际上秉持的却是不变的厚道。生活中的恩师是典型的性情中人，宅心仁厚，率真实诚，永葆赤子之心。这在练达人情世故的人看来，难免觉得天真幼稚，不接于世……我知道，恩师做人的实诚质朴是源于特殊的家教。

恩师的父亲在外地工作并在那里安家，母亲也恒常随夫在外照看孩子。恩师是长子，独自留在老家跟祖父母（实际上外祖父母）一起生活。祖父出身于寻常农家，上过四年的私塾。他崇尚并恪守古代圣贤的训诂，秉持贤良方正的立身处世原则。中华人民共和国成立前，祖父以种地为主，兼做小买卖。他把做人的厚道正直毫不保留地贯彻到商业行为中，好在长年累月后老顾客们都能理解他的经商之道，才使他的生意得以维持。中华人民共和国成立后，他被民众推选出来筹资创办榜头公社供销合作社，后来成为该供销合作社的职工。1957年，由于历史的原因，他被退职归农，在集体农场里干活。他毫无怨艾，勤恳苦干，年年都被评为先进。为了增加家庭收入,他常加工制作一些小木件(如木屐、梭子、菜刀柄等),并挑到城里叫卖。尽管身处社会底层，从事肩挑贸易，但老人依旧矜持"儒商风度"。比如，他卖木屐讨价2角钱，如果遇到不还价的爽直买家，买卖做成后，他就只收1角8分(把自己零售所得利润返还给人家)。他的理由是"诚实人的钱不能赚"……

恩师自幼爱读书，爱思考问题，并且生活在这种公孙结构的家庭，于是，祖父得以把"儒统"充分地灌输给了幼小的恩师，从而为恩师奠定了人生观和价值观的基石。

恩师宅心仁厚，富有同情心，并在人际交往中以"君子"之心度他人之腹，认为别人跟自己一样的真诚厚道。幸好，他平素接触的多是文艺中人，所交谈讨论的多是文艺方面的话题，否则，他必将为各类推销员所包围（他曾数次因同情推销员而购买不划算或不需要的东西），或为宵小之辈所乘。

恩师时常教导我，做人要实诚为本，仁厚为本，要严于律己，宽以待人。他认为人性有了真和善，就会心态安详，终生无愧疚；他要求在人际交往方面，要真诚相对，要摒弃繁文缛节，忌虚与委蛇。能帮助别人时就付诸实际行为，帮助不了时不要妄施口惠或找借口为自己开脱……

初知恩师，始于他的《新亭泪》；结识恩师，则始于《新亭泪》问世数年后的一次斗胆拜谒。初次见面时，我不无惶恐地呈上自己撰写的一篇游记散文，他当即览读，读毕说，文章很不完美，但表达的都是自己的意思，并且不流于俗格，我认为后面这一点点的优势正是文学创作者必具的东西。还有，你文章的语言过分讲究传统的韵律感，语言要平实一些。他具体分析说，这是一篇游记，如果单纯描写客观景物，那就是应用文风格，属于文字；在描写景物时加上自己的感情色彩和感想，这就是散文，属于文学作品。你的文章属文学作品，但写实部分不足，感想牵扯太远。古人说，先要有"赋"，而后才有"比兴"。"赋"与"比兴"一实一虚，诗文就是要达到虚实高度统一的境界……恩师的讲评，不但点出了我文章的致命弊病，而且完全厘清了我对文字和文学的概念认识，同时，也增强了我从事文学创作的信心。

其后，我每写好一篇文章，都会老实不客气地挤占恩师的宝贵时间，让恩师帮看稿提意见。而无论任何时候，无论恩师手头在忙啥，他总是即时阅读，即时讲评。当然，他对我的文章无论是总体肯定或否定，都会强调文风问题，告诫我文风要平实，不要逞才气而尚浮华，引经据典而严抑文章本身的灵动。2009年初，我撰写了一篇介绍前仙游县编剧小组组长张森元老先生的文章（文题为《默默无闻的功臣——记前仙游县编剧小组组长张森元老同志》，收入当年《仙游文史》的"莆仙戏专辑"），恩师阅稿后竟然连连称好，他说，写得很平实，这就是生活中的老先生，你的文章进步很大……从初识恩师到"进步很大"，整整历经了25个年头，这期间无论何时何地，恩师都没有忘记对我写作技能的教育和引导！

恩师系命梨园，并把毕生的精力都倾注到写戏上，而我拜在恩师坛下的主要学习内容也是写戏。不过，尽管恩师数十年间都在指教我写戏，但他几乎从未说到具体的编剧技法，或者以某个习作为例要求我如何修改，而是一直训导我要留心生活，多读书，多思考，不断提高文学素养和思想境界。同时，他反复强调作家要有强烈的社会责任感和正义感。因为他认为，文学作品不是文人的赋闲与牢骚，而是要以教化社会为己责，或匡谬正俗，或发人深省，所以，如果文学家没有超凡的思想境界以及强烈的社会责任感和正义感，是不可能胜任文学创作的……

早期总觉得恩师的教导过于抽象，过于遥远，但随着时光的流逝，我渐渐明白恩师的殷殷之意：他希望我成长为像他一样高境界的剧作大师！

多年以后，我在专业方面几无建树，没能像恩师期望的那样驰骋剧坛，为莆仙戏的再度繁荣赓续文脉。而可以告慰恩师的是：弟子深以恩师引带入门为今生之幸，恩师的悉心指导和谆谆教诲，弟子将终生谨记，更是终生受用不尽！

　　安息吧！恩师……

　　（陈锦，仙游县莆仙戏艺术创作室创作员、三级编剧，现已退休）

老师，我们喝茶，慢聊

◎ 吴秀莺

"好啊！"

您肯定是这么回我的。2017年6月25日，您带着师母来台湾六日行，30日要回仙游，我们大伙约在台北故宫博物院为您饯行，您满满信心说："等明年我申办自由行，我再让大家带我到处去玩。"2023年12月13日，确定您不会再来了。想了想，我们天上人间，一起喝茶，慢慢聊。

1999年，您在台北"初试啼声"，讲您30年戏曲编剧的实务经验。一级编剧，没有架子，讲台上那个心夯口拙的您，因真诚无伪的赤子之心让编剧班同学上您第一天课就被圈粉了。从此，我们喜欢逗您，您腼腆说不出话，只呵呵地笑。不懂的人以为是"欺负"您，了解的人知道我们是"宠您"，不是"欺负"。师徒情谊如细水涓涓，放在彼此心底。2004年您二度前来，我们师生欢聚一堂，由茂森兄等开车带您游台北。您跟我们说，1999年在台北初试啼声后，胆子放大了，对自己有信心，所以那之后就常受邀讲学分享编剧实务。

"时间真快，2024年，我们结缘25年了。"

是的老师，记得台北市现代戏曲文教协会2000年将您授课内容编为《戏曲编剧理论与实践》，由文津出版社出版发行。这本书后来成了台湾有志于戏曲编创者的最佳参考书，如同书中所写"作者以二十余年的戏曲创作经验，深入浅出地带领学生一窥戏曲编剧的堂奥"。作为您的学生，又是第一现场听您"用心用力"讲述的我们，何其幸运、何其幸福。

"哈，我长年蜗居村野，口才很差，当然要'用力'讲。是不是？"

老师初上讲台，生怕台下虎视眈眈的学员会不友善，所以老师行前写下近十万字的讲稿，有备而来。学生惊讶万分，吓傻了，怎么有这么负责的老师，于是更认真听讲，勤做笔记，偶尔老师心夯口拙时，老老少少学生立刻救援，替您接上一两字，然后您开心笑了，感受到台北学生的可爱、善良。

"呵呵，没错没错。"

老师最爱用"呵呵"这两字传达心情，好比有微信以后，您最喜欢用"抱拳"的表情包回我们。老师，记得您第一期学生茂森和春香吗？林茂森、张春香！对。这茂森和一群人开车带您去三峡祖师庙、阳明山；春香是您讲课完，都开车送您回饭店的电视编剧人。春香回忆说：

> 每次下课，我奉南芳老师之命，开车送怀兴老师到金华街的宿舍，因担心怀兴老师人生地不熟又无聊，所以，就买了仁爱路上"福利面包坊"的小甜点给老师。没想到怀兴老师竟然说，我不会无聊的，我在老家，只要看起书来，几个月都不出门的。岁月倥偬，转眼已20多年。每看见怀兴老师的照片，无限缅怀，心头难忘昔日的师生情谊。

"俱往矣！俱往矣！"

老师这样我们会很伤心（老师请喝口茶）。这两天重新翻读我和老师网络鱼雁往返的信件，一封一封读，字里行间老师的音容笑貌栩栩如生，您并没远去，信在、人在。这是2009年的信，那时老师可意气风发，学生我念几段，看您是否记得。

> 秀莺：你好！我昨天去福州，遇见福建省芳华越剧团的团长，他说下个月要去台湾演三场《妈祖》，分别在大甲、台北、台中。这个戏是我在2000年写的，如果在台北演出，你方便的话，请去看看。2009.2.24

台湾行，携夫人与吴秀莺、郑荣兴

　　秀莺：你好！收到你的信，我很高兴！《荷塘梦》处理我不大满意。厦门说要重排，不知何时才能开始。你所说的意见我都会在重排时向剧团提出。天津《寄印》正月十六又开始重排，估计再过十天左右就能上演。太原晋剧团下半年要排我写的《罗贯中》，又要由扮演傅山的谢涛主演。你近日很忙吗？我近来又写四篇《客山闲话》，要在《剧本》上连载。有些观点以前在台湾讲过了，这次又做了修改，你看了，将有"似曾相识燕归来"之感！祝你健康快乐！怀兴2009.3.1

　　秀莺：你好！我是把侯文甫写成官瘾很大的一个人物，他候补多年，一贫如洗，还是情愿等待。终于等到一个实缺，他能不珍惜？能不努力保住这个官位吗？他的抬棺上任，是一种策略，要造一种声势，以镇群盗，也是孤注一掷的表示。他原想靠实干来保官位，后来明白，这在买官卖官蔚然成风的官场上是行不通的，才下狠心决定设下骗局，诈取冷记当铺的钱财，以保官位。"印神"是权力的象征。是权力使他异化，使他堕落。说是做梦，其实是他内心激烈斗争的一种反映。贫苦出身,也很能干的官员,最后却变成贪得无厌的贪官。为什么呢?权力不受监督,可以胡作非为。我后来的修改稿发给你了吗?这一稿与演出本有点不同。将在《剧本》今年第4期上发。如果没发给你,盼告,我再发。天津又在重排中,估计这个月下旬将上演。别人看了《傅山进京》《寄印传奇》后有何反应?也盼告!祝教安!怀兴2009.3.9

秀莺:你好!你工作任务太繁重了!不能这么劳累,要适当减轻!我近来都是在看闲书或看网上电影,没有再写新戏。南芳近来身体好吗?好久没有与她联系了。我月底可能要赴太原、天津。今年全国地方戏南北片调演,南片在杭州,北片在太原。北片可能是在5月底开始,《傅山进京》《寄印传奇》届时都会参演。你要是能到太原来观看,多好!祝工作愉快!怀兴2009.3.17

秀莺:你好!我19日就去杭州了,观摩地方戏南方片调演,看了九台戏,只有两台比较好。26日我来太原,今天下午演《傅山进京》,剧场效果好极了,谢涛演得更潇洒自如了。文化部艺术司的负责人看完之后,按捺不住激动,说:"剧本修改得非常成功,演出非常成功!"这个戏已演出近80场了。6月4、5日天津评剧院在太原演《寄印传奇》。我可能6日回福建。另外,5月18日二度梅花奖名单正式公布,这次获此殊荣有四位,扮演傅山的谢涛得第一名,扮演冷月芳的曾昭娟得第二名!我深感欣慰!你近来一切都好吗?甚念!怀兴2009.5.30

"有些记得,有些是忘了。那几年运气挺不错,编写的剧本都被搬上舞台实践。我常想每一本有每一本的命运,不强求、不谈价、对方不适合退回,我也不计较。"

老师,这才是我们敬佩、也以能当您徒弟为荣的主要原因。

老师人格高尚，凛然风骨一如您许多剧本里的主人翁。老师我继续念，您继续听。

秀莺：谢谢你关心！我天天坚持散步，近来还根据朋友推荐一种验方，在服用治疗中，就是红豆杉的树根，熬成药汤，要连服20天，据说能根治，我已服用14天了，感觉很好，一星期后再查血糖。天津评剧院请我去，我以养病为理由婉拒了。这次文化部评选出32台国家舞台艺术精品资助剧目（大戏30台，小戏2台），我的《傅山进京》《寄印传奇》及莆仙小戏《搭渡》都位列其中。这些剧目加工后要再经评选出十台的所谓国家舞台艺术精品。不过我已看淡了，身体还是最重要的呀！怀兴 2010.1.20

秀莺：你好！写戏真苦。案头本是靠我们编剧一个人的力量，想怎么写就怎么写，天马行空，自由自在，可是要付诸排演，就麻烦了，要受到诸多牵制。30多年来，我尝到不少苦头。要当编剧，就得受这种苦。无奈，谁让我们兴趣于此行？因此我写了不少案头本，写了就束之高阁。呵呵！这也是一种解决烦恼的办法呀！凡事不必太在意，苦中寻乐吧！怀兴 2010.2.2

秀莺：你好！我们还是住在福州宜庸这儿，要找到可靠的保姆，才能回老家。待在这儿真不习惯，我只能靠写新戏来打发时光。近来在写徐渭，还在慢慢推敲中。待写出来后发去请你看。这个剧本将是我自己最喜欢的戏中的一个，是出于自己兴趣写的。回忆10年前在台北与你们在一起的情景，常常令我感慨。人生真快呀，我几乎是一年一个戏，就这样进入了暮年了，呵呵，幸好心态还不老，还有写戏的冲动。要是哪天没有这种激情,真悲凉！我5月中旬可能去广东，因为《傅》《寄》两剧都要去参演中国艺术节。6月份可能要

去香港，鲤声剧团要应邀赴香港演出。盼经常听到你的消息，读到你的新作！祝你开心！怀兴 2010.4.14

记得2017年老师出版四大册的剧本集，大气地寄了好几套给台湾熟识的戏曲学者和专家，我也位列受赠名单之一。收书那瞬间，我感动莫名。质朴书封，精装厚重，是老师穷数十年之心血结晶，许多本是过去不曾听老师谈过的，喜不自胜地立刻回老师信息，表达我崇拜敬慕之情。可爱的您，甚表得意地回复了我：

呵呵，出一套书，很麻烦的，等手头再有10个左右的剧本，再续一卷，5卷以后恐怕真的老了，写不动了。自己的剧本，每个都喜欢。不管别人看法如何,要自信。1982年我写的《魂断鳌头》，2015年重排，依然观众欢迎，前几天德国一位博士后来看，激动得很。有生命力的戏是经得起时间的考验的。

这是我和老师的通信：

秀莺：你好！上午郑校长来电话说书收到了，要做计划请我过来！顺其自然吧！我17日要去北京讨论剧本，19日回来。2017.3.13

老师：午安！今儿天气好，在台北街头遇到郑荣兴校长，他说想邀您和师母先来一趟，师母的机票没问题。最主要应该是谈合作吧。他要我问老师您，可以用自由行的方式先申请吗？或是需要学校、剧团给您公文等等证明。他要我转达请老师随时订机票，他会付机票钱，来台湾也会安排老师的住宿，并到他的剧团（苗栗）参观几天，谈剧本合作。2017.3.24

秀莺：我们今天上午去公安局办签证，说只能办团体游，我们只好这么办，六天以后可以收到签证，然后再让旅行社办入台签证，办好了才能确定入台时间。6月25日去，30日回。我想，若28日晚回到台北，29、30日一天半我们在台北活动，我再去与郑校长及你们见面。2017.6.7

"2017年是我最后一次和大家见面，是吗？和几位台北戏曲专家学者共进晚宴，多么荣幸，当然要谢谢和我姓名只差一个字的郑荣兴校长。"

老师一定记得，我像您的小秘书一样，您和师母的台北行程我都事先沟通联络好，没半点闪失。

我在备忘簿上详细记载：

6月29日，由郑荣兴校长招待老师、师母到苗栗的"荣兴客家采茶剧团"参观，之后游览苗栗客家纯朴的田园风光。

6月29日，晚上郑校长设宴，在台湾大学的"水源会馆"，席中有曾永义教授，以及老师您的旧识沈惠如老师、蔡欣欣老师、刘慧芬老师……都来相会。

6月30日，和戏文社的戏曲同学一起话旧忆当年。

以下是我和老师的通信：

我好想念大家。要不是之后的疫情，我老早就履约和你们相约在台北。

老师、师母安好。天气好冷，不知老师那里是否也是。老师和师母要多多注意防疫。近日读老师的《罗贯中》剧本，觉得很有趣，其中第五场有一大段唱，好过瘾。罗贯中跟巧儿之间的逸事真没读过。

这个剧本没有排演。半途而废了！晋剧团约我写的，后来却不排了！

老师没关系，随缘，因缘俱足就水到渠成。说不定哪时，他们晋剧团又想排了。

对！我没计较，随遇而安。我青光眼严重，视力模糊，很少看书了，可能是发现太晚了，今年只为苏州昆曲写了个《灵乌赋》，写范仲淹的，近日要开排，俞玖林主演，演《牡丹亭》柳梦梅。评剧《新亭泪》近日又演出，很受欢迎。泉州高甲戏排我1988写的《造桥记》，这个月25日首演，不知效果如何。

老师以前电子邮件都写得很长，2022年12月26日后，老师给的回信越来越短，有时是"您好！好久没联系了，您都好吗"，有时只给几个表情图标。直到看了他2022年12月21日发表的《雪泥鸿爪话鲤声》，我才知道老师身体欠安——

霜降已临，立冬未至，地处东南一隅的故乡仙游依旧不见西风萧瑟，而是暑热犹存，中午还是汗流浃背。自从确诊青光眼之后，视力日渐模糊，家人要求我尽量减少接触电脑，以免沦为盲叟，日常或是枯坐客厅，或是偶有一二老友，前来品茶闲聊，以替代往昔的读书写作，而渐渐与电脑疏离了。此时忽接《福建艺术》主编白勇华先生来电，约请我写篇文章，以纪念莆仙戏鲤声剧团建团 70 周年。家人劝我婉拒，我犹豫了老半天，但心头老是浮现出鲤声的故人与往事，不写怎么行呀。于是不顾规劝，忍着眼睛的涩疼，重操键盘，说说与鲤声有关的轶事逸闻。

老师动手写鲤声70年，可想而知，感伤多于欢喜。直至此刻读来，一样心疼不舍，泪目难止。我回信安慰老师要宽怀，随缘自在，健康平安就是最大福气。

秀莺：接到你拜年的喜讯，非常感动，平安，健康，是暮年最好的祝愿，愿我们都健健康康平平安安！2023.1.21

我们4日来福州二女儿家，昨天去做全身检查，两天后拿结果，女儿们担心我虚弱，萎靡不振。2023.2.7

2023年4月4日，我写信向老师报告郑荣兴校长关心您的近况，要我跟您问好。5月，蔡欣欣老师去大陆开会回来，她说听人说老师眼睛不好，无法再看手机讯息。我焦急地给您发了几次短信，当然是没收到回信，我卑微希望有人看了讯息会念给您听，知道我们都关心，都祈祝菩萨庇佑您。7月以后，我只能透过"郑师弟子群组"的灵珠、方晓、赵乐、卡布奇诺、西安流云等同门了解老师养病状况。

日复一日，最高兴莫过收到郑门子弟发的"老师进步中""老师可以握笔了""老师走路稳多了"。直至12月13日，玲珠传来"秀莺姐！老师走了……刚才确定走了。我在去仙游的动车上……"

哀恸如巨石崩落般，我们再难相会，再无有您传来的关心信息，思之泫然。老师知道我没有华彩俪句可向您致哀，但您会记得台北有个体己的老学生秀莺，是不？老师，太想念您了，玲珠师妹总用"老师是好人，会在天堂，师姐不要难过"安慰我。其实哪容易，唯有借一二十年来与老师的往返信息聊以慰怀。信息在，您就在，我深信老师是这样存在您学生的心头。我会继续用功，写好戏，向老师看齐。

茶有点凉了，老师，改天我们再约聊。一定要来哦。

（吴秀莺，台北开南中学退休教师，台湾戏曲学院歌仔戏学系兼任教师、编剧）

老师，您好

◎ 赖玲珠

老师：您好！

您好吗？您好吧！脱离了尘世一切悲伤和苦痛，一定很好很好！

人间二月，春暖花开，对您的哀思随着季节更替，一点一点地沉淀为生命体验和心灵成长。"黯然神伤者，唯别而已矣！"天雨下落，地风升腾，春寒料峭中，我宽慰自己：云上太阳不落，"含德之厚比于赤子"的您，必在光中安享福乐！

您知道的，2022年底到2023年初，头尾18天，我失去了三个至亲，虽然从此开始每天口服降压药，但精神上我还能够支撑，可是2023年12月13日，您的离世，对我不啻九天惊雷啊！

生命是什么？死亡又是怎么回事？时间为何既不能停下也不能倒流？灵魂离开肉体之后定居何处？它有重量吗？它能觉知吗？它究竟以怎样的方式存在？我们如何与它保持精神上的连接？

"吾所以有大患者，为吾有身，及吾无身，吾有何患？"当肉体吐出最后一口气息，而不再吸纳的时候，生而为人的思想、意识、情感，所有脏器和一切感官功能彻底停摆，灵魂获得了彻底的自由、解脱、舒展、升腾、翔飞……向着浩渺无垠的宇宙，以有限之人无力探知的无限奥秘的方式归向来处。但我的悲伤与眼泪如何能止？我的哀思如何与您连接？从今以后我往何处，才能寻觅得着您的踪影？无数的问题将我拽入了深不可测的迷惘之中……

2023年2月2日，您说：人疲惫，脚无力，无精打采，过两天要来福州，住在二女儿家里，需要好好体检、治疗。我问您是不是"阳"了？您说这种状况业已经年，"阳"过之后，更甚。17日上午，我与张帆前去探望您，果见您精神状态确实不佳。师娘说，自从疫情，您的好友陈章武先生、您的亲家也就是宜庸的公爹，还有您的同学相继离世，您为此非常伤感。我暗自后悔把自己18天内失去三个至亲的消息也告诉了您，难怪您说："悲伤之极。"

您说自己痛失亲朋好友，伤感深切，难以释怀，言语及此，您双唇嚅嗫，两眼噙泪，这是我第一次看到您如此悲伤、脆弱和无助，我不由自主地起身走到您面前，单膝着地，将您交叉置于膝上的双手捂住，那一刻我真切感受到，眼前的您只是一位悲伤、脆弱、无助的长者，就像我年迈的父亲。

1月19日，壬寅年腊月廿八日下午6点多，您发微信关切地问我："小赖，心情恢复了吗？"

1月22日，癸卯年正月初一下午1点多，您再次关切地问我："小赖，你心情平静了吗？"

"老师，我没事。苟日新，又日新，日日新！"

您说："我不如你。看到一些同学、朋友、亲戚去世，就悲伤过度，近来因而失眠，在克服中。"

我安慰您，也安慰自己："他们在另一个国度，比尘世好！"

您又问："经济上需要我支持一点吗？"

"不用的，恩典够用！"

您又补充："以后如果需要，你说一声。"

老师啊，您心地良善宽仁如此，与悲者同悲，与泣者同泣，怎不令我泪目啊！

茫茫寰宇，星辰无数，人与人相遇真是一个奥秘！而这份相遇能够延展成为直抵心灵的相信、相连和相通，从起点持续到生命的终点，又是多么神奇和宝贵啊！而立之年，我跌进了做一千次梦也不会梦到的戏曲天地,孰料,上苍如此恩待我,把我引到您的面前。老师啊,您为戏而生,戏因您而盛,您与戏曲恰似金风玉露相逢,阳春白雪相倾,所以"造次必于是,颠沛必于是",而我什么都不是。懵懵懂懂与戏曲相撞,一头雾水,满眼迷离,20多年来始终自认"误入藕花深处"。我常自嘲,不论生活还是舞台,与戏都不怎么搭界:看戏不迷、写戏不专、唱戏不会、演戏不能,上苍却偏让我承蒙错爱,忝列门墙。您声震梨园,名响西东,多少人恭仰您为曲坛泰斗,而我钦敬的始终是您"含德之厚比于赤子"。您的人生不能没有戏,而我一转身,完全可以无戏!就是这样的反差与机缘,开启了今生今世的师徒之旅。

您不嫌弃我资质愚钝,是个十足的戏盲,也从不耳提面命要求我写什么,写多少。我茫然无措时,您谆谆教导我少安毋躁;我求成心切时,您耐心教导我从容、从容、再从容;我走近戏曲时,您甘为人梯,倾囊相授;我疏离戏曲时,您道法自然,不劝不阻不责,您只是常常感叹我所处的戏剧环境空气稀薄。都说师道尊严,但您谦卑之至,从不以师者自居,哪怕福建省文化厅举行了师带徒签约仪式和结业仪式;哪怕您呕心沥血,两年辅导,教学书信往来达980多封;哪怕您以自己的博学,填补我专业知识的空白;以您对戏曲衷执一念的深情,熏陶维系我对戏曲若即若离的犹疑不定。感谢上苍!感谢您!因为有您,我的人生变得丰富;因为有您,我的人格得以成长;因为有您,尽管我对戏曲浅尝辄止,但这番浅斟低唱,却帮助我学习在有限的生命里,学所未学、知所未知、识所未识、见所未见、闻所未闻。从1998年在中国戏曲学院捧读《郑怀兴戏曲选》,观看莆仙戏《叶李娘》《乾佑山天书》,聆听您的座谈,到后来忝列门墙,20多年来,我波峰浪谷,转了又转,变了又变,您却始终谦和诚朴一如初见。我说:"郑老师啊,一日为师,终身为父!"您总是笑呵呵地说:"教学相长,我只不过辅导了你几个剧本而已嘛。"

2023年4月12日,您肺部脓肿住院,继而又突发脑血栓,一下子病得那么严重,我的内心却异常平静,我丝毫不曾想过您会这么早离开我们。面对您一时失能失语，康复过程或许漫长，我也认为这并不影响您的人生意义和生命价值。老师啊！您知道这些年来，我有幸接触弱势群体，我的三观开始接受净化，我的眼目和心神常常抽离社会主流。在我看来，任何职业，只要于人有益，都是神圣的；任何人物，上至帝王下至流乞，灵魂高贵与否，与其身份、地位、财富没有太大关系；任何浮名虚利，都休想教我拿灵魂做交易。圣依纳爵·罗耀拉的"平心"是我所向往的境界："世界上的一切都是为人而造的，为帮助人实现他的人生目的……在一切不被禁止而能自由选择的事物上，必须保持平心，即不重视健康胜于疾病，不重视财富胜于贫穷，不重视尊荣胜于屈辱，不重视长寿胜于短命……"

但是，我心向往超脱，我身却在红尘。人皆敬羡您著作等身，文思泉涌，我却祈愿上苍莫将您的性命抽丝剥茧全然交给您的戏神。在医院康复期间，一心乞望能够劝您，放下放下，放下戏曲，放下您的忠执一念，看看窗外绿树红花、蓝天白云、青山流水，这一切也是精彩纷呈的大戏，也是妙趣横生的舞台啊！

您情绪不稳，像个小孩，训练的时候跟其他病号比赛，努力超越，师娘、师妹和大家都把您当成小孩，每一点进步，都为您喝彩。我认为您就该这样，把戏曲忘了，去发现和感受梨园之外的情趣与欢乐。

6月18日父亲节前一天，我说："郑老师，您表现好，有奖状哦。"您立即两眼发光，兴奋地问："真的吗？"

"肯定是真的呀。"我真心认为您当一个老小孩，多好啊！因为小孩是不能哄骗的，所以立即跑出去买了一捧鲜花送给您，回家后又制作了一张"群星奖"的卡通奖状，写上康复之星、乐观之星、勇敢之星、忍耐之星、坚强之星、不怕针灸之星……并和台北的吴秀莺、龙岩的杨晓勤、莆田的方晓和福州的赵乐四位同学一起自扮颁奖嘉宾。那时候，我们每个人都很开心，哪怕您康复得不是很快，当个老小孩，照样可以开心幸福迎接每一天啊！

8月9日，与师娘联系，询问您出院后在莆田学院宜平师妹

2001年11月23日与赖玲珠在漓江

家住下来的情况，师娘很高兴，说："回来之后，吃饭、睡觉都比在医院好，跟大家一起坐在饭桌前吃，睡觉也不用铺垫纸，也会叫我，走路还要扶着，神气也足些。"

所有亲友都相信您正在一天比一天好起来。

8月22日，师娘说，您第二天就要去西安做针灸，我有点意外。

8月24日，我问师娘，安顿下来了吗？师娘说，过几天要搬到另一个地方。此后断断续续得到一些信息，我深感您远赴西安，实在诸多不便啊！10月10日，到西安见到了您，小姨煮了点心，我们一起吃着，我说："郑老师啊，一日为师，终身为父，我父母都走了，您和师娘就是我的父母。"

您笑着摆摆手："不敢，不敢。"

我也笑着问："是不要，还是不敢？"

您还是谦谦笑着摆摆手："不敢，不敢。"

那时候您的思维已经非常清晰。在西安的那几天，您和师娘招待我，如同在仙游老家招待我一般，依旧是那么热情。您还特意交代小姨："小赖来了，要多买一些菜……"虽然我住在附近的宾馆，边上就有餐馆，但您和师娘，还有小姨，却坚持要我到您住处吃饭，而且连我的朋友也一道请。

11日上午，我看了那个设在小区里的针灸室。

12日上午，师娘给您洗完脚，去洗手间倒水的时候，您坐在沙发上对我说："回家。"

我不确定听清楚了没，便问："郑老师，您说什么？"

"回家，要回家。"您又说了一遍。

"您想回家？"

您望着我，点点头，抬起双手，十指屈并，拱着，一边作揖，一边说："拜托，拜托了！"

我心怦然，对师娘说："老师想回家呢。"

师娘说，已经和孩子们商量好了，10月25日就回家，所以我们就宽慰您，再坚持几天，很快就要回家了。

啊，老师，您归心似箭，甚至在箭之前。您想回家！您一直很想很想回家！在您离开人世的当天夜里，小姨对我说，您在西安的时候，很多次对她说："我们一起回家吧，你带我回家吧，我们两个偷跑，好不好？"宜琳师妹也说，那时候您还哼唱："我的家在东北松花江上……"原来，您唱的是松花江，想的却是木兰溪啊！难怪您说："苦……"

12日下午，师娘扶着您进入房间，她要给您刮背，我站在门外问道："师娘，需要我帮忙吗？"

这时，我听到师娘轻声对您说："小赖是自己人，没关系的。"接着师娘转头对我说，"小赖，你进来帮我递一下油。"

我便进去给师娘递油。老师啊，我知道您是正人君子，教学上您可以倾囊相授，但生活中，您绝对守正持严，您骨子里非常传统，哪怕病痛缠身，您也非常注重仪容，所以康复期间，每逢亲友来看探望您，您总是说："惭愧……惭愧……"因为您认为病成这样，有伤尊严。

10月13日一早，我离开西安，下午四点多刚刚推开家门，师娘微信接踵就到："小赖，何时到家？怀兴念着你呢！"

我立即用语音回复："郑老师您好，我刚刚到家，谢谢您！

您在那边,安心地再坚持几天,把身体调得好好的,然后再高高兴兴地回家。"

师娘把我的语音给您听后,我收到了您像个孩子似的回应:"好,好。"

老师啊,我怎能料想,这竟是您留在我的手机里的最后一句话啊!

1998年11月,我在中国戏曲学院进修,适逢福建省古老剧种晋京演出,在观看了您编剧的《叶李娘》和《乾佑山天书》之后,有幸聆听您的座谈。此后,20多年来,我们的交流方式是多么自由、具体、生动而丰富啊!不论您在仙游老家,还是福州、莆田、厦门女儿家,也不论您出差、开会、研讨、观摩、讲学,早期的时候,我每年都有机会随行,后来,我虽疏离戏曲,但师生情谊不减,见面、通话、视频、微信留言、电子邮件——啊,我何德何能何幸,竟然得获您呕心沥血的教诲,留下数百封的电子教学邮件哪!

小赖,不要轻易放弃这个戏!
小赖,你要善于听取各方面的意见。
小赖,别太赶了,从容些!
小赖,你要有信心!

小赖,小赖,小赖……从第一次见面,到最后别离,您一直这么叫我。

老师啊,我的手机信息经常清理,但您的信息,总舍不得删除——

老师您好,您什么时候搬家?
还没有确定何时拆迁。
老师您好,前天宁德下雪了,仙游也冷吧?
冷,山区也下雪了。
老师您好,方便接电话吗?

可以呀。

老师您好，您在哪里？

我在厦门。

老师您好，近来身体怎样？

血糖稳定了，走路不稳。

老师你好，我在外隔离结束了，一会儿就回家，然后再居家观察七天。

好呀，我们还被封路。

老师您好，我开始重新整理我们以前的通信，我认为它非常宝贵。

都是临时发挥，没推敲，怕让人笑话。

……

三言两语的沟通，从不间断地联系，这里面流淌着您几多关切，几多慈爱啊！

小赖，宁德疫情好转了吗？

小赖，你正高聘后，再工作五年退休吗？

小赖，那个现代戏，《三倒丫轶事》没上演，真可惜！

小赖，你到家了吗？

……

小赖，小赖，小赖……您浓重的莆田腔，用很大的劲叫出我名字，从第一次见面，到最后别离，从我而立一直叫到我年过半百……

哦，老师，三年疫情过去了！

哦，老师，我自愿退休了！

哦，老师，没事的，假如作品没有生命，上演了，哪怕得大奖也没有意义，如果有生命，将来仍有可能出演。

哦，老师！亦师亦父亦友，难求难舍难得的郑老师啊！我到家了，而您现在在哪里呀？

老师呀，写不写戏，不太重要；有无作品，不太重要；成果如何，成名与否，这些都不太重要，重要的是，您平平安安地活着，和我们在一起！随时想起，都可以打电话；随时想见，都可以去拜访；每年秋末冬初，总能收到一大麻袋的文旦柚；到了4月，整箱的书峰枇杷，还有线面、桂圆、兴化米粉，您和师娘都是整箱整箱地寄给我。我说不用寄这么多呀！您总是说："和朋友、邻居分享吧！"是的，连我们小区的门卫老伯伯都尝过您的文旦柚啊，因为几个师妹都曾乐呵呵地对我说过："我爸总跟我们说，不要瞧不起门卫……"

我们真的没有想到您会这么突然离开我们啊。

2023年10月26日，师娘告诉我，你们25日晚上10点多到达福州南，乘车到莆田学院宜平师妹家已是午夜12点了。尽管一路顺畅，但这一趟长途跋涉，对您来说，实在太艰辛了！现在总算回来了，回来了就好，回来了就好！

11月3日，师娘说，这一天，家人找了一位老中医，会针灸，开中药……

过了几天，接师娘电话，说您想和我视频，我何曾料想那竟是最后一次见您啊！

11月23日感恩节，我试着给您发了一条信息："郑老师好！感恩有您！"我想看看您是否康复到恢复使用手机了。没有得到回复，我便知道，您还没有康复到我期待的程度。

这一天，我去石狮看望好友的母亲，本来您在莆田，我想先去莆田看您，怎奈师娘说，您这几天状态不太好，遇到亲友探望，常常夜里休息不好，此外我们不久前刚在西安见过，等您身体好些之后再来。11月25日，我从石狮拐到泉州看一位同学，同学把我送到仙游动车站，我心想：离老师的家这么近，这次却要过其门而不入了，那么，选个风和日丽好晴天，再去莆田看望老师吧。

12月10日，接省艺研院通知，13日下午召开武夷剧作社换届选举会议，外地参会人员，13号上午报到，我心想，要是您身体康复得好，作为武夷剧作社的创始人和终身名誉主席，您一定会参加的。退休之后，我对一些会议避之唯恐不及，但武夷剧作社是您和诸位前辈创建的，这个会，我参加！

12月12日中午11点多，接到叶之桦老师电话，说13日下午武夷剧作社会议开完，第二天一早包车去莆田看望您，问我去不去。求之不得啊！我立即和宜庸联系，商量一起去莆田的行车时间与线路，但我毫无意识您有什么危险，还只当是一次喜乐而普通的探望呢。

当天下午3点多，意外接到苏州昆剧院林院长电话，说他们正在复排您的《范文正公》，某个地方想做些调整，问我是否方便抽空帮忙。这个剧本是几年前您应苏昆邀约创作的，先是《灵乌赋》，因为某些原因而搁浅，您又为他们创作了《范文正公》四折。您在康复医院期间，苏州市文旅局领导和苏昆林院长一起前来看望您，事后他们说《范文正公》首演后，申报重点剧目，需要对原作进行一些调整，可是您病了，还在康复中，怎么办呢？师娘和宜庸师妹急人所急，便向他们推荐了我。我自愧才疏学浅，但临危受命，责无旁贷，因此，自2023年7月1日以来，连续数月埋头伏案，斗胆而又勉为其难地完成此托。现在苏昆演出在即，来电求助，我又岂能拒绝？

当晚7点多，又接方晓师弟微信，说您最近状态很不好，让我有空一定要去给您鼓励一下。我回复他，已和叶之桦老师约好，开完会即去。我仍然毫无意识这些征兆，只想今天怎么啦，这么多和您有关的事在同一天聚积到一起，每一件都那么迫切，那么重要，我不由心乱如麻。当天晚上八点多，我想和您视频，但又担心打扰您休息，之后，我便决定通宵加班以完成苏昆所托，第二天上午去福州开完会，就和叶之桦老师一起包车去莆田看您……

我多么糊涂愚钝啊！先事而后人！在这么多不期而至的事件中，我为什么不懂得放下一切，而在12日晚上接到方晓师弟的信息后，马上动身去看您呢。在您最需要慰藉的时候，在师娘最需要支持的时候，在师妹们最慌乱无助的时候，哪怕我什么也做不了，但只要侍奉在侧，再次握住您的手，我也不至于如此愧疚，抱憾终身啊……

死亡如盗贼，趁我们打盹的时候，将我们洗劫一空！

"太阳底下没有新鲜事"，不是苍天不遂人愿，而是人心太过愚钝，听，却听不见；看，却看不明白。

郑老师！对不起！对不起！我们曾经写过那么多电子书信，这封信，我从岁末写到年初，写得愧疚万分，写得泪雨滂沱！假如您能收到，一定会说"小赖，别这样"，对吧？

"子在川上曰：逝者如斯夫，不舍昼夜。"现在，您以另一种方式进入了永恒的精神世界，实现了圆满的自由和安详，我为什么却要悲伤呢？可怜的人哪！你在做什么？

可我又能做什么呢？

师父，只求您把您的精神分给我两分！

（赖玲珠，宁德市剧目工作室原主任、一级编剧）

经师易遇，人师难寻

——深切缅怀恩师郑怀兴先生

◎ 方 晓

我是一名编剧，但一直没底气报此身份。去年3月，我写了剧本《吉利高昌》，这竟是我十年来唯一的原创剧。此时，老师已患眼疾无法看书写戏了，但他还是让我把剧本的字体扩大到最大号发给他看。我心里感到很难过、很不安，紧张地劝老师看看歇歇不必着急。可没想到，老师第二天就给我发来了指导意见。那晚我独自喝醉了，想到老师的种种，我忽然就失声大哭了起来。我深感对不起老师，一直未把激情投入到剧本创作上，如今开始写了，而老师却看不了了，此痛何堪！

我与老师都是内敛的人，不善言辞，很少主动倾诉，但有一日，老师忽然发来微信问我近况，并说："我读不了，写不了，闷杀。"许时我正出差在路上，我马上给作家柳虫子发微信，请她有空去采访老师，有人找他聊戏，他就不会苦闷了。未曾想，不久后他就病倒了，我几乎帮不上忙，使不上劲，心里异常沉重，每天唯盼微信群里传来好消息，否则就很焦虑颓废。

先生于我，恩重如山，是精神偶像，更是父亲。我19岁与先生结缘，26岁拜在先生门下。没有恩师的提携与关爱，我不可能进入戏剧界，也无法发挥我的艺术特长。没有恩师的支持与鼓励，我不可能有勇气出书，也不会向大家展示我的学习成果。《寻美莆仙戏》出版后，师娘跟老师说："这是你培养的学生。"老师非常开心，却谦逊地回答："都是靠他自己努力，我也没有教他

2021年携夫人与方晓在泉州

莆仙戏。"而实际上,我这一路走来,精神价值的养成、历史观的塑造、戏剧信仰的培树,或直接受教、或潜移默化,都有赖于老师的教育与熏染。没有老师的教化、指引,我不可能在此等困境中孑然一身奋勇前行,尤其我愚直的个性,在这时代中是极容易吃亏的,但我仍然努力坚守底线,不肯投机取巧,这些都源于老师的谆谆教导。在我最悲观绝望的时候,老师鼓励我:"现实越灰暗,自己内心要越坚毅。在这个年代做个坚守良知的人不易,但我们还是要坚守,不为喧嚣所动。"

思想起来,我对士人风骨和人文精神的崇拜,大概是从我初中拜读《新亭泪》剧本开始,就已经种下因子了。2003年,也正是受了《新亭泪》的精神感召,笃信先生具有非凡的人格,我才敢在最困惑迷茫的时候,大胆向他倾诉我的青春苦闷。更没有想到,先生居然给我回信了,信中给予我很大的鼓励。我也由此确定了自己的戏剧人生路。考学失败后的2009年冬,在鲤声剧团演员黄永志的引荐下,我登门拜访了先生,我们一见投缘,相谈甚欢,没想到当时他也一直在找那年在博客上写莆仙戏批评文章的我。更令他惊喜的是,我竟然就是六年前那位给他写过信的"高中生"。2010年元旦，我从食品公司辞职，决心改行从事文字工作。自此先生一直跟踪关心我的就业情况，几番推荐未果之后，他竟主动向福建省文化厅提出要收我作入室弟子。就这样，我在待业近9个月后，接到了老师的电话，那一刻我激动得快哭出声来，是老师拯救了我，从此改变了我的命运。

2010年8月30日，拜师仪式在福州举行。先生见到我的第一句话是："做编剧要有抗打压的能力，不要怕被质疑，不要怕写得幼稚。"入行之后我到了鲤声剧团，经常埋怨剧团演出的剧本质量不佳，先生则告诫我："业务戏也有优点，我们不仅要分析其不好的地方，也要能发现吸收其好的地方；读好的经典剧本同样如此，不能只知道它的好，还要努力发现其存在的缺点。"我非科班出身，文学功底差，因而十分自卑，常常不敢下笔，他则一再鼓励："编剧不一定要科班出身，编剧可学也不可学，关键看个人悟性，一定要多写多练，怕的是只看不写，养成眼高手低的坏习惯。"此后，老师每创作一部新戏，都会发来给我看，让我提意见、说看法。那时我还不能感知老师对每一部戏极大的心血投入，我总是囫囵吞枣地读一两遍，就凭感觉开始讲自己的看法，我常常说错，有时会让他感到失望，但老师从来不怪罪。我也有偶然提对的时候，他则马上给予肯定，立即吸收。他除了给我发他自己的新作品，也会发其他人的剧本给我读，跟我讨论。

2014年我写完《圣丐传奇》后就离开仙游，去了艺校，之后就没写新创剧本了。我犹记得，张帆姐当时对我的告诫："遇名师而不学，人生之悲哀也！"

我自己也没想到，命运似将我捆绑了一样，我竟全情投入维护莆仙戏传统的事业中去了，一时难以自拔。而剧本创作，因缺乏激情，我几无着力，这令老师有点着急，时不时地劝我要把剧本创作放在第一位。这也让我内心很有负罪感，每回到老师家中，我总要进行一番心理建设。我跟老师聊天的主题不外乎四个：莆仙戏现状、剧本创作、中国历史、中国现状。每次我提及莆仙戏现状，总使他唉声叹气，搞得他很沉重，事后我也很愧疚。他最开心最兴奋的，就是谈他的创作，从发现题材、挖掘素材、设计构思等，无论巨细和盘托出，若是未下笔的，他就会把故事讲得十分生动有趣，然后笑着问："是不是很有意思？"此时的他最是得意，不仅眉飞色舞，手势也会特别多。我曾经跟他说："真是羡慕您，一生专注投入，没有辜负每个剧作！"先生说他一生只重自由、兴趣四字！这是命运安排，非人力所能及。

因为我自己碌碌无为，多年没有进行剧本创作，所以，我从来不敢主动对外声张我是老师的学生。我自认为，我必须依靠自己的努力，有所成绩，为老师争光，才是本分，绝不能庸碌无为，却四处以师之名沽名钓誉。我此生最大的自豪，并非是得遇享有盛名的郑怀兴先生，而是得遇悲天悯人的郑怀兴先生。强行灌输知识的经师很容易遇到，而像先生这样，宅心仁厚、注重张扬个体生命，德被后世的人师却是举世难寻的。这也成为我坚定从心顺命，努力以老师为榜样，踏实写作的根本动因。

许多人以为老师一生写那么多剧本，一定赚了很多钱。实际上，老师一辈子以清贫的日子居多，他一直以戏为命，从来不把剧本当作赚钱工具。老师在退休之前，剧本收入非常微薄，给鲤声剧团的剧本多数都是义务写的。然而，家庭要开支，四个女儿要读大学，为了解决生计问题，先生迫不得已去写了几部电视连续剧。而经济一旦和缓，他就马上回到戏曲创作中，从不贪恋电视剧的高稿酬。老师一生都十分节俭，一件衣服穿六七年是常事，甚至理发都是让师娘亲自来剪的。有一次我恰好到老师家，师娘正给老师理发，师娘边剪边说："我现在年纪大了，眼神不好了，等下剪坏掉，你不要怪我。"老师笑着回答："没事，要是有人问我头发怎么剪成这样，我就说昨晚被老鼠给咬了。"众人听闻哈哈大笑。

《傅山进京》享誉神州之后，老师开始更多地给外地剧种写戏，但他从来耻于讲价，有时得知剧团经营困难，他还退还一部分稿费，甚至还有免费为剧团写戏的。先生出身贫寒，受尽磨难，所以他忘不了苦难时光，非常同情苦难人。他不仅帮助周边困难的邻里，还常常无私帮助素不相识的苦难人，老师很为自己能做一些公益事而高兴。他跟师娘说：咱们都是老人了，不要吃得太好。咱们节俭一点，就可以帮助更多困难的人。

看书写戏是老师一生的挚爱，因此生病后的他格外苦闷，时常流露出悲伤的情绪。我每回去看他，他总跟我说："很苦！""俱往矣！"但是我们一谈起戏，他的眼睛就又亮了起来。刚开始康复阶段，他的语言能力尚未恢复，只能用力挤出一个字或一个词，但他说得最多的还是《新亭泪》《傅山进京》。我问他写《新亭泪》靠什么，他努力蹦出一个词：激情！师娘听闻很意外很高兴，今天居然能说出激情这个词。我又问他：《新亭泪》创作跟之前的创作有没有关联，他回答："没有！是天意之作！"

10月10日晚，越剧《烟波迷月》在芳华越剧院试演。第二天清晨，师娘打来微信视频，说老师昨晚紧张得一夜未眠，一早就急着要跟我视频，问我昨晚演出的情况，想知道观众认不认可这个戏。我告诉老师，演出效果很好，观众很喜欢，莆田的观众看完很激动，一路聊不停。他未听完就激动得哭了起来。虽然在病中，但他依旧那样严谨认真，永远把观众装在心里。《郑怀兴戏剧全集续编》的出版，让他十分开心。出版社要求写一篇书评推文，老师指定由我来写。这让我诚惶诚恐，因为我一直觉得自己对老师的作品认识不够深刻，从来不敢造次，不敢写这类文章。但这次是老师指定，我必须要写的。我把所有事务都推开，花了一周多的时间，反复拜读揣摩理解剧本，才勉强草就了5000多字的书评文章。当我把文章读给老师听后，他竖起大拇指夸赞我很聪明。晚上，师娘又给他读了一遍，他说很钦佩！虽然我自己并不满意，但能获得老师及师娘的认可，很令我感到宽心与欢喜。

我离开艺校之后，老师一直关心我的工作问题，总不厌其烦地向各级领导推荐我，希望我能有安身立命之所，这样好踏实写作。甚至在病中，他仍然为没能为我谋个立足之地而耿耿于怀。他语重心长地对我说："你走的路较艰难。要坚持写剧本！这最重要！"生病之后，他又关心着我的婚事。我和女友到长乐去看他，他提前一天交代师娘要煮面和蛋（最高礼节）给我们吃，他握着我的手笑呵呵地说："会成会成！祝福祝福！"我心里万分感动。那时老师的身体不断在恢复，我也渐渐乐观起来。我盼着他恢复健康了，来参加我的婚礼，那该多美好啊！谁料想他的情况竟急转直下，突然撒手人寰！老师曾说："我这一辈子就是写戏，如果不写戏，我的生命就会枯竭。"过去我的理解还不够深刻，未曾想，此话竟然一语成谶，怎不教人肝肠寸断！

老师走后第15天，那晚师娘发来陈欣欣老师写的缅怀文章，我读了又读，仿佛又见到老师一样，突然失控地痛哭起来。我怕我母亲听到我的哭泣，故意播放了电脑上的戏曲音乐。可是我母亲忽然推门进来，很吃惊地问我为什么哭。我没回答，只是哭。母亲从没见我这样哭过，于是再三问，我说："我老师走了……"其实我是有意识地要缓解悲伤的，但深埋起来，又不期然会突然爆发出来。

现在我开始意识到，恩师的这些戏剧作品是留在人间最宝贵的遗产。作为他的学生弟子，我们有责任要努力钻研，将老师作品中所蕴含的艺术品格、精神价值更好地呈现给社会，贡献于人间。

我永不忘恩师嘱托："我只希望你，好好做人，认真写戏。"

（方晓，编剧，莆仙戏学者）

温暖的戏，温暖的人

——关于恩师郑怀兴先生的一些记忆

◎ 赵　乐

2023年的12月13日早上9点多，我正在给学生上课，师哥方晓电话打来，问："你在哪儿？"我说，在福州。他说："你快下来，老师不太好。"匆忙交代了下学生，汽车才启动，赖师姐电话又进来："老师情况很不好。"车甫出校门，便又有师大的学妹——宜庸姐的研究生电话进来，问："小白哥，你在哪儿？宜庸老师上课上一半红着眼睛，哭着出去了……"后面的话我便记不得了，只记得一瞬间手抖，心慌，呼吸不上气来，耳朵里没有声音，天地瞬间没有颜色……

开车陪二姐（宜庸）回仙游，刚进仙游县城，方晓师哥打电话来，说："老师走了。"我和二姐相互搀着，深一脚浅一脚地走回熟悉的院子，走进熟悉的屋子，他不再是坐在硬木沙发上笑着等我，也不再是从楼梯上下来说"哦，小赵来了"，也不再是自厨房那边的柱子后面拎着热水壶过来说"喝茶"，而是瘦削地，安安静静地躺在那里。因着风俗，不能大哭，于是，我瞪着眼睛，强忍泪水，看了他一眼，便转身出门，师母一见我，便抱着我哭。安抚了下她，才想起来还有很多事情要一点点安顿，便问在一旁红着眼睛张罗着的方晓师哥："我做什么？"师哥见我状态不好，便叫我烧纸。守着炉火，跟随恩师近7年来的一桩桩一件件事情，都涌上心头……

我是2017年12月24日，经另一位编剧老师介绍，并由我的硕士导师王汉民教授推荐，拜在恩师门下。说起来倒有一段公案。那时，方晓师哥因为人耿介，惹了些口舌是非，被恩师"逐"出师门，而我是在师哥被"逐"次日提出"从师"的，师父念及此事，曾对我说："一得一失，是天意乎？"原本我是想着跟随师父学习编剧写作，并未敢奢望拜师，却因此成就了一段师徒之缘……

我至今仍然记得，两位先生正在闲聊，突然汉民老师正色说："怀兴先生，我有一事相托。"恩师也突然坐直了身子，正色道："好！"此时两位先生并未细说是何事，我尚在一旁边听聊天边吃着水果，汉民老师笑道："别顾着吃了，赶紧行礼。"我站起来，正要鞠躬，师母在一旁说道："拜师要敬茶的。"汉民老师说："还要磕头！"恩师板板正正地坐在沙发上，笑着看着我。于是我跪地行礼，师母递过茶杯给我。行完礼，汉民老师提出合影留念。于是我有了最为宝贵的一张照片——二师各自坐在一张沙发上，都向中间倾斜，而我立于二师身后，两张沙发之间。如今想起来，仍然和梦一样。我永远记得那一天，师父说："既然拜师了，那我就给你一句话——老老实实做人，踏踏实实写戏。"后来每到仙游，见到门首年年如故的对联——传家唯存厚，处世但率真（偶为七字"传家有道唯存厚，处世无奇但率真"），都会想起恩师的赠言。

恩师对我的另一番很深刻的教导，是在2018年。我因被人造谣中伤，非常幼稚地在朋友圈勃然大怒，发火骂人。记得次日是中秋节，师傅一早给我打电话，让我到仙游过节。这是我拜师之后第一次到仙游家里，师傅知道我爱吃干焖羊肉，于是一早便预定了，又让师母早早去菜市场，张罗了一桌的饭菜，还开了一瓶好酒给我。午睡醒来后，师傅说："陪我去爬爬山。"那时候他身体还好，爬山走路健步如飞，我一个小伙子跟起来尚有点喘气，待到了山顶，他问我："是不是和别人闹矛盾了？"我一五一十地"控诉"。他安安静静听我说完，笑了，说："当年陈仁鉴先生跟我讲过一段话，我再把这段话送给你好不好？一个锣锤，一面锣，锣锤碰到锣，锣就会响，但是锣锤不值钱，而锣响得多了，就要坏掉了。在我看来,你是那面值钱的锣,那些攻击你的人是锣锤,你要学会把锣藏起来!"下山路上,师父在前面走着,我在他身后一边走,一边思索着。走到妈祖像前,师父又问:"把锣藏起来没有?"这段话我一直记着,直到后来方晓师哥告诉我,这段话原来是师父劝他的老师陈仁鉴先生的原话,怕我不接受,便又换了由头告诉我。师父啊,弟子哪里会不接受您的教诲呢?

因为我爱吃干焖羊肉,所以每次到仙游必然是连吃带拿;因为我爱吃文旦柚,所以每到柚子成熟的季节,师傅都会寄来。后来我才知道,他是因为乡下的亲戚有种,于是便自己掏钱买下来送人。他说:"我挣钱比他们种地的容易一点。"于是我便学他,每到家乡猕猴桃成熟的季节,便买乡下亲戚种的水果送人。我跟他讲,是学他的,他笑:"你挣钱也不容易。"

可谁又知道,这样名满天下的大剧作家的生活是何等的俭朴?他一件衣服往往要穿很多年的。那年,秦腔《关中晓月》首演,我陪他在西安,步行去剧场的路上,突然发现他的衣服背后竟然因为穿得太久,刮破了!于是便拉着他到路边的服装店买一件T恤,我现在还记得,是120元,他无论如何要把钱给我,我说:"您总说我们做弟子的,就是和儿女一样,儿女给父亲买件一百多的衣服,您还要计较吗?"他这才收下。回到酒店,师傅坐在沙发上,山西曹颖师姐在一旁修改稿子,师母非常认真地对我讲:"你师父不图你们给他送什么,更不要你们给他买什么,你们只要能够好好写戏,他就很开心了!"因为当时齐爱云老师排戏经费很紧张,所以我自己订了酒店,师傅非要给我报销住宿费,我骗他说,我住亲戚家,他这才肯作罢。我当时读硕士,是辞职去读,并没有收入来源,师傅便在每年春节给我包红包,并说:"这是大人给你们小孩子的。"我笑:"我都三十了。"他说:"没结婚就还是小孩子!"在他走后,师娘给我和方晓师哥一人一个大红包,按照乡俗父母要给新婚的孩子置办床上新铺盖……

师傅不仅对我们这些晚辈慈爱,对于素不相识的人也会慷慨解囊。有一位大学生,只和他有过一面之缘,后来罹患癌症,向他发短信求助，他二话不说寄出去3万块！很多人都以为他很有钱，但事实上他一生清苦。在退休之前除却《林龙江》一部戏外，其他未曾收过鲤声团的一分钱稿费，在退休之后但凡约稿，他从不讲报酬，总是让对方"量力而为"。有一次我调侃他："师傅啊，您开了一个坏头！您以一己之力拉低了福建编剧的稿费！"我本是一句玩笑话，但他当真了！此后几次会议他都呼吁提高青年编剧的待遇，却被人"断章取义"——他的原话是"我们这些成名成家的老编剧不要追求名利待遇，但是青年编剧待遇要提高"，但报道出来的时候，只有前半句。他给我打电话，似辩解一样说："我说的话，他们只选取有利的那一半，你们年轻人要买房子，要养家糊口，待遇肯定要提高，我们这些成名成家的，有退休金，看病都不花一分钱，哪里需要高待遇、高稿费呢？"

是的，他是一级编剧，享受国务院政府特殊津贴，但他从来不舍得花国家的钱——每年他都有公费体检的指标，但他不肯去，他怕花国家的钱！自2023年4月13日突发肺脓肿，到后面于住院期间卒中，再到此后的康复住院，因我陪他最久，他多次跟我讲："很贵，要花很多钱！不治了，回！"我告诉他国家花钱，不要你自己花钱，他也不肯……他总觉得他生病了，不能写戏了，自己就"没用了"！

他是一个把写戏当作生命的人！他是一个只要看见有年轻人愿意写戏，就掏心掏肺的人！我写《琵琶魂》的动因是：2018年初，和师傅聊天，说想写戏神爷。他思索了片刻，说："我本来想写他的，你要写更好，我把我的思考告诉给你！"可惜，我能力不足，五年过去了，这部戏依然未出来——在他生病前，我去看他，将当时手里的两个剧本，一起打成2号字，装订了厚厚两本，告诉他慢慢看。谁知才隔天，他便喊我去宜庸姐家中（他当时住在福州，便于我们照顾），聊完当时被约稿的另一个戏，他淡淡地说了一句："这个《琵琶魂》有点样子了，你入门了！"我，入门了！可师傅啊，入门以后的路要怎么走？戏要怎么写？再也不会有人因我写了一个戏，便认认真真逐字逐句地批阅，一个戏前后几稿的批阅意见达到两万多字了!

他生病以后,一度不能讲话,后来恢复了一些,能够活动、讲话了,我准备带一个学生,去向他汇报,他说:"好啊!"隔了一会儿,竟然打趣我:"你写戏不行了,教学生可以啊!"隔了一会又说:"写戏还有戏!"生怕伤到我创作的积极性。

有一次到了午睡时间,他非要我去病床边的陪护床上睡,我睡着会打鼾——呼噜山响,中间醒来,看到他侧身笑着,一脸慈爱地看我,我问:"我打呼了?"他点头,我说:"有没有吵到你?"他又点头。我说:"那我不睡了,去外面。"他急忙摆手,用力地挤出:"就在这!"于是我躺着,拉住他的手,他笑着,侧着睡着了。

其实他很胆小,他很怕被抛弃。中风后,他一度神志不清,只有抓住人手才肯睡。说也奇怪,那段时间他时常不认识人,但总认识我。有一次闹得极狠,我便躬身似抱小孩一样叫他枕着我的胳膊,他竟睡得很踏实。师母说,他住院的四个月里,晚上身边不能没人,只要师母不在,他就不肯睡,即使睡也要抓住人手。他爱他的朋友,爱这个世界,在生病之后他经常念叨:"不能再见了!"和台湾秀莺师姐通电话,他大哭:"秀莺啊,秀莺啊,再见不到了……"那段时间我总是宽慰他,会好起来的,他从西安养病回来,我到福州南站接他,因为轮椅要过隔离带,他竟然站起来,自己跨了过去!那一瞬间我恍惚又看到了去年春末带他去灵阳寺二楼喝茶的情景,中间带他下楼上卫生间,返程的时候他说"别扶我",然后一口气上二楼,在最高处回头,问我"还不老吧"。

我们总想着他能好起来,总想着他还能够陪我们进剧场,可终究他没有战胜病魔。12月初,我自山西出差回来,他让师母给我打视频电话,我向他汇报了山西的行程,和他讲傅山,问他吃没吃过"头脑",他说:"吃过",又向他许诺,再好一点带他出去走走,去山西,去海南。他说"好"。已经约好了过几天就去莆田看他,可他竟然没有等我。在他去世的前三天,张顺姐姐去看他,我和他视频,他视频了一会儿,说累了,又眼巴巴地不肯挂断。于是我跟他讲："我周六就去看你！"谁知他没有等到。

我记起此前带着学生去厦门看戏，过莆田去看他，他用颤抖的手剥柚子给我的学生，念叨着："今晚住下好不好？"我说要去厦门看戏。他便让师母张罗做饭，自己颤颤巍巍地走到饭桌边，坐下来，笑着，看我吃。我出门的时候，他送到家门口还要送到电梯，我硬把他劝了回去，却不想这一别，竟成永别！

追忆这近7年的时光，他是一个温暖的人！所以，他的戏也是温暖的。我的《琵琶魂》中最早一稿，侍女星奴是被乱军蹂躏而死，他看完剧本很认真地跟我讲："小赵，要改！太脏了！怎么能允许笔下出现这么脏的情节呢？"我辩解："我想写战争的残酷。"他说："那就写隐晦一点啊，你写戏，你就掌握着戏里这些人的命运……"此后再研读他的剧本，终于理解他笔下的"悲悯"。我仍然记得他说胡宗宪"他不得已啊""他抗倭有大功，他不做贪官他办不了事情"。我仍然记得他说"汪直被逼为寇"，他说林龙江的那些乡亲"他们是愚昧，不是坏"……

师傅走了，可他对于这个世界的爱，对于世人的温暖，长存。他的戏是温暖的，因为他的人是温暖的，他对这个世界的影响将永存！

（赵乐，福建省实验闽剧院编剧）

好好写戏，是对老师最好的怀念

◎ 杨晓勤

怀兴老师离开八个月零十七天了。每每忆及老师，忍不住眼眶酸楚，喉头哽咽。方晓师兄说，经师易遇，人师难寻。思来想去，怀兴老师之于我生命的意义，没有比这八个字更贴切的了。

与老师相识于2014年7月份，正值盛夏，福建省武夷剧作社年会和中青年编剧培训班在清凉的古田小镇举行，怀兴老师来给我们上课。那真是一次美好的相遇呀！那是我第一次参加武夷剧作社活动，活动期间半天听讲座，半天讨论剧本。这个群体真是亲切又温暖，在剧本讨论会上人们直呈建议，也毫不吝啬地表达喜欢和赞美，态度真诚热烈。上课间隙他们彼此问候，惦念着彼此熟悉但未能前来参会的人，虽然那些名字对我来说都是陌生的，但我感受到了他们之间浓浓的善意。我懵懵懂懂地闯进这个陌生的领域，发现这些编剧大咖们有着深厚的学养、敏锐的观察、洞见的思考，却有着最松弛的外表。他们写出过那么多耐人寻味、寓意隽永的作品，却并不故作高深，绷着端着，老师们见面互相打趣，互相编排段子，通达而幽默，我觉得真是喜欢。当时怀兴老师讲课的主题大概是历史剧的创作，我已经不太记得清了。那天怀兴老师穿着格子衬衫，整洁干净，光洁的额头，瘦削的身板，独自待着的时候不苟言笑，看上去好严肃。课余时间，我鼓起勇气上前想跟他合个影，没想到老师马上答应着站了起来。随后我们交谈了几句，我向老师简要介绍了我的情况，加了他的QQ号，临了，我冒昧地问："郑老师，我想发剧本请您指导，可以吗？""可以呀！你发到QQ来！"他爽快地答应了。事后想来，我多么庆幸自己鼓起勇气上前的这一步，这对我往后的人生多么意义重大！

2014年我刚刚结束将近十年的漂泊。十年来，我辗转工作在乡镇、宣传、招商、文化等部门，不想留在原地，又到达不了远方，过得浮皮潦草。终于在漫长的等待后，到达了心目中的单位，一个靠专职写作的单位，离我的作家梦似乎近了一步。是循着原来的散文写作道路，还是选择小说写作方向，或者走写戏的路子，年届不惑的我必须尽快做出选择。那次参加武夷剧作社的活动，我下定决心学写戏。

培训班结束后，我给怀兴老师发去了我浅陋的古装戏曲剧本《武平侯》，这个题材是我在做客家文化研究时，了解到客家人刘国轩，他出生于长汀县四都乡，在郑成功的孙子郑克塽归降清政府中曾起到一些作用。这是我的第一个剧本，写得很浅陋，很幼稚。没想到老师给了我极大的鼓励，他认可了我的一些结构设置，提出了调整意见，我根据老师的建议，一场一场地修改，老师一场一场地点评，甚至亲自动手给我调整和补充唱词。那段时间，我集中读了老师的剧作，他那时还没有出完整的剧作集，便将剧作的电子版发给我。我读完以后，又凭着自己粗浅的认识跟老师谈印象和看法，他总是非常及时回复和反馈。与老师一面之缘，他竟如此耐心指点，要知道他可是戏曲编剧届的泰斗，被誉为中国戏曲编剧的三驾马车之一，竟然对我一个编剧小白，倾注这样多的时间精力，多么令人感动！前段时间读到玲珠姐的《误入藕花深处——戏剧编剧教学书信选集》，原来怀兴老师对学生，不管是有收徒仪式的正式学生，还是向他请教的学生，都是热情洋溢地鼓励和指点，倾囊相助。林清华在纪念文章里写道："后来才知道，如果有年轻人愿意尝试戏曲创作，但凡作品中有一点闪光之处，他都会浓墨重彩地给予放大，更不会吝惜自己的鼓励与赞赏。现在我已全然理解了他的苦衷，某种程度上，他是孤独的，一旦有年轻人踏入他的自留地，就会热情地拽住对方，极力挽留，留住了，戏曲创作就多了一点新的希望……"是的，怀兴老师是孤独的，但更是利他的，他觉得才华须要用来造就人，影响人，所以他愿意将自己的所有给出去，给出去……

怀兴老师总是鼓励我多读书，多看戏。他介绍给我读的第一本书是《士与中国文化》，他说要写中国的知识分子，要写士大夫的情怀，必须要了解士大夫的精神源头，了解这个群体的精神演变。他还让我去读历史书，向我推荐了几种他认为比较好的史书版本。他说写历史剧必须要有史识，读书要有自己的思考，不要人云亦云，要保持独立的精神、自由的思想。他说戏有法但无定法，一个戏有一个戏的品格。他鼓励我要大胆自由地去创作，但想提高写作能力，必须要下笨功夫，从遣词造句到夯实知识结构到对戏曲艺术规律的了解都必须要下笨功夫。毕竟写戏是一种综合艺术，不仅要有文学性，也要讲究艺术性。他说写戏要写艺术品，不要写宣传品。老师的循循善诱，让我明白，光靠识得的几千文字，是无法做到隽永的表达的，我们必须要向高天厚土、古今中外去吸取养分，强筋健骨，滋养笔力。

我因中年学写戏，自感时间紧迫，又受知识才情的限制，常常急躁。有写得不顺，写得寂寞，戏不能上演等诸多困惑，老师总是安慰我，一个人有一个人的命运，一个戏有一个戏的命运，强求不得。但只要好好写戏，把戏写好，天道定能酬勤。老师的鼓励让我稳定下来，更加坚定在这条道路上走下去，安身立命于梨园。

2017年，单位同意我的申请，到上海戏剧学院戏文系举办的编剧高级研修班脱产学习一年，老师知道后非常高兴。他认为戏剧院校虽然不是培养编剧的必经之路，但要成为一个好的编剧，必须要有理论的支撑，嘱咐我："到上海了，争取一切机会多看戏，多看书；上海是个国际化的城市，多了解外国戏剧。"这一年的学习，足够我用下半生来反刍。然而上海生活的费用颇高，租房、饮食、看戏等诸多费用，一时觉得穷窘相逼，不免丧气，有时会在微信朋友圈调侃自己的贫穷逼仄，并没有其他用意。然而老师是多么洞若观火，明察秋毫，有一天他看了我的微信朋友圈，发来微信说："不要因物质的清贫而自卑丧气，你的精神很富有！"我明白了老师的深刻用意，说："好。"此后我再也没有因财务窘迫怨天尤人，我知道一切都会过去，我知道那并不值得我太过在意。后来老师分两次给我转来了费用，他说，去买书看，去买戏票！

  老师和师母待人都是极其热忱宽厚的。2018年春节，我在儿子和莆田同学黄披星的陪同下，到仙游老师家拜师，老师和师母早早上街买了很老的蛏子、细腻的白切羊肉、肥美的套肠，都是地道仙游特色。我给老师敬茶，说，老师，我会坚持写戏，认真写戏的！老师高兴地点头。那天他开了一瓶好酒，给我和儿子倒上，临走，师母把我包给他们的红包又如数地包还给了我儿子。唉，欠老师的，怎是一个还字了得清。虽说是2018年拜的师，然师生之实早就开始，我的每一个剧本都凝聚着老师的心血。写《雕版情缘》时，我到老师家，他面批面改，耳提面命；他生病前夕，还在指导我写《洗冤传奇》，虽然他眼力极差，但仍顺着故事提他的构想，现在想起来，那正是我修改应该遵循的方向……

  我一直觉得老师有长寿基因，他意志坚强，坚持走路锻炼，饮食也很自律。然而疫情对他生命的损耗太大，他为每一个离去的老友伤心流泪，后来我的朋友圈再也不转发老艺术家离去的消息，怕他看到又伤神。他逐渐衰弱下去，越来越瘦削。他从生病到离开，短短几个月时间，我们都期盼他忘了读书和写戏这件事，安享天伦。我们也相信他能一天一天地好起来。他的离开那么突然，那么意料之外，以至于玲珠姐在朋友圈发出先生千古的时候，我心中暗暗嗔怪她，你连千古是什么意思都不懂吗？

  老师走了，第二天我赶往仙游，从莆田打车到仙游的一路上，我的眼泪止不住地往下流。回忆起和老师相处的点点滴滴，想到此去那个门楣上贴着"传家唯存厚，处事但率真"对联的家门内，冰冷地躺着总是温暖地笑着迎候我的老师，我心如刀绞，肝肠寸断。我自小和父亲相依为命长大，父亲对于我意义重大。22岁那年，我失去了父亲。41岁那年，我遇到了怀兴老师。如果说我的父亲对我的生命完成的是生而为人的一个基础架构，那么与老师九年的师生缘分，老师接替我的父亲，对我完成了精神骨骼的架构。就像开始了就不会轻易结束一样，老师也将继续影响着我的生命。方晓师兄说，经师易遇，人师难寻。得遇人师，我们何其幸运！

我没能和老师见最后一面。我到仙游家中的时候，他被严实地包裹在一块黄色的经幡里面。入殓前最后露脸的那天下午，我赶往福州参加职称答辩，我答辩的论文是《从啼笑皆非到一声长叹——漫谈郑怀兴喜剧印象》。我想起林清华纪念文中写道："2023年12月13日，正是武夷剧作社换届之期，作为创社社长的怀兴老师竟同时溘然长逝。悲痛之余，我忍不住想，除了无法排遣的使命感，怀兴老师的性格底色其实是幽默的，他用这样一种方式，完成了最后一次戏剧性的编排。"是的，冥冥之中，怀兴老师也用这样的一种方式，编排了我和他的最后一次告别！写到此处，我又忍不住泪如雨下。

一路行来，我经历过无数次的告别。长辈亲友们的离去，我知道他们已经远行。然而，我相信在前方，我们也必然重逢。那时我希望我能说："老师，我坚持写戏了，认真写戏了！"

感谢老师，让我相信美好的人性，相信高贵的灵魂。让我即使生活在泥淖中，也有仰望星空的勇气！

永远怀念您！

（杨晓勤，龙岩市汉剧传习中心编剧）

我与恩师郑怀兴

◎ 刘丽平

与恩师郑怀兴先生的认识，可以说是缘分使然，当然，也算是带有一点人为的刻意吧。好友齐爱云的新戏《关中晓月》正是先生的新作品，彼时是2018年国庆节，这部戏晋京演出，我刚好那段时间在京，陪同好友，帮忙做一些后勤的杂事。演出期间，作为编剧的郑怀兴先生也专程从福建赶往北京，这就是我们认识的契机。

其实知道先生，应该是从他的《傅山进京》开始的。那部戏写得相当好，人物饱满，剧情跌宕，结构严谨，是当代戏曲写作的一个典范。后来陆续看了不少他的剧本，早期的成名作《新亭泪》是我最喜欢的。无论是故事结构，还是语言风格，都是上佳之作。这也是先生第一次冲上人生高峰的作品，那时是1981年，正好是我出生的那年。

在先生的剧本集中，还有一部戏令我印象深刻，那就是《失子记》。这部戏是基于传统名戏《赵氏孤儿》所做的一点发挥。主人公不再是那个大义灭亲、为了救下孤儿亲手断送掉自己儿子性命的程婴，而是他的夫人，一个被迫成全了丈夫的忠义，却无端失去亲生儿子的母亲。这个戏最令我感动的，正是对这个失去儿子的母亲的同情和关注。一直以来，人们的眼光只关注那个千方百计救下赵氏孤儿的程婴，从未想过他的夫人，一个母亲，该如何面对失去儿子这个惨痛的事实，又该如何面对自己丈夫的这种"献子义举"。先生对这个人物的关注，其实正是社会进步的体现，是人人平等的伟大思想的体现，当然，也是人性关怀的体现。

戏曲剧本的写作，是我之前一直不敢涉足的领域，虽然一直很喜欢，也很有兴趣。我一直觉得戏曲写作是所有文体写作最难的一种。我写过散文、杂文、小说、诗歌甚至歌词，但对于戏曲剧本的写作，我一直是怀着敬畏的态度，从来不敢轻易碰触的，直到认识了先生郑怀兴。

人与人之间的缘分很奇妙，先生和我都是不善言谈的人，但是我们从认识的那一刻起，好像就有说不完的话。用先生的话说："我们有种一见如故的感觉。"

其实一开始，好友爱云说要介绍我跟先生认识，那一刻我的内心是稍有迟疑的。不知道是出于什么原因，也许是觉得我还没有准备好，也许是觉得那天的场合不太合适，但最终我没有再说什么，一方面因为太明白朋友的好意，觉得盛情难却，一方面也是因为心里确实是非常想认识这位师长。从我开始关注戏剧，开始对戏曲文本的写作有点兴趣的时候，开始关注到先生的剧本时，我就希望认识他。

一开始我并没有料到先生对我也能如此看重，毕竟他是全国知名的编剧，被誉为戏曲编剧界的"三驾马车"之一。而我仅仅是个"小学生"而已。但先生对我在写作方面的鼓励，是非常重要的。从国庆节认识后，我们一直电话和微信联系，大多都是他对我的鼓励。第二次见面是大概一个月后，先生和福建一个剧团团长一起到北京，为一个戏做艺术基金的答辩。那天他本来是要见一位京剧导演的，那个导演正在创排他的一个新戏，是要见面沟通一些关于新戏的问题。可是，和我约了见面时间后，先生竟然推掉了和这位导演的见面。我事后才知道，这件事着实让我有些受宠若惊。那次我大概下午4点钟赶到老师住的酒店，一直聊到晚上10点多。话题仍旧是以鼓励我写戏为主，也讲述了先生自己写戏40年的经历和心态。也就是从那次之后，我确定了要写戏的信念。也正是那次见面，先生亲口说，要收我这个从未写过戏的"小白"为学生。他还告诉了我他坚持希望我写戏的理由：一是觉得我品性不错，不会以名利为先，他说这是写好戏最重要的一点。二是觉得我对戏曲有足够的兴趣，这是以后能坚持下去的必要条件。三是我有深厚的文化积淀和古典文学的基础，这也是写好戏的基础。

恩师对我的分析既钟爱又不失客观，这令我很感动，也为我梳理和建立了写戏的信心。之后没多久，我便辞去了北京的工作，回到故乡西安，为的就是能有更多自由的时间学习和写作。回到西安后，一方面和几位朋友共同做一些事情，以便挣点小钱解决温饱，一方面加紧学习戏剧写作。日子虽然过得拮据，但是却充实忙碌。最重要的是，可以自由地亲近我所喜爱的戏剧写作。在这段艰难蛰伏的时日里，先生于我，是绝对坚实的精神后盾。

从2018年冬我正式决定师从先生学习写戏开始，到2023年冬先生故去，我扎扎实实地受教于先生五年时间。在这期间先后写出了大戏：《一斛珠》《山阴令》《战滁州》《郑国渠》《妙玉》《刘姥姥》《泓水之战》《李清照》；红楼小戏：《妙玉赠梅》《晴雯撕扇》《探春理家》《凤姐弄权》《黛玉葬花》《李纨醉哭》等。其中《战滁州》荣获2020年度陕西省剧本评选大戏类剧本奖，《郑国渠》荣获2022年度陕西省剧本评选大戏类一等奖，《泓水之战》荣获2023年度陕西省剧本评选大戏类优秀剧本奖，《泓水之战》同时获得中国戏剧文学学会"戏剧中国"2022年度作品征集推优活动入围剧本。虽然作品很多，也受到了省市甚至国家级不少专家老师的好评，但却因为我一直未列身梨园之内，也因为我写的题材尽都是历史古典剧，所以一直未能有任何一部戏上台排演。对此，我内心总有一丝胆怯，始终不敢以专业编剧自居。也因此一直未敢向先生提及正式磕头拜师的事，这最终成了我此生最大的遗憾，再也无法弥补！

2023年4月10日，我发信息告诉先生，《郑国渠》剧本被某个剧团看上并拿去报了省上的项目，他还很激动地鼓励我，告诉我答辩的时候不要紧张。过了几日，我再次发信息的时候，就再也没有回信了。几日后联系到师母才知道，先生在4月12日就发病住院。谁能想到这一病，就在医院缠绵了4个月。我到福建康复医院长乐分院去看望他的时候，他已恢复得不错了，可以认得我，也可以简单地说些话。但每天仍然要吃很多药，要坚持做很多康复训练的项目。在前往福建之前，我特意找了我最好的朋友，她正好是专擅针灸的中医大夫。将先生的情况与她反复商量，在得到基本没问题的答复后，我与师母以及先生的女儿商议，是否愿意到西安试试。在福建康复医院陪同一周之后，师母和女儿们决定先出院，回莆田住一段时间再决定。8月4日，先生出院，我也回了西安。十几天后，先生的女儿告诉我，说先生自己说要去西安治病。我知道这是先生内心深处对我的信赖，我不敢懈怠，立刻安排一切。8月24日，先生在师母和女儿女婿的陪同下来到西安。为了每天去做针灸治疗方便些，我在朋友针灸工作室所在的小区租了一套房子。由于先生还不能独立行走，身边又常常只有师母和小姨两个老人家，于是我几乎每天接送他过去治疗。在那两个月中，陪同先生治疗，帮助他锻炼，我见证了他积极努力想要恢复的样子，也见证了他灰心痛苦想要放弃的时候，更见证了师母作为先生背后的女人所承受的痛苦和压力，当然还有他们相濡以沫、风风雨雨几十年的情感！先生心无旁骛的率性天真，刻在骨子里的文人素养，以及师母温柔包容、坚强、耐心的照顾，时刻都感动着我和周围的朋友。

　　两个月的治疗，效果比我和朋友的预期要好，先生的身体恢复得相当好。唯独不能释怀的，就是脑梗后对大脑的损伤使得他不能再读书写作了。不能读书和写作，对于一般人来说，可能并不会致命，但对于先生这样以读书写戏为生命的人便完全不同了。正如他自己在以前的一篇文章中所说的："写戏是我的生命，如果有一天不能写戏了，我的生命也就走到了尽头！"可惜我们谁也没有把这句话当真，唯独先生自己，真是说到做到。如今想来，令我们愈加悲痛不已！

　　2023年10月25日，先生决定回闽，师母在收拾行李，我握着先生的手，问他："要回去了是否高兴？"他说："高兴，也不高兴。"我说："不高兴是不是因为舍不得分开？"他眼含泪花地点点头。我驱车送他们到高铁站，先生坐在轮椅上，师母站在旁边，拉着我的手久久不愿松开。先生是非常率真自然的人，情绪激动定会流泪。我却是极不愿在别人面前流泪的人，但在先生和师母面前，仍旧没有忍住，眼泪夺眶而出。看着他们离去的背影，我再也抑制不住自己，跑上车任由泪水在脸上流淌。彼时的我，怎么能想得到，那竟然是我们师徒此生最后的一面！

先生还在西安的时候，我便经朋友推荐前往易俗社应聘，最终决定等先生回闽后我便立刻入职易俗社做编剧。我把这个消息告诉先生和师母时，他们都无比高兴。师母说，一直以来，他们总想着让我要进到剧团，但又因为南北方语言的差异，福建的剧团怕我不适应，西安他们又不认识几个人，所以一直挂心着这件事，这下终于好了。记得刚认识先生的那年，他特意给我寄来了他的剧作全集，扉页上签名送给我一句话："安身立命于梨园。"谁知道，我才入职易俗社一个月，才刚刚真正意义上进入梨园，恩师便离我而去了！

2023年12月13日中午1时许，彼时我正在易俗社百年小剧场门口的票房，替一位同事值班，接到叶之桦老师从福州打来的电话。她说，先生去世了！这句话我反应了半天，愣在原地久久不能动弹，嘴里念叨着："昨天不是还好好的嘛，怎么会呢！"挂了叶老师的电话，我立刻拨通了先生女儿的电话，无人接听，我才知道消息不会错。突然眼泪不由自主地流了下来，感觉世界很安静，很安静！过了没多久，便收到了先生女儿的信息："父亲已离世，已在仙游老家。"我浑浑噩噩地走回办公室，坐在电脑前不知所措。

第二天一大早，我登程前往福建。时隔三年后，再次来到先生的老家莆田市仙游县城，再次来到那个拐弯处有一棵老桂圆树的路口。熟悉的路，熟悉的老树，熟悉的大门，可我却再也看不到那个笑呵呵站在路口接我的恩师了！伏在灵前，我再也忍不住，痛哭流涕。

师傅郑怀兴，是我所见过的为数不多的真君子。他的身上有中国传统士大夫的文人气质，有着赤诚坦荡的士人胸怀，更有儿童般率性天真的赤子之心。他的作品，总是带着厚重的历史使命感和深刻的哲理沉思，以及对世人所表现出来的强大的普世关怀。古人言：为文即为人。先生所塑造的人物，大多都如同他本人一样，闪耀着巨大的人性光辉。如傅山、周伯仁、海瑞、林龙江、徐渭、柳如是、商英等。先生又是极其慈悲的，即便是历史中的反面人物，他也能从人性出发，观照他们的内心，从而用文字抚摸这些躺在冰冷历史河流中的人名。令后人不只是了解历史的真相，更能从一个个鲜活的人物身上观照到其内心的价值冲突。比如《傅山进京》中的康熙、《青藤狂士》中的胡宗宪、《晋宫寒月》中的骊姬、《关中晓月》中的慈禧等。

大多数写文字的人都有一个特点，那就是不善言谈。先生更甚，加上有浓重的莆田口音外，有时还有一些口吃。他说以前他完全不敢在很多人面前讲话的，还是从20世纪90年代受邀在台湾讲课之后，才慢慢有所克服。但是一说到戏，他又常常滔滔不绝。有时他也会注意到别人可能听不太懂他所说的福建普通话，所以说到重点词句，他偶尔会努力地用标准音再强调一遍。最开始的时候，他甚至不太愿意和我打电话，宁愿用信息交流，他说他表达不好，怕我听不清楚。其实先生教我写戏的时候，通常说得很少，并且常常很少直接回答我的疑惑。他会顾左右而言他，引导我自己找到答案。记得已经学习了两三年的时候，我曾经很苦恼地问先生："到底什么是结构？我还是不太明白如何去结构一个戏？"他说："学了这么久了，已经写了那么多戏了，你还能问这个问题，说明你是实实在在地在学习和思考。我相信未来你一定会以'结构'见长。"后来，他让我自己找一些经典的作品，试着分析它们的结构，并写成文章给他看。忽然有一日，我似乎一下子就明白了什么是结构！真如登临雾山，恍然一下子，拨开云雾见青山的感觉。那种发自内心的得到与喜悦之感，令我激动不已，终生难忘。我当时就想起孔子的那句话："朝闻道，夕死可矣！"老夫子的感觉，果真是一点也不夸张的。

在我这几年所有的写作中，先生最看重的应该算是《红楼梦》小戏系列。《红楼梦》小戏其实是我最开始用来练手的。在北京先生说服我写戏之后，他建议我可以找一些熟悉的题材先写一些小片段试试看。因为我对《红楼梦》非常熟悉，又写过一段时间的专栏文章，因此决定先写一些红楼梦的小戏片段。第一篇就是我虚构的《妙玉赠梅》，先生看后很兴奋，他说："这才是艺术作品，要坚持你的艺术感觉去写。"于是一边教我戏曲舞台的表达，一边鼓励我不断地写作。他说红楼小戏是很好的一种想法和表达形式，一定要坚持写，现在排演不了没关系，总有一天会有人发现它的价值。四年后，也就是2022年夏，我终于在一些朋友的强烈建议下写完了《黛玉葬花》一折。先生看过后说："非常好！红楼戏应该也必须有这一折，你把黛玉这段写得很好，我没有修改意见。"后来他又补充说："红楼小戏写到现在，你已经很纯熟练达了。这样的作品如果有一天能搬上舞台，该多么有意思啊！"可惜，岁月蹉跎，一晃我追随先生学习已经五年过去了，先生最喜欢的《红楼梦》小戏系列我已经完成了八个了，但最终也没能让先生看到它搬上舞台。

以前总觉得很多事都还来得及，现在才发现，人生总是有太多的遗憾！未能正式拜师，终究成为我此生最遗憾的事情。在我的认知里，拜师，是一件特别隆重而庄严的事。荀子言："国将兴，必贵师而重傅。贵师而重傅，则法度存。"对于一个读书人来说，"尊师重道"是最基本的做人底线。但在当今社会，"尊师重道"却成了最高的道德标准。这自然是和现在整个社会的不正之风有关系，徒弟的不尊，多少也和师父的不正有很大关系。放眼整个文化、艺术界，有多少师徒是真正纯粹的教、受关系，有多少人能有古人所说的"如父如子"的情感！这样的良性关系，必须是建立在师父有令徒弟敬仰和爱戴的人格魅力，徒弟有令师傅疼惜和爱护的忠厚勤奋。我不是一个特别勤奋且聪明的人，但先生对我的鼓励和不弃，实在令我惭愧。先生身上有古代读书人的朴拙，能拜他为师，是我三生有幸。况他是全国著名的剧作家，在戏曲写作方面已经是最高标准了，能师从他学习写戏，我怎么能不激动和珍惜。可是，我一直是个编外人员，从未真正涉足梨园。和先生那些在全国各大院团的弟子相比，我仅仅是靠着一股喜爱坚持至今，实在业余得不像话。所以，我怎么敢奢望能真正入室成为弟子呢！更何况，这几年虽然写了不少戏，也偶有一些戏获奖，但是却从未有任何一部被搬上舞台。这对于我来说，就不能算是一个真正的编剧。因此，我也从未敢在先生面前提起过拜师的想法，尽管我内心是多么地渴望成为先生的入室弟子。

拜师之事，我只向先生的好友叶之桦老师提及过一次。叶老师是开国上将叶飞将军的女儿，退休前曾任厦门市文化局副局长。在北京第一次见到叶之桦老师，也是因为先生的戏《嵇康托孤》首演。彼时叶老师刚刚从美国西雅图飞回北京，拖着行李前来先生所住的酒店汇合，我下楼去接叶老师。后来相熟了，叶老师告诉我说，她第一眼看见我从电梯走出来，就打心底里喜欢。也就是从那一天起，我们成了可以相谈甚欢的忘年交。叶老师写过很多关于先生剧本的评论文章，她说，她就是看不惯先生的戏演出后戏剧界一片静默的样子，她偏要发声。先生也多次向我说过，叶老师的艺术感觉非常好，要多和她交流请教。叶老师除了是我所敬佩的文化官员之外，还是厦门大学中文系应锦襄教授的弟子，古典文化造诣不可谓不深厚。能得到这样真正大家的垂青，我何其有幸！一次，叶老师从美国西雅图的寓所打来电话，交谈中我提及想要拜师的想法，也说了我内心的顾虑和迟疑。她说："这是好事，怀兴很看重你，我也愿意教你。但是我们都不会在意那些虚名，我们知道和承认你比让别人知道更重要。"我听后很感动，兴奋不已，并第一时间把这份喜悦分享给最好的朋友。后来疫情爆发，三年时间，国内国外，天南海北，忽然多了很多限制与不便。再后来，先生就病倒了，拜师之事便一搁再搁，终成遗憾！

2023年12月14日一大早，我赶往机场，去福建参加先生的葬礼。原本已经定好了飞至福州后，再转乘高铁前往仙游县城。

登机前收到消息，说在福州机场有车等待，专程接我前往先生老家。安排事情的是先生在当地的两位弟子方晓和赵乐，这让我很感动。在三天守灵的过程中，几位师兄和先生的家人谁也没有把我当作未曾拜师的外人，甚至赵乐师兄还调侃地说"师父最疼你"。出殡当天，方晓师兄手里拿着一件孝服，悄悄地说："按我们这边的风俗，穿孝服就相当于子女，所以我得征求你的意愿？"我流着泪说："我当然愿意。"我心里明白，素未谋面的师兄们对我如此关照与看重，全是因为先生！在先生的内心，早已视我为最亲近的弟子。

此生能得先生为师，步先生之后尘，以写戏为终生之业，我何其幸哉！这份知遇、鼓励、引导的恩情，实在无以为报。只能像先生一样，在我们共同热爱的戏剧事业上继续努力耕耘。继承先生的精神，以他低调谦逊、不卑不亢的风骨为终生榜样，去践行这种中国式文人的精神内质。

（刘丽平，西安易俗社编剧）

大哥的东北小屋

◎ 王惠琴

今天是2024年8月1日,20年前的这一天,郑怀兴大哥搬进了东北通化的乡村小院。从中国东南福建到东北吉林通化,怎么会在此安家?这要感谢科技的进步和发展,让我们生活在互联网时代,因此我和郑大哥一家才有缘结识,并建立了非常珍贵的友情、亲情!

一、网上初识

2004年6月中旬的一天早上,送走读高二的儿子上学后,我闲着没事,就打开电脑,去网易聊天室看看,因为是早上6点,线上只有一个人,网名郑怀兴,于是我跟他打了招呼。

他问我:"你是谁?怎么找到我的?"

我说:"我不认识你,你在线上啊!"

他说,他上网是为了跟学生交流,而不是聊天。这网易是学生给他注册的,名字是实名,年龄不对,百度可以查到他。

我查了一下,网络显示福建文化名人录,还有戏剧界"三驾马车"什么的,我这才知道他是戏曲编剧,很有成就。但由于我对戏曲了解很少,福建对我而言更是遥远得很。我心想,名人不名人,关我什么事,至于年龄嘛,我上网又不是相亲,管他呢,所以我就礼节性地做了自我介绍,告诉他,我是吉林通化的,在税务局工作。因他年龄比我大,我就称他为大哥。

携家人与王惠琴夫妇等在吉林通化

　　大哥问我怎么这么早上网，我说孩子读高二，刚刚送他上学，闲着没事就上网看看。他一听我说是吉林通化的，就说，1986年他来过通化，还参观了通化葡萄酒厂，对通化印象很好！我也高兴地介绍了通化这些年的发展变化和气候环境等，聊了这些，就下线了。

　　后来有一次聊天，我谈到孩子的学习，我担心孩子考不上好大学，大哥就劝我，儿孙自有儿孙福，不必担心，还说他的四女儿读的虽是民办大学——仰恩大学，但她毕业后适应能力很强。这些话让我心里敞亮了许多，并对仰恩大学产生了兴趣。

　　大哥每天上网，但很少聊天，偶尔有空，聊聊家常。所以渐渐地，我对大哥的家事也了解不少：祖父母一直与他同住；他年轻时经历坎坷，吃了不少苦；他有个贤惠的老伴，以及四个优秀的女儿……

　　大概一个月后吧，有一天，大哥问我："在通化乡村买座房子大概需要多少钱？"

　　我说："两三万吧！"

大哥就让我帮忙看看，说他想买座房子，依山傍水，清静一点的，一是方便写作，二是老伴夏天总起湿疹，到东北避避暑能缓解些。我想都没想就答应了。

二、找房买房

我爱人开车带着我先后看了4座房子，都不理想，大哥说："能不能批个地方建一座？"但东北私人建房管得很死，基本行不通。后来又看了一处，依然无功而返。

直到有一个雨天，房主刘金河领着我们从城里赶回家，他打开大门，走进院子，一条整齐的步道、两侧院墙、三间房子，看起来十分顺眼，步道两边是菜园，房子左侧建有一排仓库房，很规整。打开房门，首先是客厅，左边两间卧室，右边一间卧室，打的是火炕，客厅的后门通向灶房，灶房有两个炉火灶台，房主自己打的操作台和橱柜。房子前后有六扇窗户，宽敞明亮。客厅、厨房地面是水泥压光，卧室铺的是地砖，看得出房主建房是非常用心的！

我们对这座房子非常满意，房主开价5.2万元，不还价。房主说，女儿读艺术类大学，为了交学费，才卖房子。

当天晚上，我把房子的情况跟大哥做了汇报，大哥一听房主为了给孩子交学费，就说不要讲价了，就5.2万吧！然后就让我发个银行卡号，说要转钱给我。我想，我们是网上认识的，还没见过面，所以就把我单位一把手的座机电话发给大哥，让他求证之后，再转钱。谁料大哥却说："不用，通过聊天，以我对人的判断，你是值得信赖的！"

大哥说，先给我转6万元，让我帮忙把房子简单整修一下，再置办一些生活用品。不够的话，等他来东北的时候再补上。他说这些，简单直接，没有客套。

这一切都是真实可信的吗？认识一个多月的网友，天南地北，还没见过面，委托买房子，6万块钱哪！

第二天，我儿子上学，走到家门口，特意回头提醒："妈，千万别替人垫钱啊。"

我爱人去上班，也笑着数落了一句："王惠琴，你这个人啊，容易轻信，我看今天什么结果。"

下午3点多，我收到了大哥转过来的6万元钱。收到款的那一刻，我深深感到这份信任沉甸甸的，实在太难得！儿子晚上9点多放学回家，听说这件事后，很认真地说："这样的朋友不可辜负！"也就是从那一天开始，我更加相信人间总有真诚在！

我清楚地记得，房款是2004年7月21日交的，房主7月25日搬空。我们夫妻俩利用一周的时间，粉刷了墙壁、天棚，改建了卫生间——因为东北乡村都是室外厕所。我们还购置了书桌、木质沙发、锅碗瓢盆、行李被褥，安装了有线电视、座机、热水器等。当时，我四十出头，精力充沛，另一方面，身为办公室主任，平时管的就是吃喝拉撒，处理这些很方便，所以很快就收拾妥当！

三、沈阳接机

三伏盛夏，大哥陪同大嫂要来避暑。在我收拾房子的过程中，大哥一家按进程订好了7月31日的机票，飞机即将降落在沈阳桃仙机场。

沈阳距离通化有350公里，当时还没有高速。大哥来之前跟我商量，让我包辆车去机场，因为怕路不熟。我爱人对我说："我好人做到底，开车去机场接他们吧！"

7月31日清早，我们出发了。中午到抚顺大姑姐家休息。大姑姐听说我们大老远去机场接一个陌生网友，就说："真是傻子遇到了彪子！"觉得不可思议。我爱人不管不顾，把一个纸箱扯开，撕下一片纸壳，往上面写了三个大字——郑怀兴，这就算是我们的接机牌了。

抚顺距离沈阳只有一个小时的车程，下午4点我们到达机场。飞机正点抵达，和大哥大嫂一起来的，还有他们的三女儿郑宜平。

当年宜平也有28岁了吧，但她看起来很小，像个中学生！宜平从见到我的那一刻起，就目不转睛地打量我，她双目清澈明亮，非常纯净！但她的眼神中明显有个问号——"我爸的这个女网友，不会是骗子吧？"

中途，路过一家很有名的海宽饭店，我们就去那里就餐。餐桌上，宜平看着我说："我希望有个姑姑，以后就叫您小姑，好吗？"就这样，我成了大哥四个女儿的小姑。我也喜欢这个称呼，很亲切。

吃过晚饭，我们就往回赶路，因为天黑，再加上我爱人不常出长途，所以半夜12点多才到通化。我们事先在税务局招待所安排了房间，大哥他们直接入住，我和爱人直接回家休息。

四、入住新家

大哥的新家位于吉林省通化市的金厂镇龙头村新立四组，位于市区的南部，此地域因盛产金矿，最早有人在此淘金而得名——金厂。这里山清水秀，气候宜人，白鸡峰森林公园就坐落在这里。

2004年8月1日早上，我和爱人去早市买了条鲤鱼，还有馒头，取意年年有余，蒸蒸日上。8点多，我们领着大哥大嫂和宜平，来到距离市区14公里的乡村小院，在大门外，燃放完鞭炮，就算正式搬家了。他们很喜欢这个新家。

那时候，大哥正在写戏曲剧本《傅青主》，他在自购的东北农家小院里住了两个月。东北的自然环境、人文特点与南方有很大差别，大哥的适应能力很强，融入能力特棒。他尽量讲普通话，尽管不是很流畅，但对我们而言，听他讲话是种享受，既热情又有趣。他的话里夹杂着很多莆仙方言，有时我们听不太明白，但基本能听得懂。随着接触时长，我们也习惯了他的讲话风格，也能领略到仙游的人文地理。

大哥很快就习惯东北的生活。他的房子坐落在农村，群山环抱，绿水长流。大门外不足10米，一条小溪清澈见底，川流不息。夏日里待在小溪边，非常凉爽！大哥很喜欢这条小溪，只是小溪常有蛇出没。他每天除了看书、学习、写作，还去园子里摘菜，或爬山采五味子、软枣子（野生猕猴桃儿）、榛子，拣蘑菇，偶尔还会搭乘村民的拖拉机去集市上赶集。他对邻居做的东北黄豆酱也很新奇，觉得应该很好吃，就让宜平去邻居家要一点来品尝。

当然，南北差异，也有不方便的时候，比如东北的农村平房都烧火炕，大哥一家绕来绕去，怎么也找不到灶口；不容易找到了，也不知怎么才能把炕烧热。这是一个南方剧作家对北方农村生活不了解的趣事，如此等等，都展露了他深入东北田间地头，深入农村体恤人世间的真性情。他给我们留下的印象就是朴实、真诚、实在，从不矫揉造作，大哥的人品让我们打心眼儿里敬佩。

由于我在职，只能双休日陪伴大哥一家，平时就请我娘家的大哥、大嫂去和他们作伴，他们是同龄人，很聊得来，成为很好的朋友。后来，大哥也总是跟我说："你大哥、大嫂人非常好，值得敬佩。"

在东北的这段时间，大哥常跟我讲起创作《傅青主》的起因。他说太原晋剧团的团长陶臣约他写傅山这个山西名人，当时好像是傅山诞辰400年，太原为纪念傅山，要排演他的一部戏。据说当时陶臣是请本省的一名编剧来写，这位编剧把大哥推荐给陶臣，陶臣就打电话请大哥写傅山，大哥说要查一下史料再做决定，后来就有了《傅山进京》。

在东北避暑期间，大哥还创作了长篇小说《血祭河山》。在东北的一些生活情节、方言、体验，很多都呈现在小说当中。

五、福建之行

2005年，我儿子家瑞高考，虽然成绩不太理想，但如愿以偿考上了仰恩大学，这样便有了我们一家的福建之行。此前，我对福建是陌生的，也从来没有想过要去福建。

9月初，我们一家三口抵达福州长乐机场，大哥派车把我们接到仙游的家里。大哥的家很俭朴，但四楼的书房震撼到我，大大的书房，整个一面墙的书柜上摆满了书！

大哥大嫂实在太热情了！他们陪同我们游览了九鲤湖、湄洲岛、泉州开元寺、鼓浪屿、南普陀寺、厦门大学、集美大学等景点。在大哥家里，我们品尝到各种美食和南方的水果。

大哥还介绍我们认识他的同学、朋友，仙游、泉州的同学热情地宴请了我们。在鼓浪屿，叶之桦大姐在家里为我们准备了丰盛的午餐，我们格外感动。我们深切感受到大哥的为人，他肝胆仗义，同学、朋友都非常认可，以致我爱人由衷地感叹："做人要向大哥学习，找到自己的差距了！"

2005年至2009年，家瑞读大学期间，暑假基本都是待在仙游，平时的节假日也在仙游度过。大哥大嫂待他如同自己孩子，给予无微不至的关照。每次返校，他们都准备了很多水果让孩子带上，和同学分享，以致我儿子时常回忆在大哥家的美好时光，他常说，一定要抽空去看看大爷、大娘！

时光飞逝，不知不觉中与大哥一家交往已有20年了，在这20年里，每年冬天，大哥大嫂都给我们寄来桂圆干、莲子、线面、海产品，我想他们年纪逐渐大了，让他们别再寄了，可他们总是不肯，依然年年寄。我感受着远方亲人的这份惦记，非常温暖。

20年来，我们像经管自己的房子一样，打理着大哥的小屋。我们两家变成了亲人，之所以能有的缘分，完全因为大哥的坦诚率真、低调谦和，他总跟我说，他很傻，除了写戏，其他什么也不懂。我也从没把大哥当大作家看待，像待自家大哥一样，工作中有了开解不了的事，就说给大哥听，他总是几句话就帮我化解了，他常说："不想那么多，不去管他"，然后呵呵一笑。

六、痛失大哥

2005年后，大哥忙于创作，一直没有再来东北。2022年9月，我最后一次跟大哥视频，他还说养好身体，明年来东北。哪料世事无常，他竟然走了，与我们阴阳两隔！

大哥生病期间，我几次计划探望，都没能成行。最后一次，我们订好了2023年12月29日至2024年1月14日的往返机票，计划陪伴大哥大嫂半个月，不想2023年12月13日傍晚，竟然接到大哥去世的消息，我非常震惊，不敢相信，也不愿相信……我坐在沙发上，泪如雨下，泣不成声！我当即把原来订购的12月29日的机票改签为12月14日，谁料到了机场才发现，慌乱之中，竟然把时间错签成了1月14日……我们只好重新购买最快的航班，连夜赶到仙游，只为能够送大哥最后一程！

　　20年来，大哥话不多，但每句话都很真实、珍贵！大哥的为人处世之道潜移默化影响着我，他亦兄亦师，引领着我为人处世。很幸运，人生路上与大哥一家结缘，我为结识大哥而备感荣幸和自豪。如今，大哥去了另一个世界，他的灵魂和思想永存！

　　此时此刻，我就在大哥东北的房子里，一切都在，大哥却去了另一个世界。去年9月，他还说今年要过来，还笨拙地跟我学说东北话。望着窗外，大哥和大嫂在过道台面上摘菜的样子依稀可见，大哥在溪水中站立的影子越来越清晰，这一切回想起来，真是痛彻心扉……

　　大哥！愿您在另一个世界里，永远喜乐、安康！

　　（王惠琴，吉林省通化市税务局第二分局退休干部）

写给敬爱的父亲

◎ 郑宜琳

爸爸，今天是您离开我们的第26天，突然想起今天是农历二十六，也是我的生日，往年的这个时候，您总是第一个在家人群里为我送上生日祝福……

爸爸，每年临近春节前您总是让妈妈嘱咐我，要请人书写"传家唯存厚，处事但率真"的对联，这是您定下来的多年不曾有变。

爸爸，您曾对我说您煮的卤面很好吃，可我却当场质疑，我怎么从来没有吃过您煮的卤面，倒是记得小时候春节您做的红烧肉。妈妈说，有的，生你的时候坐月子，都是你爸爸做饭、照顾我的。

爸爸，在48岁那年您当了外公，我从医院回来后，你给我做了碗线面，可我当时一口都吃不下。您为孩子取了名和字，并排了八字五行，说五行都不缺；您教孩子下象棋、背古诗、学《幼学琼林》……妈妈和我上班时，祖孙俩就在家看书、泡茶，您曾说家里的茶具被孩子摔坏了好几副。爸爸，孩子刚学会说话不久，曾对您说，阿公啊，你以后不能对我妈妈发脾气。您说，为什么？孩子答道：你骂她，她一生气就不帮你打电脑，那你怎么办？从那时起，您就下定决心自己学电脑打字，至今已有20多年了。爸爸，孩子刚学走路时，每次摔倒，您总是大声地呵斥我，说我没看紧，我当时很委屈。爸爸，孩子考研失利，您安慰他：是这个学校与我们无缘，不要着急；孩子录取了国外大学，您高兴得流下了眼泪，可当我告诉您，孩子要出国了，您却拉着我的手，哽咽着说，不要去。孩子送您去长乐康复，不曾想那一别竟成永诀！您刚生病

2016年与长女郑宜琳在北京长安大剧院

那会儿,谁的名字都记不起来,唯一能写能记起的就是他的名字。

爸爸,春节临近,每年大年三十您总是先换好新衣,给孙儿们发红包,给亲朋好友送去新年祝福,陪我们几个姐妹打打牌,这是我们家每年仅有一次的节目,再看一会儿春晚,然后您去书房写日记。

爸爸,妈妈的同学都说妈妈被我们宠坏了,每一次她同学聚会,您都耐心地陪同在身边,福州、沙县、泉州……从未缺席。前些年妈妈的老师同学来仙游聚会,去了九鲤湖,尽管您的身体也不好,且山高路远,但您还是一路陪伴。妈妈在您的关心下从不去记自己的银行、手机密码,不曾自己单独出行。

爸爸,最近为您整理衣物,有三个衣柜,几乎都是您的,有的还是全新的,妹妹们又为您添置了许多。记得我1992年去杭州,为您买了件墨绿色丝绸面料的夹克,您一穿竟是好多年。我们小的时候,您出差总会为我们姐妹带回布料、特色零食,有一年春节,我们四姐妹穿着您为我们买的仿虎皮面料做的大衣,在大院里招来了许多小孩羡慕的眼光;二妹小的时候,您周末从县里回来，总不忘教她背古诗，她是我们老宅大院里的宠儿，聪明漂亮又可爱，夏天，大家在大埕上乘凉，围着她，让她背诵古诗；而我，您则买来柳公权的字帖，敦促我练字。

爸爸，2023年您的剧本选（第五册）结集出版，每次去看望您，您总说：五册，好！而我总是安慰您，等您病好了，还可以继续写，我们还要一起去东北再看看吉林的房子，园子里已经种满了花，还要挖鱼塘；爸爸，我们还约定全家一起去看《烟波迷月》的首演；您说要教我写戏；每次离开您时您总是拉着我的手，不让我走，说要和我一起回仙游，问我是否可以，又担心我没能力照顾，我说不用担心，回仙游还有舅舅、小姨、表弟、表妹以及您的学生，妹妹们也会轮流回来，大家一起照顾；爸爸，您还曾说要等着看孩子学成归来……

爸爸，11月份赵乐来莆田看望您，因晚上要赶去厦门看戏，您交代说要多做些好吃的给他吃，并坐在桌边看着他吃，我劝您不要这样，您说这有什么。爸爸，每次的分别您总是那般依依不舍，让人心痛不已！您惦记着方晓的婚事，学生们的每一点进步都让您欣慰不已，我和妈妈给您读方晓、小农的文章，您说写得很好！

爸爸，记得11月中旬的一个深夜，妈妈和我陪着您坐在沙发上，每人抱着一床棉被。突然间，您拍了拍我的手，对我说："阿狗，对不起了！"我明白您是认为自己卧病苦了大家，过意不去。于是我说："爸爸，自己的孩子哪有什么对不起的，以后千万别说这样的话。您叹了口气，说："想当年意气风发！"

爸爸，总以为您会一直陪伴着我们，因为您走路也有了进步，记忆力也一天天地恢复，自己会吃饭。是我们太大意了！爸爸，千言万语也道不尽女儿们心中的思念与愧疚！

爸爸，祝愿您在天之灵一切安好！

（郑宜琳，郑怀兴先生长女）

外公

◎ 林守中

自我记忆起,我就和外公生活在一起。

我们住在一幢五层楼方方正正的房子里,门前是一个还算宽敞的院子,院子里有四户人家,我家在进院门的第三户。小时候我喜欢在院子里来回跑,用外婆不知道从哪里带回来的粉笔在院墙上写字。我读小学前外曾祖母和高祖母也在,后来外曾祖母回了榜头舅公家,高祖母去世,一直陪伴我在这个院子里长大的就剩下外公、外婆和爸、妈。

院门前的小路很窄,它的一边穿过一片玉米地,一片小树林,转两个弯,通向县城最热闹繁华的地方;另一边直溜溜地通向一条大马路,马路边上是一座小山,外公叫它"九战尾"。上小学的时候我常跟着外公、外婆走到大马路那边去爬山。我从小就不怎么亲近自然,对爬山并没有什么兴趣,只是喜欢山上的芦苇,拔下来可以当棍棒玩。芦苇长在山路的两侧,我自己够不着,外公就帮我拔。他一只脚留在山路上,另一只脚踏在斜坡隆起的位置,弯下腰轻轻一下就能帮我拔出粗壮的芦苇。他起身把芦苇递给我,袖子和裤腿满是黄土的痕迹。外婆不高兴我玩芦苇,一边怪我弄脏了在家已洗干净的手,一边怪外公对我太过宠溺。

数不清多少个下午,我一手拿着比我还高的芦苇,一手牵着不知道是外公还是外婆的手下山回家,天空和山路都是温暖的橙黄色。后来我上了初中、高中,学业忙起来就再没跟外公、外婆去爬那座小山。再后来，外公身体不如从前硬朗了，就只在家门口的院子里来回散步。

我记得刚上大学的时候，假期回家，外公几次问我，要不要和他一起去后山散步，我总是拒绝，我说散步的运动量对我来说太小了，还自鸣得意地炫耀了一下自己新学的一些关于心率、运动强度之类的知识。外公听完总是沉默不语。

我家原先只有一个旧式的木门，木头是暗黄色的，有点老旧发黑，门上有两道锁，我们常用的是黄绿色的铁锁，齿轮带着门闩。外公每次开门都有很大的声响，我在二楼都能听到。后来家里又装了一道防盗门，在原先的木门外面，在我上大学的时候装的。外公给我也配了新大门的钥匙，尽管我之后不怎么回家。从这两扇门穿过，就是一楼的客厅，这里摆着一套黑檀木的桌椅，桌子上的茶具换了好几批，外公常在这里接待客人。从客厅再往里走是餐厅和厨房，客厅的餐厅的侧边是两个小房间，靠院子的房间被用作了衣帽间，里头堆放着一张只有逢年过节才会搬出来用的大餐桌、几个衣柜和储物柜、外婆的一台缝纫机，还有各种杂七杂八的小物件。靠厨房的房间，之前是高祖母住的地方，后来高祖母去世，就变成了另一个堆放杂物的地方，只有一张床空着。再后来，外公没力气爬楼梯了，有时也睡在这里。

餐厅中间的位置放着一张黑色的四角餐桌，围着桌子的是一圈座椅，外公总是坐在靠墙的左数第一个位置吃饭，紧挨着高祖母的房间，正对着楼道口。由于我常待在二楼的卧室里，每次吃饭总要家人喊我下楼。外公喊的次数是最多的："咪啊，下来吃饭！"他的声音很大，我有时候回应得不够大声，他没听见，他还会紧接着再喊："咪啊，赶快下来！"

外公的嗓门一直很大，他是个话不多的人，每次跟我们说话总会先喊一声我们的名字。对于身边亲近的人，外公有一套自己的叫法，他叫外婆"燕英"，叫妈妈"琳啊"，叫三个阿姨"圆啊、平啊、愚啊"，叫我"阿狗"或者"咪啊"。我过去时常嫌弃外公的大嗓门，现在想起来只觉得温暖、亲切。想再听外公这般喊我，

1999年在家与祖母、夫人及外孙林守中

却是再也不可能了。

外公一直很疼我。我小时候喜欢拿外公的茶具学着大人的样子玩"干杯"的游戏，就这样把外公的好几套茶具给摔碎了，外公从没怪过我，总是笑着说："摔了就摔了，不是什么要紧事。"

几年前，我因考研失利而迷茫，外公和外婆一起去寺庙为我烧香求签。外公告诉我，他在决定是否把写戏作为一生的事业时，也去寺庙求了签，一切在冥冥中都有注定，我也会找到人生的方向。

在我出国前的几个月，我在北京的一家机构参加培训，中途接到母亲的电话，告诉我外公病危，我在极度的恐惧和担忧中立即买了最近的一班飞机票赶回福州。一切都十分突然，我看到外公躺在重症监护室的病床上，比上一次见到的时候憔悴、消瘦了太多。我只看了一眼就挪开了视线，因为再多看一眼就会忍不住掉眼泪。家人们都在外面等候，大家告诉我外公的情况，说只要积极治疗是可以康复的，我才松了口气。

后面几天，我们都住在医院附近的酒店，时不时会去看望外公。那几天外公的情况有些许好转，还惦记着我出国的手续是否都办好了，留学的费用是否足够。他没有办法开口说完整的句子了，一双眼睛怔怔地望着我，我知道外公很难过。我握着外公的手告诉他我的近况，我说一切都进展顺利，所有手续都办妥了，外公点头说："好，好。"我问外公不能说话是否觉得苦闷，外公点点头又摇头叹气，我感到心里一阵酸楚。那几天我常坐在外公的床尾，看见床尾的病号牌上写着外公的名字和年龄，又会止不住掉下眼泪。

最后一次见外公是在离开福州的时候，那时候外公转移到了环境比较好的康复医院，有独立房间。外公的情况在一天天地好转，除了还是不能完整说话，行动能力在一点点恢复。我离开福州的时候是带着希望的，我总觉得留学一年回来，外公一定会成功康复，因为外公一直是个意志坚强的人，没有什么困难是他克服不了的。

听到外公噩耗的时候，我还在美国，没能见到外公最后一面。直到上个月我才从美国回来，回到仙游的家里，和外公做一次迟来的道别。家是熟悉又陌生的，一楼客厅的墙上，在高祖母、高祖父遗像的旁边，多了外公的照片。餐厅里那张一直用来吃饭的黑色餐桌还在，小时候外公教我《幼学琼林》，就是在这张桌子上。那时候外公每天下午会教我读两页，对着释义逐字逐句地教我，教完了会让我默写一遍。我有时候不想学，外公会很生气，不允许我偷懒。小小的一本《幼学琼林》在我上小学的时候学完了，外公后来还说要教我别的一些古文，我满口答应着，心里却不以为然。上了初中、高中后，由于学业的原因读了不少古文，每个篇幅都比《幼学琼林》长，也比《幼学琼林》更复杂难懂，我在背诵默写的时候常常会想起外公让我默写《幼学琼林》的那些日子。外公的陪伴与教导，和那张黄色竹椅子前后摇晃的吱呀的声响，和那些夏天的炎热空气，还有那些潮湿的家具散发的味道一起，永远离我而去了。

我对这座屋子最后的记忆停留在决定出国前的那段时间，我在那老屋子的三楼和外公、外婆说着我对未来的迷茫。外公坚定地鼓励我出国,让我在国外好好生活。我当时有些心酸,我问外公:"我不回来了,要怎么见到你们?"外公没有看我,只是轻轻地说:"会见到的。"

这次回家,在四楼大书房里,我看到了一摞用黄色牛皮纸包装的书,里面装着的是外公剧作集的最后一册,我拿了一本,把它放在随身的小行李箱里。几年前在家读第一册的时候,看到扉页有外公留下的一行字——"安身立命于梨园",我把这行字也写在了我手上这最后一册的扉页。

我把这本书放在我上海出租屋的书柜里,写这篇文章的时候,它就在我手边。我往后的人生里,外公也一直都在。

(林守中,郑怀兴先生的外孙)

后记

2023年12月13日郑怀兴先生因病不治与世长辞，这是当代戏剧的重大损失。先生深耕剧坛50余载，成果丰硕，成就卓著，先生为人至真至诚，君子之风，仰止行止。

先生走后第五天，弟子赖玲珠女士动议印制纪念文集，想法得到中国戏曲学会与福建省艺术研究院的大力支持。经多方商讨，决定由中国戏曲学会指导、福建省艺术研究院组织筹划、仙游县莆仙戏鲤声艺术传承保护中心协助，共同完成文集整理、编辑工作，以图文结合的方式表达对先生的纪念，同时也为后人对先生的研究提供珍贵文献。

文集征集启事发出后，得到与先生合作过的各戏剧演出团体及先生的家人、亲朋好友、弟子后辈的响应与支持，共收到纪念文章45篇、图片近千张、图书杂志36册、影像资料共5千多分钟，含31个剧目和3段讲学（访谈）视频，由25个演出团体、81位个人提供，在此特表感谢。书内剧目所用图片均由相应演出团体或主演提供，特殊情况另作说明。

在资料收集过程中，我们屡屡为反馈的信息而感动。晋剧表演艺术家谢涛女士说："遇到郑老师，是我和晋剧的幸事，我们都很怀念他。"国家京剧院彭维女士说："见识过郑老师的为人，也对他的作品特别佩服，郑老师德艺双馨，能跟他合作是我们的幸运。"张家口戏曲艺术研究院杜春江先生说："郑老师最令人感动的还不在于作品，而是人格力量，他把德艺双馨做到了极致。"海南省琼剧院张发长先生说："郑怀兴老师对琼剧贡献大，《海瑞》拿了多个奖项，是琼剧目前获奖最多的剧目，《冼夫人》也培养出了一朵'梅花'。可惜他走得太早，否则还计划邀请他创作剧本。"我们为先生的逝去而伤心，又被他留下的德泽而治愈。

文集的策划、编辑、制作得到了多位老师的支持与帮助。先生的夫人林燕英女士作为特别顾问，林瑞武先生、陈欣欣女士、王景贤先生、叶之桦女士作为顾问，真正承担起"有顾有问"之职。我们遇事不决便请教顾问，顾问们也对文集的编辑提出宝贵建议，并且协助向先生的故交约稿。中国戏曲学会会长、中国艺术研究院戏曲研究所所长、研究员王馗先生提出应该编制先生年谱，分人物篇、剧作篇、研究篇、纪念篇组织全书内容。福建省艺术研究院院长、研究员白勇华先生承担统筹策划工作，全力推进本书的编辑出版。

感谢所有百忙之中为先生撰写纪念文章的老师们，他们的付出让文集满载厚重的情谊。在多元视角中，先生的音容笑貌、风骨才情汇聚为可感可触的具体形象，记住是最好的怀念。尤其应该感谢的是先生自己，长期以来，他梳理、记录自己的艺术档案，使得作品的首演、修改、重排、移植均有脉络可循，原本踪影难觅的早期作品信息及相关研究成果也能从先生搜集的目录里按图索骥。

先生的弟子门生遍布中国大陆与台湾地区，他们自觉投入资料的搜集、整理和编辑，特别是张帆女士、方晓先生、赖玲珠女士、蒋芃女士承担了大量工作。先生的长女郑宜琳女士、次女郑宜庸女士提供珍贵资料，并为文集的编撰提供建议，杨晓勤女士、赵乐先生、孔栩女士参与稿件校对，庄清华女士提供部分研究成果索引。方晓先生、赖玲珠女士依据先生的记录、照片及家人访谈，整理、撰写先生年谱。赖玲珠女士捐出她受先生家属之托，为江苏省苏州昆剧院修改先生剧作《范文正公》的稿酬，与福建省艺术研究院共同承担出版费用。

按照工作计划，拟于先生逝世周年之际完成文集出版，整理与编辑时间仓促，疏漏讹误之处在所难免，敬请读者谅解、指正。

愿以文集纪念先生其人、其作、其事，愿先生之精神长久住世，烛照来者。

谨为志！

《生而为戏：郑怀兴先生纪念文集》编委会

2024年7月30日

鸣谢单位

国家京剧院

中国评剧院

天津评剧院

张家口戏曲艺术研究院

太原市晋剧艺术研究院

上海越剧艺术传习所（上海越剧院）

苏州昆剧院

苏州市锡剧团

无锡市锡剧院

洛阳豫剧院演艺有限公司

济源市戏剧艺术发展中心

湖北省京剧院

武汉汉剧院

海南省琼剧院

重庆市京剧团

西演·周至县剧团

宁夏演艺集团京剧院有限公司

福建京剧院

福建芳华越剧院

福建人民艺术剧院

厦门歌仔戏研习中心

厦门市金莲陞高甲剧团

泉州市高甲戏传承中心

莆田市莆仙戏非遗保护传承中心（莆仙戏剧院）

仙游县莆仙戏鲤声艺术传承保护中心

图书在版编目(CIP)数据

生而为戏:郑怀兴先生纪念文集/ 福建省艺术研究院编.—福州:海峡文艺出版社,2024.12

ISBN 978-7-5550-3895-5

Ⅰ.K825.78—53

中国国家版本馆 CIP 数据核字第 2024F2W687 号

生而为戏：郑怀兴先生纪念文集

福建省艺术研究院　编	
出 版 人	林　滨
责任编辑	林可莘
出版发行	海峡文艺出版社
经　　销	福建新华发行(集团)有限责任公司
社　　址	福州市东水路 76 号 14 层
发 行 部	0591—87536797
印　　刷	福建东南彩色印刷有限公司
厂　　址	福州市金山浦上工业区冠浦路 144 号
开　　本	720 毫米×1010 毫米　1/16
字　　数	370 千字
印　　张	26
版　　次	2024 年 12 月第 1 版
印　　次	2024 年 12 月第 1 次印刷
书　　号	ISBN 978-7-5550-3895-5
定　　价	80.00 元

如发现印装质量问题,请寄承印厂调换